Desde las ruinas del futuro

Manuel Arias Maldonado

Desde las ruinas del futuro
Teoría política de la pandemia

taurus

Papel certificado por el Forest Stewardship Council®

Primera edición: octubre de 2020

© 2020, Manuel Arias Maldonado
© 2020, Penguin Random House Grupo Editorial, S. A. U.
Travessera de Gràcia, 47-49. 08021 Barcelona

Penguin Random House Grupo Editorial apoya la protección del *copyright*.
El *copyright* estimula la creatividad, defiende la diversidad en el ámbito de las ideas y el conocimiento,
promueve la libre expresión y favorece una cultura viva. Gracias por comprar una edición autorizada
de este libro y por respetar las leyes del *copyright* al no reproducir, escanear ni distribuir ninguna
parte de esta obra por ningún medio sin permiso. Al hacerlo está respaldando a los autores
y permitiendo que PRHGE continúe publicando libros para todos los lectores.
Diríjase a CEDRO (Centro Español de Derechos Reprográficos, http://www.cedro.org)
si necesita fotocopiar o escanear algún fragmento de esta obra.

Printed in Spain – Impreso en España

ISBN: 978-84-306-2380-8
Depósito legal: B-11.591-2020

Compuesto en MT Color & Diseño, S. L.
Impreso en Unigraf, Móstoles (Madrid)

TA 23808

Penguin
Random House
Grupo Editorial

A la memoria de los fallecidos

ÍNDICE

Prefacio: en tiempo de epidemia 13

1. Prolegómenos a una teoría de la pandemia 19
   Almuerzos desnudos 19
   Ambigüedad de la cueva 25
   La pandemia y su doble 30
   Ejercicios apresurados de comprensión inmunológica.. 34
   Desde las ruinas del futuro 40
2. Ingestas fatales 49
   Una vulnerabilidad olvidada 49
   Ontología provisional del virus 55
   El virus como actor social 61
   Para una historia socionatural de la zoonosis 67
   La afirmación de la materialidad 74
3. Riesgo de contagio 83
   Navegando cerca de las rocas 83
   Dialécticas de la emancipación 90
   Realidad y figuración del riesgo 100
   La COVID-19 y sus metáforas 106
   Para repensar el riesgo global 110
4. Muerte en la polis 121
   Soberanía y desinfección 121
   Democracia liberal y emergencia sanitaria 128

Para una teoría política de la muerte infecciosa 139
El fantasma biopolítico 148
5. Abismos sublimes 161
   En presencia del acontecimiento 161
   Horizontes de sentido: el mundo después 168
   Retrofantasías inmunológicas 176
   El momento desaceleracionista 186
   De la inoperosidad a la resonancia 195
6. ¿Humanidad, año cero? 203
   Hacia un proteccionismo de la totalidad 203
   Inconvenientes de la primera persona del plural 212
   La humanidad como especie biológica 217
   La articulación política de la humanidad global 224

Epílogo: por una Ilustración pesimista 233
Notas 257

POETA: *Hace mucho no lo veía. ¿Cómo va el mundo?*
PINTOR: *Se gasta, señor, a medida que marcha.*

WILLIAM SHAKESPEARE, *Timón de Atenas*

PREFACIO
EN TIEMPO DE EPIDEMIA

Hay un pasaje en *La fugitiva*, sexto volumen de la novela de Marcel Proust, donde el narrador hace un comentario sobre las absurdas tareas que a veces se imponen a Francisca, la veterana doncella de la familia; entre ellas se cuenta «hervir el agua en tiempo de epidemia». Se deduce de aquí que entonces —finales del XIX, principios del XX— existía algo así como una normalidad de la epidemia: un tiempo que llega y luego se va antes de volver. Los registros históricos así lo confirman; solo en el siglo XIX hubo en Europa tres epidemias de cólera. Era aquella una época que tenía sus propios hábitos, como el agua hervida o las cuarentenas portuarias; Proust habría de conocerlos bien, ya que su padre fue un distinguido epidemiólogo. El caso es que, hasta hace poco, leíamos esta alusión sin apenas reparar en ella; en las últimas décadas, las epidemias se habían convertido en un suceso excepcional. Dejamos de hervir el agua para protegernos de la enfermedad y el abandono de esa costumbre era por sí solo un signo de progreso. Pero entonces llegó un nuevo tipo de coronavirus, el SARS-CoV-2, y hubo que cancelar viajes, confinarse en casa, llevar mascarilla. Se abrió ante nosotros un espacio inédito, en el que no sabíamos muy bien qué hacer; nos hemos sorprendido viviendo otra vez en tiempos de epidemia.

En ese tiempo, una de las cosas que se pueden hacer es escribir un libro. Y es que para ello, fuera de unas primeras semanas en las que resultaba difícil concentrarse ante la gravedad creciente de los acontecimientos, han concurrido circunstancias inmejorables. Suspendidas las clases presenciales, disminuidas las pesadas obligaciones burocráticas, despejada la agenda de congresos, conferencias y demás compromisos mundanos, el estudioso sin hijos a su cargo ha podido dedicar casi todas sus horas a la lectura y la escritura. En lugar de trabajar de manera sincopada, ha sido posible hacerlo de manera constante durante toda la duración del estado de alarma. Y así como hace todavía quince o veinte años eso apenas habría permitido escribir un ensayo más o menos diletante, la digitalización permite hoy acceder a los artículos y los libros necesarios para afrontar un trabajo más riguroso o que aspira a serlo. Los últimos *papers* sobre el virus están a un clic de distancia; las reacciones de filósofos y teóricos sociales del mundo entero son publicadas en la red; si resulta que uno necesitaba una monografía, ha podido conseguirla sin mayores dificultades gracias al mantenimiento de las cadenas logísticas y los servicios postales. Nadie debe sorprenderse así de que pueda escribirse un libro sobre la pandemia en cuatro meses; si las circunstancias personales acompañan, pocas veces habrá sido más fácil concentrarse en esa tarea.

Fue el filósofo Santiago Gerchunoff, a quien dejo aquí constancia de mi agradecimiento, quien me sugirió la idea: ¿por qué no escribir un librito sobre el mundo después de la pandemia? Aunque empecé por descartarlo, él tenía razón: ¿por qué no? He terminado redactando un trabajo de extensión mediana: un intento por comprender lo sucedido desde la perspectiva de la teoría política y social. No se rehúye en estas páginas el debate sobre las consecuencias del virus, pero he renunciado al papel de futurólogo; en lugar de realizar anuncios sobre lo que sucederá, he preferido debatir sobre lo que sería deseable que sucediese. Tres preguntas elementales han guiado mi indagación: ¿qué herramientas conceptuales pueden ayudarnos a comprender la pandemia?, ¿qué significados podemos atribuir a la misma? y ¿qué implicaciones normativas, vale decir, qué prescripciones, se derivan de ella? Hay truco: si me puse a trabajar con la convicción de que el resultado podía tener algún interés, fue también porque algunas de las materias en las que me había adentrado previamente en el curso de mi desempeño académico se relacionaban de manera directa con este nuevo objeto de investigación. A saber: las relaciones socionaturales, el concepto de «riesgo», la crítica de la modernidad, el potencial político de la categoría de «especie humana». Si hubiera tenido que partir de cero, quizá no habría recogido jamás este guante.

El libro está estructurado de la manera que se detalla a continuación. En el primer capítulo, esbozo los prolegómenos a una teoría política y social de la pandemia, lo que significa que se dibujan los contornos de este peculiar objeto de conocimiento y se reflexiona sobre lo que puede hacerse con él. A continuación, me ocupo del virus que está en el origen de la pandemia y de los virus en general: su naturaleza, su protagonismo histórico, su cualidad de actor social. Se hacen también consideraciones sobre el regreso de la materialidad, tras décadas de desatención culturalista a la biología. En el tercer capítulo, recurro a la literatura sobre el riesgo, con objeto de comprender el papel jugado por las epidemias en el curso de la globalización. Y, aunque las enfermedades infecciosas propagadas mundialmente son ciertamente un riesgo, se plantean dudas sobre la idoneidad de la teoría de la sociedad del riesgo como marco explicativo para lo sucedido con la COVID-19. En el cuarto, desplazo mi atención a la democracia, reflexionando sobre el uso de poderes excepcionales, la fundamentación normativa de las medidas de emergencia y la posibilidad del autoritarismo biopolítico. Por su parte, el quinto capítulo entra de lleno en el debate normativo sobre las implicaciones de la pandemia. Partiendo de la caracterización de esta última como un acontecimiento sublime susceptible de producir nuevos horizontes de sentido, se pasa revista a los imaginarios colectivos más pertinentes para el caso: desde la defensa de las sociedades primitivas hasta el decrecimiento, pasando por la denominada «inoperosidad» y la resonancia. En términos más constructivos, el capítulo sexto propone recuperar la noción biológica de «especie humana» y emplearla como categoría política capaz de fundamentar un reforzamiento de las políticas inmunológicas globales: sin hacerse demasiadas ilusiones, pero con la conciencia de la necesidad de hacer reformas que nos ayuden a gestionar catástrofes venideras. Finalmente, sugiero en el último capítulo —que sirve de conclusión— la conveniencia de elaborar una lectura pesimista de la Ilustración que sea capaz de reajustar nuestras expectativas sobre la modernidad sin renunciar a ella.

 En lo que al texto se refiere, solo han de hacerse dos puntualizaciones. En primer lugar, el quinto capítulo se inspira en algunas entradas de mi blog, titulado «Torre de Marfil» y alojado en *Revista de Libros*, cuyos contenidos han sido reformulados y revisados. Se trata de los artículos dedicados a la nostalgia del Paleolítico, el decrecimiento económico y la desaceleración de la vida moderna. Por su parte, el sexto capítulo toma elementos de la comunicación que presenté al congreso conmemorativo del 250.º aniversario del nacimiento de Alexander von Humboldt, celebrado en Berlín en agosto de 2019 y que próximamente se publicará en forma de *paper* en una revista especializada. Asimismo, quisiera hacer constar mi agradecimiento a Miguel Aguilar, por la buena disposición con que recibió mi propuesta de hacer este libro, así como a los especialistas que han trabajado para refinar el manuscrito. Finalmente, solo tengo palabras de gratitud para Adriana y Sookie, mis compañeras de confinamiento, por haber estado a mi lado durante este tiempo de epidemia.

Málaga
28 de julio de 2020

1
PROLEGÓMENOS A UNA TEORÍA DE LA PANDEMIA

ALMUERZOS DESNUDOS

En el Museo de la Comida Repugnante, situado en la localidad sueca de Malmö, el visitante está llamado a aprender que sus fobias alimentarias son un simple producto de la socialización: el manjar de unos es la pesadilla de otros y viceversa. O sea: por más que el asco sea una emoción biológica necesaria para la supervivencia, al prevenirnos contra el consumo de comida en mal estado, sus expresiones se encuentran moduladas por la cultura. De ahí que muchos asiáticos retrocedan ante los quesos franceses y pocos europeos se animen a beber licores sazonados con ratones muertos. Se ha afirmado incluso que existe una correlación entre la falta de curiosidad gastronómica y el conservadurismo moral, una de cuyas expresiones sería el rechazo al extranjero susceptible de portar gérmenes fatales para la comunidad de acogida.[1] En cualquier caso, el museo tendrá en lo sucesivo mayores dificultades para cumplir su misión pedagógica; es previsible que algún turista ponga en cuestión la salubridad de ese hábito asiático consistente en consumir variopintos animales salvajes —adquiridos a tal efecto en mercados que los exhiben aún vivos— como una inofensiva peculiaridad cultural. Desde luego, los animales implicados se quejarían si pudieran. Y no tendrán mejor opinión al respecto esos miles de millones de seres humanos cuya vida se ha visto severamente afectada por un acontecimiento insólito: la pandemia causada por el SARS-CoV-2, que empezó a azotar el mundo en el primer trimestre de 2020 tras cruzar exitosamente la frontera entre especies en algún lugar de China.

No hay todavía completa certeza, a la hora de redactar este libro, sobre la procedencia del virus. Parece seguro que su origen está en los murciélagos, peculiares mamíferos que pueden verse infectados por patógenos de distinto tipo sin desarrollar la enfermedad correspondiente, lo que los convierte en un peligroso depósito de virus altamente infecciosos que esperan a dar el salto a otra especie.[2] En este caso, es posible que un pangolín infectado por un murciélago tuviera contacto con un ser humano, paciente cero que probablemente vivía en la provincia china de Wuhan y trabajaba o frecuentaba su mercado animal. El resto es historia: el contagio masivo de individuos en países de todas las latitudes ha causado no menos de un millón de muertos y una crisis económica tan singular en su dinámica como severa en sus consecuencias. Durante meses, nos asomamos con vértigo a una realidad irreconocible: el mundo se detuvo literalmente ante nuestros ojos e ignorábamos cuándo volvería a ponerse en marcha. Así como algunos pacientes graves de COVID-19 —nombre de la enfermedad que provoca este nuevo coronavirus— padecen una notable merma de su capacidad respiratoria que solo se detecta cuando es demasiado tarde, las sociedades humanas podrían haber experimentado cambios sustanciales todavía por identificar. O tal vez no.

Nadie podía esperar que algo así llegase a ocurrir. Anticipar una catástrofe por medio de la ficción distópica es una cosa, otra bien distinta es acertar con la predicción de que el

mundo globalizado de comienzos del siglo XXI terminaría
parándose a causa de una pandemia: pensábamos en algoritmos y nos olvidamos de la biología. Buena prueba de ello es
que la obra del sociólogo Ulrich Beck sobre la sociedad del
riesgo global no incluye mención alguna a este tipo de amenaza.[3] Ha sido tal la sorpresa que inmediatamente hemos
echado mano del cisne negro, figura popularizada por el ensayista Nassim Taleb para describir un suceso improbable y
azaroso que acarrea graves consecuencias sociales.[4] Sucede
que el propio Taleb ha rechazado que su metáfora sea aplicable a una crisis que juzga enteramente predecible: el cisne
era de un blanco reluciente y sus dañinos efectos obedecen a
la fragilidad que distingue a los sistemas densamente conectados.[5] ¿Blanco y no negro? No se trata solo de que prominentes figuras públicas, como el filántropo Bill Gates o la
periodista científica Laurie Garrett, hubieran venido alertando del riesgo de una pandemia global; los científicos
también lo han hecho y con un asombroso nivel de detalle.
Así, el microbiólogo Vincent Cheng y sus colaboradores señalaban en 2007 que «la presencia de un amplio reservorio
de virus del tipo SARS-CoV en los murciélagos de herradura, en combinación con la cultura de consumo de mamíferos
exóticos en el sur de China, es una bomba de relojería».[6] Ese
mismo temor se reiteraba en un trabajo publicado en *Nature* hace apenas cinco años, que los decisores públicos no parecen haber tomado lo bastante en serio.[7] Incluso entre los
economistas hubo quien advertía, un mes antes de que se conociese el brote inicial en Wuhan, del formidable coste potencial de una pandemia global, en cuya prevención no se
venía trabajando lo suficiente.[8]

Tampoco puede decirse que la pandemia carezca por
completo de precedentes: ni la zoonosis es un fenómeno
nuevo, ni sus manifestaciones se pierden en el túnel de la

historia. Un mundo interconectado crea condiciones idóneas para la difusión vírica: si la Gran Guerra puso freno a una intensa fase de la globalización, también conoció esa temible pandemia que fue la llamada «gripe española», capaz ella sola de llevarse por delante a no menos de cincuenta millones de personas. Pero ha habido otras pandemias de origen animal, menos espectaculares y más recientes, en las que solo reparamos ahora que nuestra atención se vuelca sobre el tema. La de gripe asiática de 1957, que mató a dos millones de personas en todo el mundo, redujo el crecimiento de la economía estadounidense hasta un 10 por ciento en el primer cuatrimestre del año siguiente y desencadenó una recesión tan honda como breve.[9] Y la gripe de Hong Kong, originada en la ciudad tutelada por Gran Bretaña en 1969, que provocó un millón de muertes en todo el mundo, incluyendo veinticinco mil personas en Francia solo en diciembre: un mes fatídico cuya macabra contabilidad supera incluso la mortandad provocada por la COVID-19 en el mismo periodo.[10] Posteriormente, los virus de procedencia animal se suceden en espeluznante retahíla: el Lassa (1969); el Ébola (1976); el VIH-1 y el VIH-2, que causan el SIDA (1981 y 1986); el Hendra (1994); la gripe aviar (1997); el Nipah (1998); el Nilo Occidental (1999); el SARS (2003); la gripe porcina de 2009 y, ahora, el SARS-CoV-2. Por algo escribía David Quammen, concienzudo estudioso del fenómeno, que la palabra «zoonosis» estaba destinada a usarse mucho en el nuevo siglo.[11] A la vista está que no se equivocaba: justo cuando algunos historiadores empezaban a hablar de un «siglo pandémico» que habría comenzado con la gripe española, el nuevo coronavirus ha dado el pistoletazo de salida para otra centuria altamente infecciosa.[12]

Sin embargo, la aparición de un cisne blanco —o gris— también puede sorprendernos y buena parte de la humanidad ha asistido perpleja al desarrollo de los acontecimientos: sus temores, a estas alturas, eran otros. En parte, esa extrañeza obedece al hecho de que la muerte ya no solía presentarse bajo este aspecto. Las urgencias hospitalarias de Lombardía, una región devastada en el interior del país europeo que sufrió la pandemia en primer lugar, adquirieron por momentos aires dantescos; un sacerdote septuagenario cedió su respirador artificial a un joven para salvarle la vida, una decisión más propia de tiempos de guerra. Ha aparecido así en nuestro horizonte un *peligro inesperado* de muerte y lo ha hecho en un contexto histórico en el que, como señala Norbert Elias, los peligros para la vida de las personas en las sociedades desarrolladas se han hecho más previsibles.[13] No deja de ser cierto que la gripe común causa muchas víctimas cada temporada, pero ya no se la percibe —y es seguramente una ligereza— como una amenaza temible; se cuenta con pasar una semana en cama y a otra cosa. Comparar la COVID-19 con una gripe fue así un error desde el principio, ya que ni la influenza es cualquier cosa ni este coronavirus, aun transmitiéndose de manera similar, actúa de la misma manera sobre el organismo. Su tasa de letalidad, no obstante, puede acabar siendo mucho menor de lo temido inicialmente: las últimas estimaciones la fijaban en torno al 0,26 por ciento, que es el doble de la gripe estacional.[14] Esta gravedad relativa acaso explique el hecho de que nos hayamos explayado en consideraciones acerca del modo en que deberemos reorganizarnos tras la pandemia; un verdadero fin del mundo no autoriza semejantes distracciones. Cuando describe los efectos de la peste en Atenas en el siglo v antes de nuestra era, Tucídides apunta que «nadie estaba dispuesto a sacrificarse por lo que se consideraba un noble ideal, pensando que era incierto si iba él mismo a perecer antes de alcanzarlo».[15] Se calcula que la epidemia se llevó por delante a no menos de un tercio de la población de la *polis*, incluyendo a los dos hijos legítimos de un Pericles escogido inicialmente como chivo expiatorio de la desgracia.[16] En esta ocasión, la letalidad ha sido mucho menor. Pero, aunque la mayoría ha seguido viviendo, demasiados han muerto.

Irónicamente, como ha subrayado el filósofo Antonio Diéguez, hemos redescubierto la fragilidad de nuestros cuerpos justo cuando empezábamos a fantasear con una humanidad «mejorada» que tenía a su alcance el sueño de la inmortalidad biológica.[17] Andábamos haciendo elucubraciones sobre el daño moral que padecerían las últimas generaciones de mortales que hubieran de coexistir con los primeros inmortales, cuando un viejo enemigo de la humanidad ha reaparecido y nos ha obligado a administrar recursos sanitarios escasos que no han podido impedir miles de muertes por asfixia.[18] Aunque no es la única ironía en juego, ya que también nos parecía que el espacio de inseguridad que hacía posible el enfrentamiento agonista con la naturaleza se había reducido drásticamente; habíamos pasado de sentir miedo a experimentar piedad hacia la naturaleza.[19] Lo cierto es que un virus también es naturaleza, recuerdo inmemorial de nuestra propia condición animal: preocupados por el *nivel macro* del medioambiente —vale decir, por el cambio climático antropogénico—, nos habíamos olvidado de esa *amenaza micro* que ni siquiera puede contemplarse a simple vista. Tal vez exista una conexión entre ambas dimensiones, pues se ha sugerido que la zoonosis es más frecuente en un planeta donde los hábitats salvajes son colonizados por el ser humano; entre los riesgos derivados de una mayor intimidad socionatural, se encontraría un intercambio vírico perjudicial para el predador humano.

AMBIGÜEDAD DE LA CUEVA

Si está en lo cierto Peter Sloterdijk y podemos entender las sociedades como «comunidades de estrés», o sea sistemas de preocupaciones que ejercen presión sobre sí mismos debido a las exigencias de la autoconservación, entonces no cabe duda de que las sociedades contemporáneas se han encontrado sometidas a un apremio inhabitual a consecuencia de la pandemia global de la COVID-19.[20] Su impacto sobre la salud pública, sobre los sistemas sanitarios y sobre los derechos constitucionales, así como sobre unas economías afectadas severamente por las inéditas restricciones a la movilidad de la población, ha sido una fuente natural de inquietud pública y privada. Ni que decir tiene que la incertidumbre connatural a la pandemia, que supone la imposibilidad de predecir de manera fiable la evolución de los contagios o la fecha en que estará disponible una vacuna, ha reforzado la sensación de zozobra colectiva. Es como un experimento indeseado a gran escala, en el que todos somos cobayas y nadie dirige el laboratorio.

Sabemos que no pocas epidemias del pasado produjeron importantes consecuencias sociopolíticas, lo que provoca lógica aprensión entre los contemporáneos. Mientras veíamos caer el producto interior bruto de las economías desarrolladas, se nos presentaba un informe de la Reserva Federal estadounidense que establece una relación entre la gripe española y la llegada al poder del nazismo.[21] ¿Podría el invierno inmunológico dar paso a una primavera del extremismo? Ignoramos el modo en que la pandemia afectará a la percepción popular de la democracia, cuya fuerza reside en buena medida en su capacidad ejecutiva: queremos que los problemas se solucionen.[22] Por consiguiente, el problema es menos de la democracia que de la *democracia liberal*, enfrentada a la necesidad de decidir en el contexto de una creciente polarización electoral. No se trata de una crisis convencional, sino de una perturbación de la vida cotidiana que afecta a las costumbres ordinarias: primero no podíamos salir y luego no podíamos salir sin extremar las precauciones. ¡La exigencia de autoconservación nunca fue causa de un estrés tan pintoresco! Y esta afectación colectiva, más que la gravedad de sus efectos sanitarios o económicos, distingue esta crisis de todas las demás. Lo que no quiere decir que la disrupción económica causada a su vez por la pandemia no termine, como un efecto colateral monumental, por apoderarse de los titulares de prensa.

Nótese que el virus se hace visible a través de sus efectos, pero él mismo permanece fuera de nuestro campo perceptivo y eso contribuye a generar una cierta impresión de irrealidad. Es una crisis que posee un vacío en el centro; se trata de un acontecimiento sin imagen. Algunas hay: las ciudades vacías, los ataúdes apilados, los supermercados atestados. Pero el enemigo es invisible y, por eso, la retórica de la guerra —incluidas la posguerra y la reconstrucción— resulta tan poco convincente: suena como un *flatus vocis* ideado por asesores de comunicación. ¿Guerra por la supervivencia? No le falta razón a Michel Houellebecq cuando señala que estamos ante «un virus banal y sin calidad», mero pariente de la gripe que carece de las connotaciones dionisíacas del VIH-1 o la sífilis. El fantasma que recorre el mundo es algo tan trivial como un *glitch* evolutivo. No hay detrás ningún credo, no hay épica alguna: un virus no tiene nada que decir. Para eso, ya estamos nosotros.

Una vez que se hubo hecho evidente la seriedad de la pandemia, cosa que sucedió a partir de los primeros confinamientos de población civil, dio comienzo una animadísima conversación global sobre todos los aspectos imaginables de la misma. La reflexión acerca de las implicaciones de una catástrofe natural no tiene, en sí misma, nada de novedoso. En los orígenes mismos de la modernidad se discutieron profusamente terremotos, plagas o hambrunas: los primeros ilustrados querían saber cómo se compadecían esos desastres con los postulados teológicos de la justicia divina y de qué manera podía la razón humana reinterpretarlos debidamente.[23] Nuestra época abunda en posibilidades comunicativas: el mundo actual dispone de herramientas globales para la transferencia de datos, opiniones y estados de ánimo. Se ha dicho que en esta crisis coinciden virología y viralidad, habida cuenta de la velocidad a la que se han transmitido tanto el patógeno como la información sobre él disponible.[24] Por esos conductos circula también la desinformación, pero el temor a que la profusión de *fakes* impidiese la acción de los poderes públicos se ha demostrado infundada. De hecho, ha quedado claro que la desinformación más peligrosa está en manos de los mismos gobiernos y de los medios de comunicación tradicionales, pues ambos siguen ejerciendo la mayor influencia sobre los ciudadanos; los gobiernos que relativizaron inicialmente la amenaza, fuera por incompetencia o por negligencia, han sido justamente identificados como factores de propagación más decisivos que el más influyente de los tuiteros.

Esa conversación, que es local y es global, aunque es sobre todo nacional, comenzó cuando nos encontrábamos —a distintos ritmos y con diferente intensidad según los casos— recluidos en nuestros hogares: protegidos de la infección para salvaguardar al cuerpo social de las consecuencias de un contagio masivo y simultáneo. Era previsible que, en esas peculiares condiciones, la metáfora de la retirada a la cueva hiciese acto de presencia y también que apareciera en su popular —aunque malentendida— versión platónica. De acuerdo con esta lectura, no puede salirse de la caverna igual que se entra; el humano transformado por el encierro debe cambiar el mundo de arriba abajo para evitar futuros confinamientos. Pero, si hemos de valernos de esta imagen, existen posibilidades interpretativas más humildes que la describen como un refugio provisional donde se dan las condiciones adecuadas para la reflexión. Tal como ha señalado Hans Blumenberg, la idea griega según la cual el ser humano sale de las cuevas a la luz es inexacta: las cavernas son el cobijo que la horda se procura cuando abandona el espacio abierto primigenio.[25] Para el pensador alemán, es en la cueva donde la atención difusa de la sabana empieza a concentrarse, haciéndose allí factible representar la realidad externa y desarrollar la técnica; el espacio para la reflexión es la antesala de la acción. Nada de eso implica que no fuéramos capaces de pensar antes de la pandemia, por más que sugieran lo contrario quienes ven la modernidad como un fondo de caverna platónica que esta crisis nos da —¡por fin!— la oportunidad de abandonar.

La crisis provocada por el coronavirus, en definitiva, se caracteriza por la locuacidad de sus intérpretes: nadie parece haberse quedado sin nada que decir y, de hecho, seguimos hablando. Esto obedece, como ya se ha señalado, al estado actual de las tecnologías comunicativas, pero también a la lógica inherente a unos medios de comunicación cuya acción conjunta produce un rápido efecto inflacionario. Tal como señalara el filósofo Yves Michaud a comienzos de siglo, cuando salió a la luz el llamado «síndrome de las vacas locas», existe una desproporción entre el impacto mediático de un hecho y su verdadera gravedad.[26] ¿Es también este el caso ahora? Es difícil saber si la reacción global ante el coronavirus constituye una sobrerreacción inducida por el exceso de ruido mediático; la ausencia de precedentes cercanos y la inmediatez de las opiniones en la esfera digital pueden haber estimulado una recepción algo histérica. Los contornos amenazantes de la pandemia en su fase inicial sugieren, con todo, que había razones para el nerviosismo. Su desarrollo posterior, incluidas las severas consecuencias económicas derivadas del freno a la actividad social, han venido a confirmar estos temores.

De qué manera se habría afrontado políticamente la pandemia en una sociedad con menor ruido mediático no podemos saberlo; que este acontecimiento ha dado pie a multitud de interpretaciones, en cambio, ha quedado bien claro. En el curso de un siglo XXI plagado de episodios que parecen diseñados con objeto de desmentir la tesis neohegeliana del fin de la Historia, la pandemia parece haberse identificado como ese «Gran Accidente» que, al decir de Paul Virilio, esperábamos con angustia; aquel del cual «los accidentes industriales y los atentados terroristas no son más que una prefiguración, síntomas de una inversión completa de la orientación de la humanidad».[27] Recordemos que Virilio es uno de los teóricos de la velocidad moderna y, de encontrarse con vida, habría debido de maravillarse ante la *rápida ralentización* experimentada por el mundo durante el primer semestre de 2020. Ante un escenario de rasgos distópicos, ¿cómo no buscar un vínculo entre la pandemia y el fin de los tiempos? Aun tratándose de un episodio global, la crisis del coronavirus no parece tener la entidad suficiente como para precipitar por sí sola ese desastre exhaustivo; más bien se presenta como aceleradora de un proceso gradual de decadencia mundana.[28] Está por ver que la predicción no se confunda, como en tantas otras ocasiones, con el deseo.

LA PANDEMIA Y SU DOBLE

Ya en su célebre reportaje novelado sobre la plaga que azotó Londres en 1665, el escritor inglés Daniel Defoe describió cómo la llegada de la enfermedad se había visto precedida por la de sus heraldos: magos, curanderos, profetas, astrólogos.[29] Algo parecido ha sucedido con la pandemia de la COVID-19, si bien en este caso el protagonismo ha recaído en aquellos prescriptores que se han dedicado a dar detalles sobre *el mundo después de la pandemia* cuando esta apenas acababa de comenzar oficialmente. De manera nada sorprendente, la mayoría de ellos encontraba en este acontecimiento la definitiva confirmación de sus prejuicios. Se ha dado así el paradójico efecto de que una crisis inesperada ha generado comentarios bastante previsibles.

Abundan los ejemplos. Ahí está el caso del filósofo italiano Giorgio Agamben, quien, tras descalificar la enfermedad como una suerte de variante de la gripe, vio en las medidas ordenadas por las autoridades italianas para reducir los contagios una expresión más de la tendencia del poder moderno a utilizar el estado de excepción como paradigma normal de gobierno.[30] En un comentario posterior, volvió a emplear sus propias categorías filosóficas para afirmar que el confinamiento demuestra cómo los italianos prefieren sacrificar sus libertades antes que poner en riesgo su «vida desnuda», previniendo a los lectores contra una sociedad que se mantenga en estado de emergencia perpetua.[31] Lo que no queda claro es de qué manera puede identificarse una emergencia si, tal como venía sosteniendo el pensador italiano, las sociedades democráticas *ya estaban* sometidas a un estado oficioso de excepción. Debatiendo con Agamben, el filósofo francés Jean-Luc Nancy admitía la peligrosidad potencial del coronavirus, pero hablaba de «una especie de excepción viral —biológica, informática, cultural— que nos pandemiza», mientras que el pensador italiano Roberto Esposito subrayaba la politización de una práctica médica investida de tareas asociadas al control social.[32]

Autor del libro más rápido sobre la pandemia, Slavoj Žižek ha alertado del límite simultáneo de la globalización del mercado y del populismo soberanista, además de sugerir que es el momento para avanzar en el camino hacia el comunismo o lo que él —volveremos sobre esto— denomina comunismo.[33] Por su parte, el pensador alemán de origen coreano Byung-Chul Han subraya el nexo entre la vigilancia digital asiática y la eficacia en el combate contra la pandemia, mientras su colega Markus Gabriel sostenía que el confinamiento nos impele a hacer una vida más moral por el simple hecho de que hacemos menos cosas, lo que a su juicio provocaba en todos nosotros —a pesar de los fallecimientos diarios— una sensación de bienestar.[34] También se han manifestado John Gray, para quien la crisis es un punto histórico de no retorno que marca el principio del fin de la globalización neoliberal, o, entre nosotros, un Paul B. Preciado que tiraba de la lectura más convencional de Foucault para sugerir que «la nueva frontera necropolítica» se ha desplazado con la COVID-19 desde las costas griegas donde se retiene a los inmigrantes hasta la puerta de nuestro domicilio.[35] Incluso un pensador tan juicioso como Michael Sandel usaba el virus para preguntarse con mayor énfasis sobre lo que venía preguntándose antes de la pandemia, esto es, si de verdad queremos mantener una organización económica que produce desigualdad y socava cualquier sentimiento comunitario.[36] Para todos ellos vale la reflexión de la novelista india Arundhati Roy:

Decididamente, es algo más que un virus. [...] Nos ofrece la oportunidad de repensar la máquina del fin del mundo que hemos fabricado. Nada sería peor que un retorno a la normalidad. Históricamente, las pandemias han obligado a los humanos a romper con el pasado y a imaginar el mundo de otra manera. Esta vez no es diferente. Es un portal, la entrada que media entre un mundo y el siguiente.[37]

Pero, ¿lo es? ¿O tan solo se quiere que lo sea? Digamos desde ya que esta pretensión es legítima: uno puede querer que el mundo cambie en una determinada dirección y expresarse en ese sentido. Eso no implica que *haya* de producirse esa transformación; ni siquiera que esta sea la más probable o que la pandemia establezca las condiciones más adecuadas para que tenga lugar. Nada de eso elimina la necesidad acuciante de que las sociedades cambien *provisionalmente* mientras se descubre una vacuna o el virus pierde virulencia de manera natural. Y, desde luego, es posible que haya un camino intermedio entre que el mundo siga igual o se vea transformado por completo; podría, simplemente, cambiar un poco. De hecho, la diversidad de los vaticinios realizados desde el comienzo de la crisis no hace sino atestiguar la irreductible apertura del tiempo venidero. Y es aquí donde asoma el peligro de una sobreinterpretación que proyecta sobre la pandemia anhelos que nada tienen que ver con el virus, sino que atribuyen a este el papel de palanca para un cambio revolucionario cuyo sentido estaba ya determinado antes de la crisis. Podemos evocar la distinción, trazada sobriamente por Ernst Jünger, entre el *pronóstico* que enjuicia procesos apoyándose en los hechos y la *profecía* que se basa en la inspiración o en las apariciones.[38] Tal vez hayamos tenido más de las segundas que de los primeros.

En todo caso, las conjeturas acerca del futuro constituyen una *reacción* a la pandemia, en el preciso sentido que termina por adquirir esta palabra al final de su evolución semántica, que se inicia en la fisiología y se limita inicialmente a los fenómenos naturales. De acuerdo con Jean Starobinski, a comienzos del siglo XX aparece un uso del término que va más allá del «afirmar oponiéndose», de tal modo que la palabra «reacción» empieza a aplicarse a una decisión originaria: a un momento inaugural en la historia de un grupo o un individuo.[39] Eso es lo que viene pidiéndose: que la reacción colectiva ante la pandemia alumbre un mundo distinto. Y así como se ha hablado de una «narrativa del estallido» cuyos elementos pueden identificarse tras la aparición de cualquier epidemia, empezando por el paciente cero y terminando con el descubrimiento de la vacuna,[40] la pandemia de la COVID-19 ha consolidado de manera espontánea un género paralelo que podríamos denominar «narrativa de la transformación». Su personaje principal es una humanidad repentinamente iluminada por la evidencia de sus propios errores y dispuesta, gracias a un cambio colectivo de conciencia, a modificar el sentido de su trayectoria histórica. Se da por supuesto que la pandemia ha de contener un mensaje, un sentido que a su vez desemboca a la fuerza en un mandato expiatorio típicamente moderno, vale decir, realizable en el tiempo por sujetos dotados de conciencia histórica. Sánchez Ferlosio ha descrito memorablemente la concepción del devenir que late en la mentalidad expiatoria:

> La perfecta aeronave de la historia no puede, por lo visto, equivocarse, siempre está en su hora en punto, en su altitud exacta, en la velocidad de crucero prefijada. La aparición de un león en Düsseldorf es un error del león, nunca un error del principio que establece que en Düsseldorf no hay ni puede haber leones.[41]

Ya hemos visto que el SARS-CoV-2 no es exactamente el león de Düsseldorf, pues pocos epidemiólogos se habrán sorprendido por su aparición. No obstante, el empeño por extraer del mismo un significado delata un vicio característico de la modernidad y atestigua la dificultad —típicamente humana— que encontramos para lidiar con las facetas más ingratas de la existencia sin invocar algún tipo de sobrenaturalidad. Ni se nos pasa por la cabeza que la pandemia no tenga nada especial que decir o pueda no decirnos absolutamente nada: eso sí que sería insoportable. ¡Banalidad del mal! Distingamos entre la epidemia y su doble; entre el virus y lo que decimos del virus. Tal como señalaba el filósofo francés Clément Rosset, la realidad es *insuficiente*, pues no proporciona criterios para su propia inteligibilidad, pero también es *cruel* por ser única: no hay otra.[42] Siendo esto inadmisible, la filosofía atribuye a esa realidad un sentido, un auténtico *doble* que aleja lo real y lo neutraliza en la medida en que lo explica; dada nuestra incapacidad para aceptar sin reservas «la imperiosa prerrogativa de lo real», preferimos la ilusión metafísica del desdoblamiento.[43] Desdoblando lo real, nos protegemos de él. Y es comprensible: lo real, como demuestra este coronavirus, puede ser mortal de necesidad.

EJERCICIOS APRESURADOS
DE COMPRENSIÓN INMUNOLÓGICA

Nada de esto responde a la pregunta acerca de cómo hemos de arreglárnoslas con este singular objeto de estudio. Pues es necesario comprender, aunque solo sea para tratar de prevenir; de ello dependen muchas vidas y las condiciones en que se desarrollarán las demás. Para que el cuerpo social pueda tener una eficaz respuesta inmune en el futuro, por lo tanto, es necesario entender las causas de la pandemia: cómo se origina el virus, por qué se difunde tan velozmente por todo el globo, por qué al inicio apenas sabemos defendernos. Esto es, propiamente, una descripción. Pero esta descripción de los hechos solo es una parte del trabajo; la otra corresponde al estudio de esos hechos. Y este puede tener distintos objetivos: uno es la elucidación de los *significados* que puedan extraerse de este acontecimiento, otro es la discusión acerca de sus *implicaciones* normativas. Es aquí donde se produce el salto de la descripción a la prescripción, que, por lo demás, se encuentra ya latente en el tipo de descripción que se realiza y en la clase de significados que se proponen.

Esta contaminación normativa es, fuera de las ciencias naturales, inevitable. Por eso cumple un papel esencial eso que Félix Ovejero ha llamado «las obligaciones morales de los empeños intelectuales», especialmente cuando hablamos de un teórico social que carece de esa fenomenal máquina de validación que es, pese a todo, el método científico; entendido este como el conjunto de principios, creencias y actitudes que organizan la práctica de unas ciencias empíricas que formulan hipótesis a partir de evidencias.[44] En las humanidades y en las disciplinas teóricas de las ciencias sociales, hará trampas quien parta de un conjunto prefijado de conclusiones normativas y salga solamente a procurarse los argumentos necesarios para defenderlas, convirtiendo el proceso argumentativo en una simple *escenificación*; no las hará quien, incluso partiendo de ciertas premisas, esté dispuesto a modificarlas en el curso de su investigación. El objetivo del estudioso debería ser comprender más que influir; elucidar el posible sentido de las cosas y no servir a un proyecto ideológico. Es verdad que la teoría política y aun parte de la filosofía, como disciplinas que se interrogan por el *deber ser* o el sentido de la *buena vida* y la *buena sociedad*, incorporan de manera natural inquietudes prescriptivas que moldean a sus practicantes: nadie habla desde la neutralidad axiológica ni observa desde un vacío epistémico. En ese sentido, ningún filósofo —en sentido amplio— debería pronunciarse acerca de cómo *será* el mundo después de la pandemia, sino que todo lo más habremos de lanzarnos a discutir acerca de cómo creemos que *debería ser*, estableciendo si es posible una relación coherente entre descripción y prescripción. De lo contrario, el virus se convierte en un mero pretexto para hablar de otras cuestiones: un pasatiempo para moralistas e iluminados.

Resulta muy útil, a este respecto, la distinción entre *conocimiento* y *significado* que Hannah Arendt explora en uno de sus últimos trabajos. Su punto de partida es la distinción que a su vez hace Kant entre razón (*Vernunft*) e intelecto (*Verstand*), cuya premisa es la constatación de que hay asuntos que no admiten validación empírica: pensar y conocer no son lo mismo, porque tienen distintas finalidades. Dice Arendt: «La necesidad de la razón no está inspirada por la búsqueda de la verdad, sino por la búsqueda del conocimiento. Y la verdad y el significado no son la misma cosa».[45] Ocurre que ni lo *bueno* ni lo *verdadero* pueden alcanzarse; lo que busca la razón es comprender el *significado* de las cosas. Se trata de una pregunta que ni el sentido común ni la ciencia pueden contestar. De ahí que la ciencia persiga una verdad irrefutable que, formulada como una proposición irrechazable, nos impele y obliga; por eso la filósofa alemana habla, en otro lugar, del carácter «despótico» de los hechos.[46] Lo que se opone a la verdad factual no es el error, sino la mentira. La ciencia, si es honesta, comete errores; de quien busca el significado o formula prescripciones normativas, en cambio, no puede decirse lo mismo: solo estará «equivocado» si su argumentación se asienta sobre una base fáctica que resulte ser falsa. Matices al margen, los significados y las prescripciones dependen del acuerdo intersubjetivo, mientras que los juicios de hecho dependen de su correspondencia con una realidad externa que el método científico permite validar de manera imperfecta y, sin embargo, suficiente.

Si aceptamos esta distinción, correspondería a los científicos naturales estudiar la biología de un virus que los sentidos solo pueden conocer a través de la técnica. Por su parte, las ciencias humanas de base empírica analizarán sus efectos sobre la vida social: la respuesta que de hecho dan individuos y sociedades a la aparición de la enfermedad, así como el impacto que esta, o las medidas adoptadas para contenerla, traen consigo. Finalmente, están los investigadores o pensadores que se ocupan del significado de la pandemia y que se empeñan en la reflexión acerca de sus implicaciones normativas, si las hubiera; entre ellos se cuentan filósofos y humanistas, así como practicantes de otras ciencias sociales y humanas que no se dedican al trabajo de campo. Determinar el patrón de contagio del SARS-CoV-2 a partir de sus atributos naturales es una cosa, identificar las formas de organización social —o los patrones culturales— que facilitan u obstaculizan su difusión es otra, y aún es otra distinta la decisión acerca del modo en que deba responderse políticamente al riesgo, tomando en consideración factores como la capacidad de atención sanitaria o el deterioro de la economía. También podemos preguntarnos qué dice la pandemia acerca del mundo tal como lo conocemos y qué habríamos de cambiar en él para evitar su repetición. Hacer futurología, en cambio, presenta menos interés si uno no es periodista ni trabaja para una compañía de seguros: nadie sabe de qué manera se transformará el mundo, igual que nadie podía haber anticipado que la peste negra haría nacer la segunda residencia y las vacaciones de verano.[47] Salvo que, como ya se ha advertido, quien haga vaticinios esté realmente haciendo recomendaciones; el *será* servirá entonces como disfraz del *debe ser*.

Una llamativa variante de esta maniobra argumentativa es la denominada «nueva normalidad» que la pandemia estaría llamada a traer consigo. Pronto se hizo evidente, a la vista de la rápida transmisión del virus y de su impacto sobre los sistemas sanitarios, que las sociedades habrían de adaptarse hasta que estuviera disponible una vacuna: primero vino el llamado «distanciamiento social», luego las políticas de desescalada y, finalmente, la aplicación de protocolos destinados a permitir la actividad económica y la vida social sin desdoro de la prevención epidemiológica. Es esta última fase, que se presumía estable aunque de una duración indefinida, la que se planteó como una «nueva normalidad»; se subrayaba así, entre otras cosas, la necesidad de despedirse de la vieja cotidianidad. Pero la expresión original, que ya había sido empleada tras la crisis financiera de 2008-2012, hacía referencia al final de un proceso tras el cual se consolidaban como parte del paisaje elementos que antes no figuraban en el mismo: había aspectos de la realidad social que habían cambiado. La vieja norma dejaba paso a nuevos preceptos.

En cambio, la «nueva normalidad» de la pandemia fue proclamada antes de su materialización; su descripción correspondía no a lo que podía observarse en vivo, sino a lo que la especulación racional se figuraba que podría observarse en el futuro. No es una cuestión menor; describir no es lo mismo que predecir. Y si quien *predice* es quien *decide* sobre la forma de la realidad social, por ejemplo un gobierno, la expresión cobra un sentido bien distinto: enunciar la nueva normalidad se convierte en una operación *performativa*. Si soberano es quien decreta la excepción, como sostiene Schmitt, aquí la excepción es una normalidad alterada por las decisiones del soberano en combate contra el virus.[48] Recordemos las palabras del presidente francés Emmanuel Macron en pleno confinamiento: «Estamos ante una profunda oportunidad antropológica, política y geopolítica que debemos aprovechar».[49] ¿Para qué? Para hacer las reformas políticas necesarias. Sucede que estas no se hacen evidentes por sí mismas, sino que son el resultado de procesos colectivos de decisión; presentarlas como evidentes es una estrategia persuasiva cuya finalidad es tomar ventaja en la deliberación pública correspondiente. Y lo mismo vale para la «nueva normalidad», aunque en este caso el truco retórico resulte más discutible: se vende como realidad consumada lo que en ese momento es solo una realidad imaginada.

Tenía razón el sociólogo Niklas Luhmann cuando indicaba que existe un fuerte potencial crítico en el análisis del modo en que una sociedad lidia con el infortunio, pues este hace posible estudiar la normalidad cuyo reverso queda expuesto ante nuestra mirada.[50] Se produce entonces, como en el cuerpo del enfermo que se somete a una tomografía tras haber ingerido un líquido de cualidades fluorescentes, una iluminación que permite observar con mayor detalle del habitual el funcionamiento de su interior. Una pandemia como la provocada por el SARS-CoV-2 constituye así una oportunidad inmejorable —aunque no precisamente bienvenida— para el estudio de la sociedad que la padece. Solo así podrá llevarse a cabo el correspondiente aprendizaje colectivo acerca de un suceso que Daniel Innerarity ha calificado como «pandemocrático», pues afecta a todos los miembros de la comunidad política.[51] Idealmente, el resultado de ese pensar será una indagación acerca del significado que pueda atribuirse a la crisis y la elucidación de sus implicaciones normativas: un ejercicio de comprensión cuyas conclusiones podrán debatirse públicamente. No cabe aspirar a más; acaso tampoco deba uno conformarse con hacer menos.

DESDE LAS RUINAS DEL FUTURO

El libro que tiene el lector en sus manos es así un intento por comprender la pandemia que ha hecho detenerse al mundo y generado dudas acerca de sus fundamentos organizativos. Se trata de una indagación sobre sus causas, sus significados, sus consecuencias. Y, aunque su centro de gravedad sea la teoría política, la vocación es interdisciplinar: sin prestar atención a otros campos de estudio, sería imposible decir nada de interés sobre los efectos sociales de un virus que habita en la frontera —puramente conceptual— entre humanidad y naturaleza. Por supuesto, también en este caso es posible fracasar en el intento.

Tal como sugiere el título, variación inadvertida del que emplease el escritor estadounidense Don Delillo para hablar del impacto psicológico del atentado del 11-S,[52] el autor ha escrito desde las ruinas del futuro: allí donde el deterioro del proyecto moderno se hace más evidente a ojos de sus ejecutantes. Abandonadas desde hace tiempo las esperanzas utópicas y arrojados de repente a un presente que se parece cada vez menos al que habíamos imaginado, la pandemia parece culminar la catastrófica trayectoria de un siglo al que, en el pasado, mirábamos con los ojos ilusionados de la vanguardia. Aunque es pronto para saber si la pandemia funcionará o no como un acelerador de cambios sociales, cuando menos ha acrecentado el desánimo de unos contemporáneos que a duras penas habían logrado olvidar la Gran Recesión de 2008-2012. Si el optimismo de los años noventa fue una trampa, como ha sugerido Ramón González Férriz, no cabe duda de que caímos en ella y ahora lo estamos pagando.[53]

Ahora bien, ese optimismo tenía fundamento y fue hasta cierto punto natural que buena parte de la élite, así como amplios segmentos de la población mundial, se abandonaran a él. Parecía que las atrocidades del siglo XX terminaban con la caída del comunismo soviético y quedábamos con ello vacunados contra esa ingeniería social de inspiración mesiánica que había dominado la imaginación occidental desde el frenético siglo XIX. La política se secularizaba; en ausencia de grandes ídolos, las sociedades empezaban a converger prosaicamente en torno a una versión de la modernidad que combinaba democracias liberales, bienestarismo público y economías de mercado. ¡Fin de la Historia! Así que comprábamos en Zara y volábamos barato, ignorando algunas señales inquietantes: Yugoslavia, Ruanda, Argelia. Pensábamos que era cuestión de tiempo; semejantes atavismos terminarían por desaparecer en el largo tiempo de la modernidad. No es sorprendente que en esas dos décadas de despreocupación que van desde la caída del muro de Berlín hasta la Gran Recesión, se hiciera un ídolo de la sociedad cosmopolita: una suerte de utopía liberal, auténtica contradicción en sus términos, cobró forma.[54] Pero más dura será la caída: la crisis financiera trajo consigo el inédito crecimiento del nacionalpopulismo en el mundo entero y ahora la pandemia del coronavirus amenaza con reforzar esa tendencia declinista justo cuando parecía empezar a revertirse. La fiesta, si era una fiesta, ha terminado.

Hay en esto cierto componente generacional: un nonagenario que haya atravesado las calamidades del siglo pasado no tendrá una opinión tan negativa sobre la realidad social contemporánea. Pero el gran relato del progreso, vinculado como está a una democracia de masas en que los partidos renuevan sin cesar las expectativas de mejora, nos condena al descontento. La insatisfacción resultante pone delante de nosotros otra trampa no menos peligrosa: la del pesimismo. Si algo ha fallado, es que ha fallado todo; si las cosas se tuercen, ya no pueden enderezarse. Esta disposición adversativa se ha manifestado en aquellos que han interpretado la pandemia como la oportunidad para presentar una enmienda contra la totalidad del mundo moderno; o, como poco, una enmienda parcial contra la modernidad liberal. Ya que se vacía la bañera, ¿por qué no tirar al niño?

La tesis que se defenderá en este libro es diferente. A saber: la crisis causada por la pandemia del coronavirus no es el resultado de un *fracaso* de la modernidad, sino justamente la consecuencia de un *déficit* de modernidad. Esta habría revelado así su carácter incompleto y, por tanto, insuficiente. Tal carencia se ha manifestado de dos maneras distintas.

En primer lugar, está la rudimentaria respuesta de la mayor parte de las sociedades avanzadas, que de hecho han resultado no serlo tanto a la vista de su incapacidad general para afrontar un brote imprevisto, pero no imprevisible. Con carácter común, las herramientas utilizadas por las democracias avanzadas han sido las mismas que llevan utilizándose desde la Edad Media: confinamiento domiciliario, distanciamiento social, cierre de fronteras. Al comienzo de *El Decamerón*, Giovanni Boccaccio lamentaba que la peste que había penetrado en Florencia allá por 1348 no tenía freno «aunque limpiaran la ciudad de muchas inmundicias [...] y se prohibiera entrar en ella a cualquier enfermo y se dieran muchos útiles consejos para mantener la higiene».[55] Por su parte, hace casi tres siglos, Montesquieu escribía lo siguiente:

> La peste es un mal cuyos estragos son aún más repentinos y más rápidos. [...] En la mayor parte de los Estados europeos existen muy buenos reglamentos para impedir su penetración.

En nuestros días, se ha ideado un medio admirable para detenerla, que es formar un cordón de tropa alrededor de un país apestado, que impida toda comunicación.[56]

Por su parte, la idea de un cordón sanitario internacional fue abiertamente propuesta en 1869 por Adrien Proust, padre del novelista, para frenar la expansión de la epidemia de cólera que se había originado en la India.[57] Y no hace falta repasar la famosa novela de Albert Camus sobre una plaga que azota la ciudad argelina de Orán, para percatarse de que el confinamiento doméstico es un remedio tan viejo como las enfermedades epidémicas; lo mismo puede decirse de las cuarentenas para familiares de enfermos y visitantes del exterior. Para más inri, muchas de las reacciones iniciales ante la amenaza del coronavirus han reproducido casi *verbatim* las provocadas hace un siglo por la gripe española. En su libro sobre aquel «jinete pálido» que recorrió el mundo de cabo a rabo, Laura Spinney relata cómo, en Río de Janeiro, una conocida revista satírica

> expresó su temor a que las autoridades exageraran el peligro que entrañaba esta simple *limpa-velhos* (mataviejos) para justificar la imposición de una «dictadura científica» y vulnerar los derechos civiles de los ciudadanos.[58]

¡Hoy como ayer! Si alguna sociedad democrática ha escapado a esta lógica atávica ha sido Corea del Sur, que junto con Suecia y, en menor medida, Alemania, Vietnam, Portugal y Nueva Zelanda, han dado una respuesta diferente a la del resto de países desarrollados. Alertados por un anterior coronavirus que no llegó a Europa, los coreanos han reaccionado de manera *moderna* a la epidemia: su política se ha basado en la realización masiva de test y en el aislamiento preventivo de los infectados y de sus contactos, eficazmente rastreados en poco tiempo por personal entrenado para tal fin. Baste un ejemplo: tras detectarse el miércoles 6 de mayo el caso de un joven infectado de veintinueve años que había estado en tres discotecas de Seúl, el análisis de los datos de su tarjeta y demás indicios de actividad había permitido ya ese mismo sábado rastrear a 7.200 personas, entre las cuales se identificó a entre treinta y cuarenta contagiados, que fueron inmediatamente hospitalizados o sometidos a aislamiento domiciliario.[59] Ningún país occidental ha sido capaz de responder a la pandemia con semejante eficacia, si bien Alemania hizo buen uso de su potente sistema hospitalario y de su capacidad industrial para efectuar pruebas y Suecia, un caso algo más controvertido, persiguió la inmunidad colectiva pensando en una posible segunda oleada de infecciones. En una región tan interconectada como la europea, empero, de poco han servido algunas respuestas virtuosas: nadie ha escapado sin daño.

En segundo lugar, puede apreciarse un déficit de modernidad en el origen mismo de la epidemia: no es casualidad que este coronavirus, como muchos de sus predecesores, provenga de Asia. Tampoco lo es que su causa última se encuentre en la falta de seguridad alimentaria inherente a los mercados chinos de animales salvajes, populares a su vez por razones de orden cultural. Es verdad que puede colocarse otro acento y señalarse, por ejemplo, que las epidemias vienen por la Ruta de la Seda: un comercio que mata. Pero esa observación nada nos dice sobre las condiciones sociopolíticas, económicas o culturales que facilitan los brotes de zoonosis en esa parte del globo.

Los datos, sin vocación de exhaustividad, resultan elocuentes. Si las epidemias de cólera del siglo XIX tuvieron mayormente su origen en la India, la última peste de esa centuria se inicia en el suroeste de China en 1892, como las pandemias de gripe de 1957 y 1969, mientras que el virus Hanta proviene de Corea, la fiebre del Nilo, de Egipto y el SARS, cuyo brote data de 2003, se produce también en China. En cuanto a la terrorífica gripe española, durante mucho tiempo se creyó que su origen se encontraba en un campamento militar de Kansas cuyos soldados la habían trasladado a un continente europeo en guerra.[60] La existencia de distintos focos simultáneos, empero, no ha dejado nunca de presentar dudas a los investigadores. El historiador Mark Humphreys ha sostenido que nuevos registros históricos indican que la movilización de 96.000 trabajadores chinos, obligados a trabajar detrás de las líneas británica y francesa en el frente bélico occidental, puede haber sido el origen de la pandemia; una hipótesis que encajaría con la mayor inmunidad exhibida por la población autóctona china durante todo su desarrollo.[61] La mayoría de las posteriores cepas de gripe se originarán en Asia.[62]

No estamos, ciertamente, ante una narrativa lineal. La tercera pandemia del cólera se propaga desde China durante la guerra del Opio librada por los británicos, cuyas tropas indias la habían transportado desde Bengala;[63] la gripe porcina de 2009, por su parte, tiene su origen en Estados Unidos. Pero es difícil negar la existencia de un patrón epidémico que, al menos en lo que a la zoonosis se refiere, apunta hacia el continente asiático y —en menor medida— a zonas de África y Oriente Medio. Y nada hay de contradictorio en atribuir déficits de modernidad a una potencia como China, de la que bien puede decirse que se encuentra a medio camino de su colosal proceso de modernización. Estamos ante un gigante que padece formidables desequilibrios interiores y exhibe rasgos culturales que dificultan la limitación de los riesgos asociados al consumo alimentario; a ello hay que sumar un autoritarismo político que inicialmente reprimió el descubrimiento del SARS-CoV-2.

Así que ni la pandemia del coronavirus ni sus espectaculares efectos negativos son un producto «natural» de la modernidad o un inevitable efecto colateral de la misma, sino más bien una consecuencia de su carácter inacabado. En el mundo globalizado, se solapan distintos *momentos* de este proceso, con las correspondientes diferencias culturales entre sociedades cada vez más interconectadas; por ello, no es descabellado sostener que China se encuentra, en muchos aspectos, en el *estadio salvaje* de la modernidad; desde este punto de vista, la pandemia es un drama ligado a la *incorporación* a esta última. Pese a su relativo desprestigio, el proceso de modernización continúa siendo el marco apropiado para el análisis de las tribulaciones de todos los habitantes del planeta. La modernidad no está acabada: ni la Gran Recesión tuvo el impacto de la crisis de 1929, ni la pandemia del coronavirus posee una letalidad parecida a la de la gripe española. No vivimos en el mejor de los mundos posibles, pero tampoco en el peor imaginable: sería deseable no sustituir la teleología positiva del progreso inmaculado por la teleología negativa de la catástrofe infinita.

De lo anterior no se sigue que la modernidad, o su versión liberal, esté libre de reproche; todo lo contrario. La reflexión sobre la pandemia ha de servir para introducir en ella los cambios pertinentes, si es que logramos ponernos de acuerdo sobre cuáles son. Pero no se trata de recusar el proyecto moderno, ni de dar un volantazo brusco en pleno trayecto a fin de quedarnos a vivir en la cuneta; nos corresponde atar los cabos sueltos de la Ilustración. Porque es posible que, de acuerdo con la provocadora fórmula de Bruno Latour, nunca hayamos sido modernos.[64] ¡Pongámonos a ello! Superar el desencanto inducido por la posmodernidad, sin regresar por ello al culto ingenuo de la razón, es el mejor programa para el peor momento. Desde ese punto de vista, la crisis *es* una oportunidad: no es imposible que se constituya provisionalmente una comunidad —reducida, aunque influyente— de sujetos atentos al debate público sobre el porvenir de la sociedad global. Si eso servirá de algo es otro asunto; a estas alturas de la tragicomedia humana, hemos aprendido a no esperar demasiado. Pero hay que comprobarlo.

2
INGESTAS FATALES

UNA VULNERABILIDAD OLVIDADA

En el origen de la pandemia del SARS-CoV-2, como en muchos otros casos de zoonosis, un ser humano ha trabado inadvertidamente contacto con un animal cuyo organismo alberga el virus. Este aguardaba allí a que el receptor idóneo hiciese su aparición, sin que esto implique ningún tipo de intencionalidad: la fuerza vital que mueve a un virus carece, hasta donde podemos saber, de cualquier tipo de autoconciencia. El funesto contagio se produce por medio de la ingesta, en una suerte de vampirismo inverso por el cual se infecta quien ha mordido. No todos los patógenos zoonóticos precisan de este retorcido procedimiento, pero muchos de ellos se sirven de un huésped amplificador que hace las veces de eslabón intermedio que conecta al primer animal y al primer humano. Aquí lucen poco las metáforas sobrenaturales: el enfermo no se parece al *zombie* que tanto ha explotado la imaginación posmoderna y la relación biológica del coronavirus con los murciélagos no alcanza para invocar al príncipe de las tinieblas.[1] Tampoco el tipo de contagio masivo provocado por este virus mueve siempre al terror: hay quien sufre la enfermedad sin enterarse. Ya veremos que la figura más propicia desde el punto de vista asociativo es la del parásito, el cuerpo extraño que prospera a costa del organismo ajeno. Y ese organismo es el nuestro.

Todo es aquí perfectamente natural, pues naturales son tanto el parasitismo como la inmunidad, la enfermedad como la salud, la muerte como la vida. Pero cuidado con abandonarse a esa visión de conjunto que elimina la distinción entre lo humano y lo natural: por más que una infección vírica sea lo más común del mundo, nadie quiere morir por su causa. No es en vano que el ser humano pueda definirse como el animal que ha tenido éxito a la hora de procurarse las condiciones para su propia inmunidad. Y aunque está lejos de ser una inmunidad completa, se trata de una conquista excepcional que la ciencia moderna ha reforzado paulatinamente. En el caso que nos ocupa, una vulnerabilidad biológica relativa —la gran mayoría de los contagiados logra curarse— ha producido un fenomenal impacto social. Hay virus mucho más letales: se ha calculado que la viruela mató a 300 millones de personas solo en el siglo XX y antes de su erradicación en los años ochenta, exhibiendo una escalofriante tasa de letalidad de alrededor del 33 por ciento.[2] Tal vez nuestra especie llegue algún día a verse afectada por un supervirus que, como muchas ficciones han imaginado, acabe con la humanidad o la reduzca a su mínima expresión. Por fortuna, no es el caso: viviremos para hablar de este coronavirus. Y sin embargo, por lo que llevamos visto, tampoco cabe tomárselo a la ligera. Entre otras razones, porque difícilmente será el último de su clase y acaso solamente sea el primero de muchos.

Las enfermedades causadas por zoonosis, que es una infección animal transmisible a humanos, parecen ir en aumento. De acuerdo con un estudio publicado en 2008, entre 1960 y 2004 pueden identificarse 335 enfermedades emergentes, de las cuales al menos un 60 por ciento proceden de animales no humanos.³ De acuerdo con cálculos realizados por los Centros para el Control y Prevención de Enfermedades de Estados Unidos, ese porcentaje se eleva hasta las tres cuartas partes de las nuevas enfermedades.⁴ Y cuando comparamos dos periodos en los que se ha prestado especial atención pública a los gérmenes —localizado uno en las primeras cuatro décadas del siglo xx y el otro en las décadas que siguen a la aparición del SIDA—, el discurso más reciente sobre «la venganza de los superbichos» quizá sea mucho más pesimista debido a las preocupaciones medioambientales y a la desconfianza en los expertos.⁵ La enumeración que proporciona David Quammen es, sin duda, contundente: además de todas las gripes, de la peste bubónica y del ébola, son zoonosis la viruela símica, la tuberculosis bovina, la enfermedad de Lyme, la fiebre del Nilo Occidental, la fiebre hemorrágica de Marburgo, la rabia, el síndrome pulmonar por hantavirus, el ántrax, la fiebre de Lassa, la fiebre del Valle del Rift, la fiebre de los matorrales, la fiebre hemorrágica boliviana, la enfermedad de Kyasanur y la enfermedad del virus Nipah.⁶ Se trata, pues, de un viejo conocido de la especie humana. Y aunque su aumento en términos históricos resulta novedoso, es necesario introducir algunos matices.

De acuerdo con la literatura científica, una enfermedad emergente es aquella que constituye una novedad por haber experimentado un cambio evolutivo reciente, por atravesar por vez primera la barrera de las especies o por haber sido recién descubierta. Bajo estos parámetros, los datos disponibles sugieren que las afecciones zoonóticas están en aumento y que también lo hace su diversidad; el número de casos per cápita, en cambio, declina gracias al efecto positivo de las campañas de prevención y las políticas de control epidemiológico.⁷ También las enfermedades infecciosas específicamente humanas (no zoonóticas) registran un mayor número de brotes; su impacto sanitario, por el contrario, disminuye. La peligrosidad de la zoonosis reside mayormente en su novedad. Afortunadamente, no todos los males cumplen su oscura promesa: la letal enfermedad de Marburgo, cuyo origen parece encontrarse también en los murciélagos, es todavía rara y quizá siga siéndolo. Otras, como la rabia o la peste, atravesaron la barrera entre especies hace ya siglos. Y entre las más recientes, no podemos decir que no estuviéramos avisados: el síndrome respiratorio agudo grave (SARS), que también tiene su origen en un coronavirus, mató a más de setecientas personas en su letal viaje por treinta países durante el estallido de 2002-2003. Cabe incluso preguntarse de qué manera contemplamos ahora las furibundas críticas vertidas en su momento contra las «falsas» alarmas declaradas por la OMS para la gripe aviar y la gripe porcina, que condujeron a la compra pública de millones de mascarillas jamás utilizadas tras no materializarse entonces una pandemia que nadie llegó a tomarse en serio. Si hay una próxima vez, seremos más prudentes.

Queda así en evidencia el riesgo asociado a las relaciones humano-animales, tan íntimas en la vida y en la muerte, que sirven para el contagio de enfermedades graves. Hay que apresurarse a matizar que ese vínculo es más peligroso para los animales que para los humanos: hace tiempo que esa balanza se desequilibró y el sacrificio masivo de otras especies para la alimentación humana los señala como perdedores indiscutibles. Basta abrir los ojos para comprobar que la instrumentalización de los animales, incluida la experimentación científica orientada al hallazgo de una vacuna contra la COVID-19, conoce pocas limitaciones. Así lo atestiguan algunas reacciones impulsivas contra los murciélagos, considerados «responsables» de la pandemia por ser el huésped más probable del SARS-CoV-2. Histerismos al margen, resulta inevitable que cada especie contemple el mundo desde su particular punto de vista y es por ello lógico que nosotros tratemos de identificar con la mayor precisión posible al agente infeccioso de cada epidemia. Pero hay que señalar lo evidente: la amenaza está en el virus, no en los animales que lo sufren y lo transmiten. En ellos solo comienza la larga cadena causal que empieza en una remota población de murciélagos y termina en una espectacular pandemia global.

No obstante, los virus no poseen la exclusiva del contagio zoonótico, sino que la comparten con otros patógenos; los más conocidos son las bacterias y los hongos. Es verdad que los virus son el vehículo infeccioso más letal, debido a lo que podríamos llamar su «inteligencia» natural: para reproducirse en el organismo en el que penetran, usan las células del huésped, a diferencia de las bacterias, que emplean sus propias células. Por esta misma razón, el tratamiento antibiótico es más delicado, ya que puede afectar a las células sanas del huésped. Los virus han sido elusivos a la mirada humana; su descubrimiento es más bien reciente. Tanto es así que la primera proyección cinematográfica con público tuvo lugar en París tres años antes de que se identificase (era la primera vez) el virus de la fiebre aftosa: corría 1898. Solo medio siglo antes, como relató Louis Destouches en su tesis doctoral antes de convertirse en el novelista Louis-Ferdinand Céline, un médico húngaro llamado Philippe-Ignace Semmelweis había descubierto en Viena que lavarse las manos podía evitar la muerte por infección de las parturientas.[8] Con anterioridad al descubrimiento de los microbios, pues, la práctica clínica había dado con un remedio parcial para las infecciones; uno tan exitoso que todavía no ha encontrado reemplazo.

El cambio de paradigma se produce con la aparición de la teoría microbiana de la enfermedad en el último tercio del siglo XIX. Frente a las antiguas teorías humorales, la acción de los microbios pasó al primer plano a la hora de explicar la naturaleza de las infecciones.[9] Hay que tener en cuenta que las herramientas de que disponían los pioneros eran muy limitadas: los microscopios no tenían potencia suficiente, se ignoraba la posibilidad de cultivar células en el laboratorio, y tampoco era posible concentrar o separar proteínas o ácidos nucleicos. Pero si esas técnicas terminaron por encontrarse, fue porque se las buscó; existía una auténtica voluntad de saber, que rendiría sus primeros frutos con el proceso de cultivo de bacterias. De ellas se ocuparon científicos como Koch, Pasteur o Lister, antes de que Dmitri Ivanovski y Martinus Beijerinck constatasen que una entidad diferente —o sea, los virus— podían penetrar en otro organismo, superando los filtros que frenaban a las bacterias, sin perder su potencia infecciosa.

Desde entonces, nuestro conocimiento sobre los virus ha ido en aumento, como corresponde a la idea —esencialmente correcta— de que «acumulamos» saber sobre el mundo; un saber parcial e insuficiente, pero funcional y lleno de aplicaciones prácticas. Este acervo, en lo que a los virus se refiere, ha sido desde luego también un poder: en nuestra época, escribía Michael Oldstone antes de la pandemia, las enfermedades infecciosas agudas «están controladas mediante vacunación o antivirales y políticas de salud pública cuando y donde estas son instituidas».[10] Hay en este tipo de juicios un sesgo presentista: en el prólogo a la segunda reedición de su libro clásico sobre la historia de las epidemias, William McNeill señala que si bien el clima de opinión entre los médicos en torno a 1976 —cuando vio la luz la edición original— era que las enfermedades infecciosas habían perdido su capacidad de afectar seriamente la vida humana, la aparición del SIDA a comienzos de los ochenta supuso un amargo recordatorio de la vulnerabilidad de la especie.[11] Cuarenta años después, habíamos vuelto a olvidarnos del poder disruptor de las epidemias. Cuidado: Oldstone tenía, y tiene, razón; los virus no son la amenaza que fueron antes del desarrollo de la medicina moderna. Pero la pandemia del SARS-CoV-2 y el aumento de las nuevas enfermedades zoonóticas prueban que el control humano sobre ellos dista de ser completo. La causa hay que buscarla en el endiablado comportamiento de ese fenómeno natural que son los virus; tan peculiar que no sabemos si viven o no.

ONTOLOGÍA PROVISIONAL DEL VIRUS

De acuerdo con la etimología de la palabra latina, que reúne la raíz indoeuropea *weis* («fluir», «veneno») con el griego ιός («veneno»), un virus es «un veneno que fluye». Propiamente, se trata de una pequeña cantidad de material genético, ya sea ADN o ARN, envuelto en una cubierta de proteína y rodeado a veces de una película de lípido. Pero su estructura biológica y su composición genética están naturalmente «diseñadas» para el cumplimiento de sus fines: pasar de un huésped a otro, entrar en sus células con objeto de apropiarse de sus recursos, replicarse a sí mismo, y abandonar tanto célula como huésped para poder repetir la operación en otro lugar. En la medida en que sus mutaciones proporcionan variaciones genéticas que aumentan la probabilidad de que el virus penetre en la célula viva del anfitrión, un virus será más peligroso cuanto mayor sea su tasa de mutación. Son los virus ARN los que mutan más fácilmente; algunas de las variaciones que resultan de ese proceso de cambio genético resultan ser adaptativas y facilitan el asalto celular al huésped de turno. Este también cuenta: cuanto más fuerte sea su sistema inmune, más obstáculos encontrará el virus. Y viceversa: la insólita capacidad de los murciélagos para albergar patógenos sin desarrollar una infección se ha explicado por el hecho de que son mamíferos voladores y eso les hace evolutivamente más proclives a generar ADN dañado, de tal forma que la respuesta inmunitaria es suprimida a fin de ahorrar energía.[12]

Sería erróneo identificar automáticamente el contagio con una agresión contra nuestro organismo; el efecto no sigue necesariamente a la causa. Replicación y transmisión: eso es lo que mueve al virus. No se trata de una finalidad demasiado elevada, pero tampoco difiere tanto de la que persiguen unos seres vivos empeñados principalmente en sobrevivir lo bastante como para transmitir sus genes a la descendencia. Solo nosotros, los humanos, creemos hacer algo diferente: sinfonías, leyes, autopistas. El caso es que un virus también puede habitar en un huésped de manera benigna, transmitiéndose a otro individuo sin delatarse a través de síntoma alguno; muchos portadores del SARS-CoV-2 han resultado ser asintomáticos. En la práctica, la mayoría de los virus no nos molestan y conviene recordar que nos las vemos con la entidad biológica más abundante en el planeta; una que, junto con las bacterias, con toda seguridad nos sobrevivirá. Y es que resulta imposible hablar seriamente del planeta Tierra sin aludir a los microorganismos. Se estima que hay diez virus por cada bacteria y que, si los alineásemos todos, la línea resultante tendría —atención— una longitud de diez millones de años luz; más de setecientos millones de virus, la mayoría de origen marino, son depositados en la superficie del planeta desde la atmósfera cada día.[13] ¡Se dice pronto! Y pronto se olvida:

La omnipresencia de los virus, sumada a su carácter generalmente inofensivo y su minúscula escala, hace que sea fácil pasarlos por alto. Existen casi a la manera de una radiación genética de fondo, no demasiado interesante hasta que uno se fija; momento en el que uno puede descubrir que retienen un eco del Big Bang.[14]

Entre las muchas cosas que no sabemos, está el papel que los virus pueden jugar en la evolución natural; incluida la humana. Tenemos indicios de que su influencia es considerable: interactúan con el material genético, tomando muestras y recombinándolas, viajando de un cuerpo a otro. Se afirma incluso que los microbios que habitan en nuestro organismo no solo cumplen una función clave en el procesamiento digestivo, sino que influyen sobre nuestros cerebros mediante la producción de psicobióticos, hormonas y otras sustancias químicas determinantes de nuestros estados de ánimo.[15] Ignoramos aún hasta qué punto la evolución celular depende de la evolución viral, pero sabemos que los virus transportan material genético entre organismos, viajando entre ecosistemas; cabe así suponer que contribuyen al reservorio genético global.[16] Moviéndose en la frontera entre los mundos de la biología y la bioquímica, los virus son importantes para la vida.[17] Así que no deberíamos asociarlos exclusivamente con la enfermedad y la muerte: la infección vírica es un episodio biológico que solo bajo un rígido punto de vista puede reducirse a la condición de amenaza para la salud. De aquí se colige que no debemos acabar con todos los virus; no resultaría ventajoso. Y además, sobre todo, es algo imposible.

Irónicamente, que los virus sean parte irremplazable de la vida tal como la conocemos no implica que ellos mismos estén vivos. Su imagen amplificada por el microscopio sugiere, a la mirada del profano, que sí lo están: eso que vemos se mueve, penetra en nuestras células, intenta neutralizar los anticuerpos movilizados por el organismo infectado. Esta capacidad adaptativa parece indicar que son seres vivos; no estamos ante piedras inmóviles. Pero solo pueden mutar y multiplicarse en presencia de *otras* células vivas: las del huésped. Y dado que tampoco son capaces de ejecutar funciones metabólicas esenciales, parece difícil que podamos considerarlos como organismos autónomos.[18] Puede así decirse que tienen un *potencial* que los sitúa en algún lugar intermedio entre la vida y la materia inerte: son algo más que esta, sin llegar a ser organismos complejos con vida celular propia. ¿Entonces? Quizá la respuesta más elocuente a esta pregunta la diese el microbiólogo francés André Lwoff, quien, en una serie de conferencias impartidas en 1957, se ocupó del problema que para su disciplina suponía el estatus ontológico de los virus. A su juicio, no se trata de entidades biológicas ni de sustancias químicas inertes: «Los virus deben considerarse virus, porque son virus».[19] Esta aparente tautología no solo llamaba la atención sobre el carácter aproximativo de nuestras categorías taxonómicas diez años antes de que Michel Foucault cuestionase la relación entre las palabras y las cosas, sino que restaba importancia a la pregunta sobre lo que es *exactamente* un virus; también «ser vivo» y «materia inerte» son, a la postre, conceptos humanos.[20] Escribe Lwoff:

> El virus es un concepto. Nuestras ideas acerca de su origen pueden diferir, así como las que tenemos sobre el lugar que asignamos a los virus entre otras entidades. Sin embargo, el propio uso del término «virus» implica la aceptación de los virus como una clase específica de entidades. La elección del carácter discriminatorio de una clase no puede ser una cuestión de gusto. [...] Debe ser sólida y coherente, con una base lógica estricta.[21]

Este matiz final es importante, ya que subraya que las clasificaciones científicas se basan en observaciones empíricas cuyos resultados son filtrados metódicamente; asunto distinto es el tipo de categorías que seamos capaces de producir a partir de esa base lógica y qué utilidad tengan para lidiar con la realidad observada: en este caso, virus potencialmente dañinos. La propuesta de Lwoff es que no debería importarnos demasiado lo que un virus *es*, pues lo principal es saber lo que un virus *hace*. Preguntar por la ontología es secundario respecto a interrogarse por su comportamiento; hemos de saber cómo actúa un virus para idear la manera de frenarlo en aquellos casos en los que la infección amenace nuestra salud. Es aquí donde la figura del parásito cobra interés.

Hay que empezar por considerar que la teoría microbiana de la enfermedad transformó decisivamente las ideas médicas acerca de la distinción entre lo normal y lo patológico. Una vez se hizo evidente que los microbios *provocaban* enfermedades, la enfermedad misma empezó a verse de otra manera. Tal como ha explicado el médico y filósofo Georges Canguilhem, los microbiólogos empezaron a concebir la diferencia entre lo normal y lo patológico como una distinción de *tipo* más que de *grado*, rechazando la tesis decimonónica según la cual los fenómenos patológicos eran variaciones cuantitativas de los fenómenos normales.[22] La diferencia es ciertamente cualitativa: el cuerpo invadido por gérmenes es un tipo distinto de cuerpo. Y se trata de un cuerpo parasitado, donde conviven el virus y el organismo: si el organismo muere, el virus termina su recorrido. Lo que conviene a este último es mantener con vida a su anfitrión, rehén ignorante de serlo, para poder saltar a otro. Por eso, los virus con la mayor tasa de letalidad —como el Ébola— se contagian con menor facilidad: la muerte rompe la cadena de transmisión.

Fue Louis Pasteur quien llegó a la conclusión de que los microorganismos causan la enfermedad igual que la levadura «causa» la fermentación: el componente activo que convierte las uvas aplastadas en vino le proporcionó la analogía con el germen que transforma cuerpos vivos en cadáveres putrefactos.[23] De hecho, Pasteur conjeturó que la enfermedad se produciría cuando los microbios que actúan parasitariamente en el huésped privaran a este último de nutrientes esenciales para el mantenimiento de su vida. Ya hemos visto que no todos los virus producen daño a su huésped; al menos, no uno que este pueda sentir o se haga visible por algún síntoma. En el marco de su debate con el filósofo John Searle, el también filósofo Jacques Derrida ensayó la siguiente caracterización del parasitismo:

> El parasitismo tiene lugar cuando el parásito (así llamado por el propietario, que defiende celosamente su propio *oikos*) viene a vivir de la vida del cuerpo en el que reside; y cuando, recíprocamente, el huésped incorpora en cierta medida al parásito, ofreciéndole descuidadamente su hospitalidad: proporcionándole un lugar. El parásito «toma sitio». Y, en el fondo, aquello que violentamente «tome sitio» u ocupe un sitio tiene, siempre, algo de parásito.[24]

No se trata de concluir, ingeniosa pero estérilmente, que todos somos parásitos. ¡A otro perro con ese hueso! Hay relaciones altruistas, como las hay competitivas o simbióticas; la relación parasitaria es una posibilidad más que una norma. Pero la figura del parásito sí acierta a revelarnos que la vida del cuerpo, de cualquier cuerpo, pertenece a la vida en general y está conectada con ella. Desde este punto de vista, como sugiere Michel Serres, nos parasitamos mutuamente: «Vivimos en la caja negra llamada "colectividad"; vivimos de ella, con ella, en ella».²⁵ Se alude así a la *normalidad* del parásito, sugiriéndose de paso que la denigración del virus como «patología» es una cuestión de punto de vista: el nuestro. Para Serres, el pensamiento dialéctico no sirve de nada cuando lo que tenemos delante es una realidad compuesta de interconexiones múltiples entre las que no caben jerarquías de valor: desde el punto de vista evolutivo, el virus vale tanto como su huésped. En este contexto, la etimología del verbo «infectar» resulta instructiva: proviene del latín *in-facere* y significa «actuar dentro o en el interior», aunque también «impregnar o ser impregnado». El término sería neutro respecto de las *consecuencias* de la infección: valdría tanto para el cambio como para la destrucción. Y conduce, como ha defendido Didier Debaise, a una definición mínima de un ser vivo como «aquel que *infecta* y que se deja *infectar*».²⁶ Las relaciones entre un ser vivo y su entorno serían entonces las propias de una «dinámica de infección». Desde esta perspectiva, en la que el ser humano pierde su posición privilegiada en el centro del escenario, un virus puede ser contemplado como un agente histórico. Esto es lo que hacen los pensadores neomaterialistas. Y la pandemia de la COVID-19 ha venido a darles la razón.

EL VIRUS COMO ACTOR SOCIAL

No es la primera vez que sucede, pero nos habíamos desacostumbrado: un virus se convierte en causa mayor de una formidable disrupción social.²⁷ Puede decirse de manera diferente, atribuyendo la disrupción social a la reacción mayoritaria de las sociedades humanas ante la amenaza de una enfermedad emergente. Pero eso no cambia lo esencial, que estriba en el hecho de que la novedad proviene de la intervención de una entidad que carece de conciencia. Mientras deliberábamos sobre la creación de novedades políticas a través de la acción colectiva de ciudadanos conscientes, un protagonista inesperado acaparaba los focos del teatro de la historia: un virus, uno entre los varios cientos de miles de virus conocidos susceptibles de infectar a los mamíferos, ha reclamado para sí, con éxito, la potestad de decretar una primicia destructiva.[28] ¡Incluso abre los telediarios!

Para los teóricos neomaterialistas, se trata del tipo de acontecimientos que les da la razón. Su postulado principal reza que la «agencia», entendida como capacidad de un actor para producir efectos sobre el mundo, está lejos de ser un atributo exclusivamente humano. Las «capacidades agenciales» están distribuidas mucho más ampliamente, lo que incluye a animales y objetos, hasta el punto de que las transformaciones que tienen lugar deben concebirse como el producto de una acción colectiva a la que todos —aun de distinta manera— contribuimos. El coronavirus demuestra que la capacidad para cambiar el mundo está lejos de ser un patrimonio humano; también que el tamaño del actor en cuestión no prejuzga la magnitud de los efectos que sea capaz de provocar. Desde este punto de vista, el mundo natural no humano en absoluto puede caracterizarse como un recurso pasivo o un objeto inerte: es un participante clave en una multitudinaria «danza de la agencia» que erosiona la separación conceptual entre naturaleza y sociedad.[29] ¿O es que el SARS-CoV-2 no se ha comportado, en la práctica, como un actor social? Fue Bruno Latour quien, para evitar la connotación intencional, propuso una distinción entre los «actores humanos» y los «actantes no humanos» que no va en detrimento de su potencia de acción.[30] Situando en una categoría especial a asteroides y terremotos, parece razonable señalar a virus y bacterias como los actantes que mayor impacto han tenido en la historia humana; al menos, mientras se confirman o no los peores augurios acerca del cambio climático.

Si tanto el resto de seres orgánicos como las cosas inorgánicas pasan a considerarse protagonistas de la historia, esta última bien puede reescribirse sobre nuevas bases. En particular, sobre la premisa de que el entorno natural y sus distintos elementos han contribuido a crear a los seres humanos y a modelar sus pensamientos, ideas o culturas. Para el historiador Timothy LeCain, los hallazgos del Proyecto del Microbioma Humano —iniciativa del Instituto Nacional de Salud de Estados Unidos, concebida como una extensión del Proyecto del Genoma Humano y dedicada a catalogar todos los microorganismos que viven en y de nosotros— avalan la idea de que ni el excepcionalismo humano ni el antropocentrismo deberían conservar su prestigio como premisas de la investigación histórica.[31] En parte, LeCain se refiere de manera literal a la interacción entre la historia social y los microorganismos: ¿de qué manera influyó sobre los microbiomas digestivos del ser humano el consumo regular de carne o azúcar en las sociedades acomodadas del siglo XIX? ¿De qué modo se trasladó ese cambio a nuestras disposiciones o acciones? ¿Y qué hay del empleo masivo de antibióticos de amplio espectro en la segunda posguerra mundial?[32] Otro historiador, Daniel Smail, ha subrayado el impacto histórico del alcohol, el tabaco o el café, mecanismos «autotrópicos» que modifican nuestros estados mentales a través de medios artificiales.[33] Pero LeCain, quien advierte con honradez que la historia microbiómica se encuentra aún en su infancia, plantea un argumento más amplio:

> vivimos en una época en la que nuestra comprensión elemental de lo que significa ser «humano» está cambiando radicalmente. Hallazgos procedentes de las ciencias sociales y de las huma-

nidades nos dicen que el cuerpo, la mente y la cultura humanas están aún más profundamente embebidas en nuestros entornos biológicos y materiales de lo que habíamos imaginado.[34]

Esta idea debe ser entendida en toda su complejidad. Supone, en primer lugar, que hemos de reconocer el papel que la presión medioambiental y los fenómenos naturales juegan en el desenvolvimiento de la historia: esta no puede ser ya simplemente historia humana o, si lo es, no puede mantener un *dramatis personae* del que se excluya a los actores no humanos. Pero dar este paso, revolucionario en su momento, no es suficiente. Hay que completar el razonamiento y afirmar, en segundo lugar, que la humanidad influye en la naturaleza: la historia natural posee elementos de autonomía respecto de la especie humana y, asimismo, elementos de dependencia. Así, por ejemplo, la humanidad puede afectar al sistema climático del planeta y este cambio, a su vez, repercutirá en la humanidad y en el resto de especies animales y vegetales. Dado que la evolución natural es un proceso permanente que se desarrolla en todos los niveles biológicos, incluidos el bacteriano y el microbiano, no hay duda de que las fuerzas sociales son también fuerzas evolutivas.[35] Estamos ante un entramado socionatural cuyos elementos interactúan de múltiples formas y no ante la mera influencia unilateral de la naturaleza sobre la sociedad o viceversa; tampoco, por último, ante una simple relación dialéctica que sigue presumiendo la existencia de dos bloques herméticos fácilmente separables.

Nada de esto sorprenderá al gremio de los historiadores medioambientales, que ya mucho antes de que hiciera su aparición la hipótesis neomaterialista trataron de incorporar el factor socionatural al estudio del pasado humano. En su pionero trabajo sobre las consecuencias medioambientales del descubrimiento de América, publicado originalmente en 1973, Alfred Crosby enfatizó que el desembarco europeo en tierras americanas había sido el primer paso de «una tendencia hacia la homogeneidad biológica» y «uno de los aspectos más importantes de la historia de la vida desde el retroceso de los glaciares continentales».[36] Y preguntándose cómo pudieron los españoles conquistar tan fácilmente el Nuevo Mundo, arguyó que recibieron la ayuda inesperada de las epidemias que ellos mismos propagaron: por su mortalidad y por el impacto psicológico que tuvieron entre las poblaciones nativas, especialmente durante los cien años posteriores al primer desembarco.[37] El historiador norteamericano también plantea en este libro una «reevaluación de la sífilis», enfermedad que habría hecho el viaje inverso de las Américas a Europa y que entiende íntimamente ligado a la globalización marítima: al requerir su difusión de un cierto grado de promiscuidad sexual, los marineros parecen vectores idóneos de transmisión.[38]

También William McNeill sostenía, en la edición original de un trabajo que apareció pocos años después, que las epidemias habían desempeñado un papel activo en la conformación de los imperios: las sociedades estatalizadas han solido introducir enfermedades endémicas en sociedades más simples, con la consiguiente pérdida de población y desorganización económica.[39] Un cuarto de siglo más tarde, el biólogo Jared Diamond dio popularidad al papel histórico de las epidemias en su intento por responder a la pregunta acerca del desarrollo desigual de las sociedades humanas. Diamond subrayaba que el origen de las epidemias está en la interacción humano-animal y que su influencia histórica es indudable a la vista de su mortalidad agregada: «Los grandes asesinos de la humanidad en la reciente historia —viruela, gripe, tuberculosis, malaria, sarampión, cólera— son enfermedades infecciosas que evolucionaron a partir de enfermedades animales».[40] De la plaga de Justiniano a la peste negra, pasando por la gripe española y la enfermedad de la COVID-19: la especie humana no se entiende sin sus pandemias. Los individuos históricos de Hegel, supremos protagonistas de la excepción humana, nunca estuvieron solos.[41]

Nótese que un peligro subyacente a este planteamiento es ver al ser humano como una criatura *determinada* por las fuerzas ambientales, sometida a los azares de la biología e impotente para influir en sus propias condiciones vitales. Entre las bacterias que habitan nuestro tracto digestivo y la órbita planetaria que contribuye a modular la cantidad de energía que el planeta recibe del sol, el ser humano apenas podría limitarse a constatar su insignificancia. Tal es el planteamiento de los historiadores medioambientales de ascendencia marxista, como Donald Worster, que resuena en los relatos enhebrados por Crosby y Diamond. Enfrente se han situado tradicionalmente culturalistas como Lynn White o William Cronon, partidarios de reconocer que el ser humano ejerce su propia agencia en el contexto histórico.[42] Y, si bien el dilema entre estos dos enfoques marcó durante años el desarrollo de la disciplina, las generaciones más jóvenes de historiadores medioambientales suelen rechazar la premisa de que las fuerzas naturales abruman a los seres humanos, apostando en cambio por la idea de que estos se adaptan a ellas. Así lo demostró John McNeill, en relación con las enfermedades transmitidas por mosquitos en las colonias caribeñas.[43] Pero aún queda un paso por dar: ocuparse del modo en que los seres humanos influyen sobre las propias fuerzas naturales, por ejemplo, propiciando la aparición de enfermedades zoonóticas o facilitando su transmisión.

Pensemos, como ha sugerido el historiador Paul Sutter, en la fiebre amarilla. Es una enfermedad provocada por un virus, relativamente reciente desde el punto de vista de la historia planetaria, cuyo vector de transmisión es un mosquito.[44] La fiebre amarilla solo cobra importancia histórica bajo las condiciones creadas por el comercio y la migración en la época dorada de la navegación atlántica; su proliferación depende de una infraestructura social y económica en la que las ciudades portuarias desempeñan un papel clave. Pero en África, su ciclo de transmisión más importante tiene lugar en entornos de sabana húmeda y por mediación de otras especies. Si tratamos la fiebre amarilla como un evento «natural», advierte Sutter, abandonamos por el camino el análisis de los factores sociales que aceleran su propagación y pasamos por alto que no ha sido la misma enfermedad en América que en África. Aunque su origen sea un actante natural y no un actor humano, no se trata de un simple evento natural con consecuencias sociales: la trama es más densa y revela que la propia naturaleza presenta una historia social susceptible de análisis.

PARA UNA HISTORIA SOCIONATURAL DE LA ZOONOSIS

También el SARS-CoV-2 tiene, como muchas otras zoonosis, una historia social. Ya se ha visto que la infección, como tal, es un acontecimiento natural; lo que hay que dilucidar en cada epidemia es qué tipo de actividad humana ha facilitado su aparición inicial o su propagación posterior. Por eso cabe hablar, en propiedad, de una historia *socionatural* de la zoonosis: al tratarse de una transmisión de animales a humanos, no será indiferente el modo en que ambos se relacionen entre sí. Tampoco, en segundo lugar, la forma en que los humanos se organicen socialmente.

Como no podía ser de otra manera, el origen y la difusión de las enfermedades infecciosas se correlacionan con factores socioeconómicos, medioambientales y ecológicos.[45] Es una conclusión algo banal, pero los detalles cuentan. Así, los elementos más importantes serían la densidad de población humana, las prácticas agrícolas y el empleo de antibióticos en las zonas afectadas; la relevancia de cada uno de ellos dependerá, a su vez, del tipo de enfermedad de que se trate. En el caso de los patógenos zoonóticos que provienen de animales no domesticados, como el SARS-CoV-2, la correlación más significativa se establece con el grado de biodiversidad. Pero no se trata de que una *disminución* de la biodiversidad cause la zoonosis, como podría quizá esperarse a la vista de la frecuencia con que se hablado de los cambios medioambientales globales en relación con esta pandemia. Lo cierto es que el mejor predictor de la zoonosis es «la *riqueza* de especies-huésped [...] sin que desempeñen un papel el crecimiento de la población humana, la latitud o la pluviosidad».[46] En cambio, si el contagio humano se produce a partir del contacto con un animal domesticado, la densidad poblacional y la latitud en que se encuentre la localidad afectada pasan a contar en mayor medida como factores de propagación, pues ese animal se encuentra ya incorporado a las redes humanas de producción y consumo. Pero este animal, por lo general, ha sido *ya contagiado* por una especie salvaje. Damos entonces con una paradoja: mientras que hace falta cierto grado de biodiversidad para que el virus aparezca, el humano que penetra en el hábitat natural está amenazando esa misma biodiversidad.

También David Quammen cree que la causa principal de la zoonosis es el creciente contacto de los patógenos con las poblaciones humanas, a su vez fuertemente imbricadas entre sí; la enfermedad sería la consecuencia imprevista de la forma moderna de habitar el mundo. En particular, la actividad humana provoca la rápida desintegración de los ecosistemas naturales, poniéndonos en relación —sobre todo en las selvas tropicales— con criaturas desconocidas para la ciencia. Se conecta aquí con un esquema argumental habitual en las ficciones coloniales, en las que el contacto del imprudente explorador blanco con los secretos atávicos de la jungla despierta una amenaza latente que terminará por llegar hasta la arrogante metrópoli. Escribe el periodista norteamericano que

> la disrupción de los ecosistemas naturales parece estar liberando a esos microbios más allá de sus confines. Cuando se talan los árboles y se masacra la fauna autóctona, los gérmenes locales se dispersan como el polvo cuando se derriba un edificio.[47]

De acuerdo con esta explicación, virus desconocidos para el ser humano terminan contagiándonos por efecto de una colonización del mundo natural que incluye la apropiación de animales para su consumo. En pocas palabras, virus como el SARS-CoV-2 amenazan al ser humano debido a que este va adonde no le llaman. Es la *boutade* de Pascal, convertida ya en cliché: si no saliéramos de casa, estaríamos a salvo. ¡Lo que no queda claro es cómo se habría construido, en ese supuesto, la casa de la que no salimos! Implícita en la tesis de Quammen está así la idea de que la *hibris* humana no resultaba problemática antes de la modernidad, y no digamos antes de la globalización, porque hasta entonces se preservaba un cierto *equilibrio* entre vida social y entorno natural. Ahora, ese equilibrio se ha roto y nos vemos obligados a afrontar las consecuencias de una relación cada vez más disfuncional entre las comunidades humanas, los animales y el conjunto de la biosfera. Para algunos filósofos, por esa misma razón, también las prácticas alimentarias industriales están bajo sospecha: la menor diversidad genética de las poblaciones de pollos criados en granjas intensivas facilitaría la transmisión de la gripe aviar, mientras que la enfermedad de las «vacas locas» habría resultado de un reciclaje de esqueletos animales que convertía grotescamente a los herbívoros en caníbales.[48] Así que el problema no es en absoluto «natural», sino que resulta de la interferencia humana con el mundo no humano: la huella ecológica proviene de un zapato sucio.

Bajo estas premisas, no es incorrecto sostener que «la emergencia de enfermedades es en gran medida un producto de cambios antropogénicos y demográficos, y por tanto un "coste" oculto del desarrollo económico humano».[49] Sin poblaciones densas que hagan posible la propagación del virus, este no tendría apenas recorrido y el SARS-CoV-2 no ha sido una excepción a dicho patrón.[50] Pero nótese que es la biodiversidad la que hace posible, para empezar, la existencia de poblaciones de portadores primarios del virus; en este caso, seguramente, murciélagos. Así que si la colonización humana de los hábitats animales fuese completa, lo cual es imposible desde el punto de vista ecológico, tal riesgo estaría conjurado. ¡A menor biodiversidad, menos zoonosis! Y al revés. Por añadidura, la trayectoria de la zoonosis exige que el huésped primario transmita el virus a un portador intermedio, el contacto con el cual provoca el contagio humano: del resto ya se ocupa, sin saberlo, la propia sociedad. De manera que la zoonosis requiere de la biodiversidad necesaria para que *aparezca* un virus potencialmente peligroso, pero la intensa actividad humana (que va reduciendo gradualmente la biodiversidad planetaria) facilita la infestación, al vincular a los seres humanos con los «puntos calientes» de hábitats tales como las selvas tropicales.[51]

Más dudosa es, en cambio, la conexión entre zoonosis y cambio climático; no existen razones para pensar que este último haya desempeñado un papel relevante en la transmisión a humanos del SARS-CoV-2. Está por verse si, como se ha afirmado, el cambio climático está llamado a provocar en el futuro un repunte epidémico general.[52] El «Antropoceno», concepto que designa la disrupción antropogénica de los sistemas naturales a escala planetaria, se antoja por el momento como un marco epistémico más apropiado para el análisis de la zoonosis.[53] Distinto es que quiera interpretarse la pandemia como una *advertencia* sobre las consecuencias del cambio climático, o que se defienda la necesidad de tomarla como una oportunidad para impulsar las políticas que aquel vendría a exigir.[54] Pero la relación entre ambos fenómenos se antoja débil.

Por el contrario, se echa de menos en la literatura un mayor énfasis en las políticas de seguridad alimentaria y en la relación que esta guarda con el desarrollo socioeconómico y las prácticas culturales. No puede ignorarse que los mercados asiáticos de animales salvajes, donde las infortunadas criaturas son sacrificadas y troceadas para el consumo humano, constituyen un destacado factor de riesgo para la transmisión de enfermedades infecciosas de origen animal.[55] En el caso de la gripe aviar provocada por el virus H7N9, que parece transmitirse principalmente de aves de corral a humanos, el cierre de los llamados «mercados húmedos» en abril de 2013 por razones precautorias, justo después del brote inicial de la enfermedad, redujo el número de infecciones diarias en un 98 por ciento de media en Shanghái, Hangzhou, Huzhou y Nanjing.[56] El dato es contundente y atestigua por sí solo el vínculo decisivo entre estos mercados y la propagación de enfermedades infecciosas de origen zoonótico.

Por descontado, la seguridad alimentaria no es el único factor en juego, ni los mercados dejan de ser manifestaciones de una organización económica informal y de la prevalencia de prácticas culturales específicas. Tienen por ello razón quienes apuntan hacia el brutal comercio ilegal de animales salvajes;[57] el infeliz pangolín, por ejemplo, está considerado el mamífero más traficado del mundo.[58] Asimismo, es justo subrayar las consecuencias de la rápida y desigual urbanización producida en los países en vías de desarrollo, no sea que terminemos culpando de la pandemia a segmentos de la población que no tienen nevera. Tanto en África como en Asia, los mercados húmedos proveen de alimento a mucha gente pobre, circunstancia que complica su prohibición. Bajo esta óptica, es indudable que

> resulta problemático confiar en exceso en una visión científica, apolítica, de la zoonosis. [...] En muchos casos, los factores políticos y económicos [son los] que generan la acumulación de riesgos y vulnerabilidades sanitarias. Estos factores están a menudo vinculados con patrones históricos de subdesarrollo que perpetúan la mala salud de los habitantes pobres de las urbes.[59]

A eso ha de añadirse el papel decisivo que juega la cultura. Esta no solo puede autorizar socialmente el consumo de animales más proclives a hospedar virus de enfermedades infecciosas, como los murciélagos, sino que puede asimismo estimular el empleo de otros —como el citado pangolín— en rituales religiosos o medicinales, propiciando así su consumo y la inobservancia del control de la seguridad alimentaria.[60] En el caso de China, se ha sugerido que la popularidad que los mercados húmedos han mantenido a pesar de la difusión de los refrigeradores domésticos tiene que ver con un entendimiento culturalmente determinado de lo que es la comida «fresca».[61] Sería ventajista atribuir a esta observación un carácter etnocéntrico, análogo a esa reacción xenófoba que se buscó sin demasiado éxito entre los ciudadanos de las democracias occidentales al comienzo de la crisis del coronavirus. Aquí no se están discutiendo particularidades culinarias, ni siquiera modos de relación con el mundo natural, sino prácticas sociales —culturalmente condicionadas— que incrementan la probabilidad del salto zoonótico.

Parece difícil negar, vista la magnitud de la pandemia de la COVID-19, que sería de gran ayuda universalizar eficazmente las políticas de seguridad alimentaria. En ese sentido, esta situación nos ha recordado la esencial *materialidad* de la comida, acaso la más elemental de nuestras necesidades junto con ese oxígeno del que la COVID-19, en sus manifestaciones más críticas, ha venido a privarnos. Esto ha sucedido en una cultura cuyo espacio público está lleno de imágenes culinarias: es la época de los *foodies*, del *slow food*, de las iniciativas en defensa de las gastronomías locales.[62] Hemos redescubierto, aunque sea por persona interpuesta, la peligrosidad de la ingesta. Resulta indudable que la seguridad alimentaria no depende solamente de la cultura; también del desarrollo económico y de la capacidad de control estatal. Sin embargo, la popularidad de los mercados de animales salvajes en provincias chinas que han experimentado un desarrollo económico suficiente como para permitirse eliminarlos, y gozando la autoridad política de aquel país del poder necesario para prohibirlos sin despeinarse, muestra la relevancia de las singularidades culturales.

Se defiende así, en este trabajo, que la pandemia es un episodio del vasto drama que se despliega con la incorporación a la modernidad de una sociedad tradicional. La modernidad se caracteriza por una estructura temporal llena de asimetrías, en la que distintas sociedades —o segmentos de sociedades— avanzan a distintos ritmos. Es palpable de este modo el contraste entre el control de la seguridad alimentaria de las sociedades avanzadas y el que se aplica en las emergentes. Tal como hemos visto, las causas socioeconómicas se combinan con los factores culturales cuando se trata de explicar la aparición de epidemias zoonóticas. Al mismo tiempo, la globalización ha incrementado los nodos de conexión entre las distintas sociedades, haciendo más fácil la propagación de un virus que puede despertarse en Macao y acostarse en Berlín. Se ha afirmado que los ciudadanos chinos son también más proclives a padecer una versión grave de la enfermedad de la COVID-19, debido a la paupérrima calidad del aire que respiran.[63] Durante un tiempo, la contaminación del aire fue un rasgo moderno, característico de la fase industrial de la historia europea; hoy es un índice de atraso social. El desequilibrio en el proceso de modernización crea sus propias dinámicas: las sociedades atravesadas por rasgos premodernos *comunican* al resto los riesgos creados en ellas. Digamos de nuevo que no se trata con ello de *exculpar* a la modernidad, en el caso de que esa operación tuviera algún sentido; solo de evitar juzgarla por crímenes que no le corresponden.

LA AFIRMACIÓN DE LA MATERIALIDAD

Es así patente que el virus, fenómeno enteramente natural, se convierte en un actor histórico cuando realiza el salto de la especie huésped al animal humano, prosperando en el interior de una colectividad socialmente organizada. Su recorrido, de hecho, constituirá un reflejo del momento y lugar en que se produce el contagio. Desde este punto de vista, el SARS-CoV-2 se parece a la gripe española. Mientras esta última es la pandemia de la intensa globalización decimonónica, que encuentra un freno en la Primera Guerra Mundial y se verá definitivamente interrumpida tras la expansión territorial del comunismo en la segunda posguerra, la pandemia de la COVID-19 se corresponde con la globalización poscomunista impulsada por la digitalización. Y si esta última ya se había visto erosionada con la Gran Recesión, las consecuencias socioeconómicas de la pandemia han amenazado en su fase inicial con frenarla en seco. No hay detrás potencia geopolítica alguna, ni un movimiento social global: solo un patógeno sin conciencia de lo que hace.

Desde un punto de vista «cósmico», la interpretación neomaterialista tiene su sentido. En el vasto teatro de la eternidad, con los manuales de física en la mano, apenas hay sino moléculas que interactúan entre sí: que el ser humano se conceda importancia constituye un acto de vanidad, excusable en cuanto que apenas disfraza su impotencia. No somos nada, así que fingimos serlo todo. No obstante, si admitimos la realidad de nuestra insignificancia, abandonamos el rígido antropocentrismo que nos impide reconocer la vitalidad de la materia que nos rodea y nos constituye. Jane Bennett habla de un «materialismo encantado» que nos presenta a la materia no como algo muerto y pasivo, sino como parte de una «ecología de las cosas» en la que actores humanos y actantes no humanos comparten la capacidad de inducir cambios en el mundo.[64] La línea divisoria entre sociedad y naturaleza se revela entonces como una conceptualización improcedente, pues lo que hay ahí fuera —y *aquí dentro* también— es un conjunto de relaciones entre múltiples entidades, cuya capacidad de acción varía de acuerdo con la posición que ocupan en un ensamblaje tan denso como dinámico. Déborah Danowski y Eduardo Viveiros de Castro resumen así este postulado antidualista:

> La humanidad y el mundo están *literalmente* en el mismo lado; la distinción entre los dos términos es arbitraria e impalpable: si uno arranca en la humanidad (pensamiento, cultura, lenguaje, el «interior»), termina necesariamente llegando al mundo (ser, materia, naturaleza, el «Gran Exterior») *sin cruzar ninguna frontera y viceversa.*[65]

Naturalmente: las distinciones están en el lenguaje, no en la realidad. Pero la realidad admite distinciones, que ayudan —aunque también pueden confundir— a quienes las hacen. Solo quien crea todavía en la estricta correspondencia entre las palabras y las cosas, por aludir de nuevo al trabajo de Foucault que vino a cuestionar la solidez de los sistemas epistémicos humanos, puede sorprenderse ante la constatación de que también estamos hechos de moléculas o de eso que llamamos moléculas. De acuerdo: nuestras categorías son *humanas* y no están *en* el mundo. Pero eso no significa que sean invenciones o falsedades, ni que todas las formulaciones humanas sobre la realidad del mundo valgan lo mismo. Aunque la ciencia no nos proporcione *la* verdad, ni ella misma pueda aspirar más que a proposiciones «verdaderas» mientras no sean refutadas, tiene sentido defender una concepción realista de la ciencia que evite cualquier esencialismo, sin por ello renunciar a la noción de una realidad cognoscible. Pensemos en el «realismo modesto» de Philip Kitcher o en el «realismo científico crítico» de Ilkka Niiniluoto; ambos reconocen que nuestro acercamiento a la realidad se produce siempre en un marco lingüístico dado, pero admiten la existencia del progreso científico; al fin y al cabo, hay teorías que se aproximan más exitosamente a la verdad acerca de un mundo que existe con independencia de nosotros.[66]

Aunque las categorías humanas no *crean* el mundo, el ser humano *crea* mundo: relacionándose materialmente con una realidad que transforma, produciendo estructuras físicas e intelectuales, destruyendo hábitats y seres. De ahí que, como he explicado en otro lugar, la ausencia inicial de distinciones *ontológicas* entre humanidad y naturaleza no excluya la diferenciación *histórica* entre nuestra especie y el resto del mundo natural: los humanos creamos un mundo específicamente social, nos concebimos como separados de los demás animales, desarrollamos prácticas de inmunidad biológica.[67] No se trata de una diferenciación total, porque no puede serlo: seguimos estando sujetos a los condicionantes biológicos y al resto de fuerzas naturales. Pero también somos capaces de tomar distancia y de precavernos contra algunas de nuestras vulnerabilidades naturales: ningún virus ha conseguido todavía acabar con nuestra especie.

Aceptada la general plausibilidad del diagnóstico neomaterialista, hay que preguntarse por su utilidad: ¿de qué nos sirve saber que el coronavirus es un actante no humano? La esperanza de los pensadores neomaterialistas es que, al cambiar el modo en que *pensamos* sobre el mundo, lleguemos a cultivar una disposición ética que modifique el modo en que *actuamos* en él. Poniendo coto al antropocentrismo, pues, jerarquizaríamos los bienes de otra manera y perseguiríamos con mayor ahínco una relación respetuosa y sostenible con el mundo no humano. En palabras del filósofo Andreas Weber, se trata de recordar que somos miembros del mundo natural, tan vulnerables como los demás, para así experimentar mayor ternura hacia esa realidad vibrante y llena de vida que tenemos delante.[68] Frente al dualismo que nos dibuja como seres superiores con derecho a sojuzgar el mundo natural, entonces, debemos reconocer la cualidad natural del ser humano y su pertenencia a una comunidad más amplia que merece atención y compasión. Donna Haraway recurre explícitamente a la metáfora de lo viral cuando, tras afirmar que «ser animal es devenir junto a las bacterias», plantea con su inimitable estilo la necesidad de que los humanos asuman «el cultivo de capacidades de respuesta virales [*viral response-abilities*]» con objeto de producir «epidemias de recuperación multiespecie», un propósito que ella misma identifica como «el virus en rápida mutación de la esperanza».[69] En vez de renegar del desorden creativo del mundo natural, Haraway quiere que nos entreguemos a él a modo de afirmación espiritual de nuestra profunda identidad natural.

Nada de esto es irrazonable. La tesis del excepcionalismo humano presenta más de un inconveniente y hay buenas razones para defender una relación más compasiva y cuidadosa con el resto del mundo natural. También es obvio que la pandemia ha puesto de manifiesto la falibilidad de nuestro sistema inmune, recordándonos que somos vulnerables ante los accidentes biológicos. Pero este enfoque presenta también limitaciones, por la sencilla razón de que hay vitalismos que matan: no todos los actantes, en este caso un virus al que difícilmente podemos atribuir «encanto» alguno, se prestan a una interpretación lírica. Concebir al ser humano como criatura terrenal situada en una amplia red de interdependencias materiales puede ayudarnos a sobrevivir en un entorno potencialmente peligroso, así como a establecer vínculos más pacíficos con otros seres; resulta absurdo, en cambio, romantizar una enfermedad infecciosa capaz de matarnos por mucha «capacidad agencial» que posea.

En ocasiones, el desdibujamiento de las fronteras conceptuales entre naturaleza y sociedad puede ser contraproducente. En el marco de su crítica al dualismo occidental, Philippe Descola señala que en países como China no existe «la idea de la naturaleza» ni se considera que el cuerpo humano sea un signo del alma llamado a la trascendencia.[70]

¿Y eso es bueno o malo? Depende. El monismo resultante, por ejemplo, puede facilitar el contacto directo entre individuos sanos y animales infectados de virus zoonóticos: la comunión con el cosmos puede sernos indigesta. Separar sociedad y naturaleza tiene un sentido analítico tanto como posee una funcionalidad inmunitaria: nos permite dibujar trayectorias causales que dan sentido a los acontecimientos, así como crear cortafuegos entre nuestros cuerpos y algunos peligros naturales. Paradójicamente, solo por ese camino podremos refinar de manera consciente nuestra relación con el mundo natural, ya que, como se empeña en olvidar buena parte de la literatura sobre la biodiversidad, el humano no deja de ser un animal entre animales; el único al que se le pide —se le exige— que actúe contra sus instintos naturales.[71] Tal como dejó dicho Immanuel Kant, no se trata de plegarnos a aquello que la naturaleza hace del ser humano, sino de empezar por reconocer que el objeto más importante del mundo a que el hombre puede aplicar su conocimiento y sus habilidades adquiridas es «el *hombre mismo*, porque él es su propio fin último».[72] Otra cosa es que ese mismo ser humano pueda y deba atender a otros fines que no tienen que ver exclusivamente consigo mismo.

Sea como fuere, hay un aspecto de la materialidad del virus que merece destacarse. Y es, valga la tautología, el hecho mismo de su materialidad. El virus no es un relato, ni un constructo social; aunque con él pueda establecerse una narrativa y la pandemia sea inevitablemente percibida a través de categorías sociales. Al menos, cuando se la mira desde lejos: el enfermo grave no está para sutilezas. En suma: por invisible que resulte, el virus es una realidad física. Y no es que la naturaleza haya resuelto por sí misma «regresar» con objeto de castigar nuestras malas maneras o «vengarse» por nuestros pecados neoliberales. Los virus no piensan, ni siguen criterios morales. Pero sí tiene sentido decir que la materialidad vuelve a nuestro horizonte de percepción tras los excesos de un culturalismo que ha puesto en primer término la cualidad «construida» de la realidad. Aunque Judith Butler haya denunciado la idea de que «biología es destino» como una forma universal de opresión, capaz de engendrar categorías ficticias por medio de lo que denomina «alianza médico-legal», no cabe duda de que somos entidades biológicas que sufren presiones ambientales.[73] Después de un excesivo énfasis en las construcciones discursivas y lingüísticas de la identidad, el coronavirus deja claro que existe una especie que puede definirse biológicamente. Y no será porque este virus no haga distinciones entre sexos: los hombres tienen mucha mayor probabilidad que las mujeres de sufrir una versión más severa de la enfermedad o de morir por su causa.[74]

La reafirmación microbiológica de la materialidad viene a dar la razón a aquellos filósofos que llevan un tiempo exigiendo que abandonemos el solipsismo moderno, para abrazar en cambio la idea de que hay una realidad independiente de ese ser humano que la percibe de manera imperfecta. Ya se ha mencionado antes que la aceptación de esa realidad es una premisa de la actividad científica. Pero también la filosofía venía padeciendo un déficit de mundanidad. De acuerdo con el filósofo alemán Wolfgang Welsch, el problema estaría en «el principio antrópico de la modernidad» que Denis Diderot habría formulado ya con claridad: como la capacidad de intelección del ser humano no es fiable, hay que partir del ser humano y no del mundo que apenas podemos conocer.[75] Kant completará este «giro anticopernicano» demandando que ese mundo se adapte a los *a priori* de la intelección humana y no al revés; en general, se irá perdiendo la fe en que existe un mundo cognoscible que compartimos con otros seres. Este pensar claustrofóbico, razona Welsch, debería ser cuestionado: una cosa es la *experiencia* humana de los contenidos del mundo, que además él entiende *naturalmente* ajustada a ellos; y otra, el *tipo de ser* de esos contenidos.[76]

En una línea parecida se sitúan los representantes de eso que se ha venido a llamar «realismo especulativo». Son los que, con Quentin Meillassoux a la cabeza, insisten en que «sin *cosa* capaz de suscitar la sensación de rojo, no hay percepción de cosa roja; sin un fuego bien real, no hay sensación de quemadura»; y ello por mucho que desde Descartes y Locke distingamos entre cualidades primarias y secundarias de las cosas.[77] El mundo es real; lo sensible es una relación entre el mundo y yo. Pero Meillassoux va más lejos cuando, a la luz del correlacionismo moderno que dice que *existe solamente lo que se piensa*, se pregunta de qué hablan entonces los geólogos, los astrofísicos o los paleontólogos. Porque todos ellos hablan de fenómenos que *anteceden* a la vida humana. A su juicio, hablar de ese pasado equivale a formular un «enunciado ancestral» que solo puede tener un sentido realista; se trata de un «realismo irremediable». Para que el pensamiento pueda franquearse un camino hacia el «Gran Afuera», sostiene Meillassoux, es necesario «hacer de la facticidad la propiedad real de toda cosa y de todo el mundo, sin exigirles una razón de ser o que sean conforme a razón».[78] Facticidad carente de un sentido accesible a la intelección humana: posible retrato de cualquier virus y, desde luego, del SARS-CoV-2. Del mismo modo que este «veneno que fluye» sirve para dar la razón a los realistas especulativos, estos nos proporcionan herramientas analíticas para la comprensión del virus. Aunque comprender, claro, no siempre sirva de consuelo.

No es que hayamos de abandonarnos a un materialismo craso que se limite a afirmar la realidad de lo real. ¡Inanidad de la filosofía! El ineludible reconocimiento de la *realidad de lo real* no nos impide constatar que la materialidad también está constituida lingüística y discursivamente en lo que a los seres humanos se refiere.[79] Por eso está abierta a contestación política: una cosa es lo que *es* y otra lo que *pensamos* acerca de lo que es. A ello puede añadirse lo que *hacemos* con lo real; ya sea en el terreno de las ideas o en el de los hechos. Cuando Agamben habla de la «máquina antropológica del humanismo», que define al ser humano por oposición a lo animal, se está refiriendo a una forma discursiva de construir no la realidad, *sino* su percepción colectiva.[80] Y lo mismo puede decirse, como veremos a continuación, de los riesgos latentes en ella: la peligrosidad material no siempre se corresponde con la percepción social. En definitiva, la pandemia de la COVID-19 puede interpretarse como un espectacular golpe de mano de la realidad; una realidad cuya materialidad nos habíamos permitido desdeñar. No se trata, ahora, de despreciar el lenguaje, el discurso o la cultura; solo de tener presente que todos ellos se refieren a una realidad que no crean ni controlan.

3
RIESGO DE CONTAGIO

NAVEGANDO CERCA DE LAS ROCAS

El inesperado descubrimiento por los europeos de las Américas en 1492 significó el comienzo de un intenso periodo de globalización, que gira alrededor de la navegación comercial y no ve mermado su impulso hasta el primer tercio del siglo XX. Pero ya hemos señalado que el contacto entre los habitantes de dos continentes separados largo tiempo entre sí por un extenso océano provocó, de manera inmediata, el estallido de una serie de epidemias letales para la salud de los nativos americanos. Así que el hecho fundacional de la *praxis* globalizadora de la modernidad trae bajo el brazo una advertencia temprana —anticipada por la peste negra que había asolado Europa en el siglo XIV— acerca del potencial epidémico del achicamiento de las distancias entre grupos humanos distantes. En esta ocasión, el SARS-CoV-2 no ha provocado una catástrofe étnica, ni prosperado en las trincheras de una guerra devastadora: a la manera de un largo rondó histórico, el virus ha viajado de China a Europa como una más de las mercancías de la globalización poscomunista. El comercio es contacto y el contacto puede ser contagio; aunque el mundo va cambiando, algunos de sus riesgos permanecen inalterables.

Sabíamos que las epidemias podían ser terroríficas antes incluso de que el ser humano siquiera descubriese su causa; aún hoy, el grado de desarrollo de una sociedad es un buen indicador de su capacidad para hacerles frente. Y no se las llama *crowd diseases* («enfermedades de masas») por casualidad: la transmisión epidémica de un virus requiere de una población abundante y eso explica que muchas enfermedades víricas sean relativamente recientes. Hay restos de viruela en algunas momias egipcias, pero la polio no se documenta hasta mitad del siglo XIX; el SIDA aparece en los años ochenta del siglo pasado. No es de extrañar que las epidemias tengan lugar en poblaciones humanas de gran tamaño y en las rutas comerciales trazadas entre ellas.[1] En cambio, el efecto de homogeneización ecológica global que comienza con el intercambio colombino ejerce un efecto ambiguo sobre la susceptibilidad infecciosa de las poblaciones humanas. Alfred Crosby destaca su impacto negativo sobre la diversidad genética:

> La flora y la fauna del Viejo y, especialmente, del Nuevo Mundo se han visto disminuidas y han sido especializadas por el ser humano. La especialización casi siempre reduce las posibilidades de un cambio futuro: en nombre del presente, saqueamos el porvenir. [...] El intercambio colombino nos ha dejado con un reservorio genético que no es más rico, sino más pobre.[2]

Esta pérdida de diversidad ha sido también señalada como una amenaza para el futuro de la especie por el eminente biólogo Edward O. Wilson; constituye, ella sola, uno de los riesgos mayores del Antropoceno.[3] Sin embargo, no está claro que la homogeneización biótica y genética represente una amenaza en lo tocante a la letalidad de las epidemias. Por una parte, la humanidad se hace con ello más vulnerable a un hipotético supervirus de extraordinaria letalidad, si bien estos son por definición menos contagiosos al fallecer rápidamente sus portadores. Pero, por otra, resulta más improbable que el contacto entre poblaciones separadas geográficamente provoque a alguna de ellas un daño tan agudo como el que —sin saberlo— infligieron los *conquistadores* europeos a los nativos americanos. Asunto distinto es que, como sucede con la pandemia por COVID-19, un mundo densamente interconectado pueda experimentar una gran conmoción por la rápida difusión global de un virus de alta contagiosidad y moderada letalidad.⁴ Este carácter global del virus se expresa en el hecho de que su origen *local* deja enseguida de tener relevancia; su rápida propagación transforma un fenómeno inicialmente «situado» en un acontecimiento que carece de lugar o lo encuentra en todas partes. Por usar la pareja de términos ideada por David Goodhart para caracterizar el contraste entre nacionalpopulistas y cosmopolitas, la zoonosis comienza *en algún sitio* y termina por estar *en cualquier sitio*, contagiando de paso por igual a *somewheres* enraizados y *anywheres* desenraizados; aunque es pertinente añadir que el estilo de vida de estos últimos se ve mucho más afectado por la pandemia subsiguiente: los globalistas llevan peor quedarse en casa.⁵ La pandemia exhibe por momentos el aspecto de eso que Virilio llamaba «un accidente integral, que podría abarcar, mediante reacciones en cadena, una multitud de incidentes y siniestros».⁶ Se trata una visión catastrofista de la modernidad que pone el énfasis en las fatales consecuencias de la globalización, descrita como «una especie de *viaje al centro de la Tierra* en las oscuras tinieblas de una compresión temporal que cierra en forma definitiva el hábitat de la especie humana».⁷ Se redondea el círculo epidémico: la tragedia colombina se repite como farsa zoonótica que vacía los centros comerciales de un mundo cuyos confines han sido ya explorados. No deja de ser irónico que la paralización del turismo de masas empeore las cosas, ya que el miedo al contagio en tránsito o en destino termina causando un daño económico que se comunica a otros sectores de actividad y contribuye al hundimiento del ánimo de los consumidores en todo el mundo.

La lectura apocalíptica de la globalización, que habría encontrado confirmación en el riesgo planetario del cambio climático, delata una lectura demasiado estrecha de este fenómeno humano. Plantear el largo proceso de mundialización como una simple contingencia histórica *que podría no haber tenido lugar* equivale a concebir al humano como un animal estático, cosa que la evidencia histórica pone abiertamente en entredicho. La globalización es más bien un *destino de especie* que puede cumplirse de distintas formas, lo que quiere decir por medio de distintas trayectorias históricas. Pero ella misma es el resultado natural del progreso tecnológico que facilita la comunicación entre individuos y sociedades. No hablamos de *destino* en un sentido religioso ni trascendente; solo se atiende a la evidencia de que la extensión del globo, inimaginable para nuestros ancestros más lejanos y contemplada todavía con aprensión hace apenas unos siglos, termina por convertirse en un factor de distanciamiento menor entre seres humanos. Estos, dotados de una vena exploradora que ha hecho posibles muchos de sus avances, no podían continuar confinados en el reducido cubículo de las sociedades locales y terminaron por abandonar también, siquiera sea en el plano psicológico, el marco nacional. Huelga decir que en ningún sitio está escrito que una sociedad mundial —algo distinto de un gobierno mundial— pueda alcanzarse sin contratiempos ni calamidades; somos humanos, no dioses. Tampoco puede descartarse del todo que alguno de esos accidentes pudiera llevarse a la humanidad por delante o capitidisminuirla de manera dramática. Y quizá una pandemia podría producir ese efecto algún día; no será la que aquí nos ocupa.

Ha sido Peter Sloterdijk quien con mayor clarividencia ha desarrollado una filosofía de la globalización que, sin descuidar sus pintorescos episodios, toma en consideración su fundamento antropológico. El pensador alemán dice así con ironía que los «grandes relatos» contra los que se dirigió la crítica posmoderna resultaron no ser lo bastante grandes, dada la tendencia común a entender la globalización como un acontecimiento *moderno*. En realidad, esta en su totalidad es «un proceso lógica e históricamente mucho más poderoso que lo que se entiende por ella en el periodismo actual y entre sus corresponsales económicos, sociológicos y policiales».[8] El ejercicio de periodización que propone Sloterdijk lleva a distinguir entre una *globalización morfológica*, que empieza con ese pensamiento griego que, por vez primera, reflexiona acerca del mundo como tal, otra *terrestre* que se corresponde con la expansión marítima de la era de los descubrimientos y se prolonga luego con el transporte aéreo, y, finalmente, una *globalización electrónica* que encuentra en internet una herramienta inestimable. Todavía en curso, la digitalización abre la puerta a un cambio en la percepción del mundo del más provinciano de los ciudadanos: lo lejano se hace presente y el aborigen desconocido se reconoce como ciudadano global. En este punto culmina la «geometrización de lo inconmensurable» que llevan a cabo griegos y romanos en la primera fase de la globalización, una *operación mental* que es condición de posibilidad de la futura *praxis* mundializadora.[9] No está de más señalar que Carl Schmitt había hecho ya reflexiones parecidas cuando, en la última parte de su vida, introdujo el concepto de «revolución espacial» para designar esos momentos en los que nuevas tierras y mares son incorporados al «ámbito visual de la conciencia colectiva de los hombres», con lo que «se transforman también los espacios de su existencia histórica».[10] Aunque el ser humano es un ser terrestre, ha sido capaz de trascender esa limitación revolucionando su concepción del espacio a través de la técnica.

Nos interesa, sobre todo, la relación entre globalización y riesgo: el vínculo entre la exploración moderna del mundo y la emergencia paulatina de riesgos también mundiales. Sloterdijk señala que la Edad Moderna es el tiempo en que se pasa de la especulación meditativa sobre el globo a la práctica de su aprehensión, proceso que no puede describirse fidedignamente sin reconocer el papel decisivo jugado por el capitalismo. Pero la disposición al riesgo demostrada por los europeos del siglo XVI trasciende la organización económica y se explica por una desinhibición anímica que caracteriza a la entera modernidad: lejos de reprimirse por mandato divino, el sujeto empieza a liberarse de sus ataduras para lanzarse a la conquista —comercial, evangélica o civilizadora— del mundo remoto.[11] En este contexto nace la institución del *seguro*, que tiene por objeto ayudar a los emprendedores a protegerse contra los peligros del mar; en caso de accidente, quien ha abonado una cuota tiene derecho a cobrar una prestación; de ese modo, puede movilizarse la inversión necesaria para la empresa correspondiente. El precio del seguro será proporcional al riesgo percibido en cada caso, pero la posibilidad del aseguramiento facilita al inversor la tarea de poner en el mar eso que el náufrago Critilo, al comienzo de *El Criticón* de Baltasar Gracián, allá por 1651, despacha como «un ataúd anticipado» que hace posible que el hombre «en todos elementos se muriese».[12] Aparece así «la primera tecnología de inmunidad» de la época moderna.[13] Y de su mano, surge el moderno concepto de «riesgo».

Aunque la etimología de la palabra es oscura, «riesgo» puede derivar del árabe *risq* («riqueza» o «buena suerte»), del griego *rhiza* («acantilado») o del latín *resegare* («cortar de un tajo»). El origen de su empleo podría encontrarse en el vocabulario marítimo clásico, como un término que invoca los peligros de navegar demasiado cerca de las rocas.[14] Eso es lo que ha hecho la humanidad desde tiempo inmemorial: navegar cerca de las rocas. Lo que pasa es que, a partir de cierto momento, los humanos proceden a *calcular* las contingencias asociadas a sus diferentes emprendimientos, convirtiendo esa práctica —así como el aseguramiento anejo— en una muestra de confianza en su capacidad para controlar sus interacciones con el entorno. Alrededor del principio de aseguramiento basado en el cálculo de riesgos emergerán un conjunto de instituciones legales, prácticas administrativas, intereses económicos y aplicaciones tecnológicas que definirán el desarrollo de las sociedades capitalistas modernas: desde la póliza que protege al inversor hasta el seguro de desempleo o enfermedad que auxiliará a los trabajadores de las fábricas industriales.

Aunque ahora estamos acostumbrados al lenguaje prospectivo, la cientifización del riesgo comienza en el siglo XVIII, al hilo de los avances matemáticos asociados a la probabilidad. No es casualidad que Blaise Pascal afrontase el Gran Riesgo de la condena eterna por medio de un simple cálculo probabilístico; su famosa «apuesta» por la fe es un sencillo cálculo de riesgos y su decisión de abrazarla equivale a la contratación de una póliza.[15] El siglo XIX, imbuido del espíritu racional del positivismo, agudizará esta tendencia y llegará a creer que el azar no desempeña papel alguno en la formación de la realidad social: el conocimiento objetivo debía permitir «la domesticación del azar».[16] Desde el punto de vista actual, podría sorprendernos que un siglo que conoció innumerables pandemias —¡el mismísimo Hegel murió de cólera!— demostrase tal confianza en su capacidad para imponer orden. Es patente que el riesgo pasa entonces a ser menos una propiedad del mundo que un producto del modo en que construimos nuestro conocimiento: el riesgo está en aquello que *todavía* no conocemos lo suficiente.[17] Quien sabe, puede; quien no sabe, habrá de contratar un seguro.

En otras palabras, nos parece haber eliminado la incertidumbre mediante la creación del riesgo, transformando un mundo —no digamos un universo— radicalmente indeterminado en uno que se vuelve *calculable* mediante el análisis y *explorable* a través del aseguramiento. Hay razones para sospechar que esta cosmovisión continúa permeando la mentalidad tardomoderna; es pronto para saber si la pandemia de la COVID-19 logrará reemplazarla por una menos audaz. Hay razones para dudarlo: ni en los momentos más duros de la crisis ha parecido abandonarse la confianza en que la ciencia terminaría por descubrir una vacuna o por identificar los medicamentos necesarios para tratar la enfermedad. Esta confianza en la ciencia se parece mucho a una fe; una fe típicamente moderna que —dígase en su descargo racional— se funda en obras y no solo en promesas.

DIALÉCTICAS DE LA EMANCIPACIÓN

La velocidad con la que se ha propagado el SARS-CoV-2 alrededor del globo ha sido unánimemente interpretada como una consecuencia del alto grado de interconexión de las sociedades modernas: un veneno que fluye encuentra facilidades para moverse en un mundo sin barreras. Este es un ejemplo de cómo los luminosos avances de la modernidad proyectan una sombra que adopta la forma, lingüísticamente atenuada, del daño colateral. Su manifestación más espectacular sería el cambio climático, un riesgo antropogénico que —anticipado ya por la destrucción parcial de la capa de ozono— confirma la invalidez del punto de vista decimonónico que separaba a la sociedad de su medioambiente exterior. Pero hay más: accidentes nucleares, crisis alimentarias y colapsos tecnológicos forman parte de ese siniestro paquete. Por decirlo con Virilio, nuestro siglo representa «la paradoja del fracaso del éxito», pues sería el mismo progreso tecnocientífico el que provoca los desastres: nos va tan bien que acaba por irnos mal.[18] Para los más pesimistas, el planeta entero va tomando la forma de un ataúd anticipado.

Este presupuesto, conforme al cual la modernidad crea sus propias amenazas, constituye la base de la celebrada teoría de la «sociedad del riesgo» que formuló el sociólogo alemán Ulrich Beck a mitad de los años ochenta del siglo pasado.[19] Su descripción de la sociedad contemporánea como aquella en la que nos vemos confrontados con las amenazas que hemos creado nosotros mismos sugiere que el término «riesgo» ha terminado por identificarse con el peligro, al asociarse invariablemente con resultados negativos o indeseables: la probabilidad de lo malo.[20] Podía esperarse que sus tesis se invocasen en relación con la pandemia de la COVID-19: la sociedad del riesgo descrita por Beck estaría adoptando una nueva forma en nuestros días.[21] Sin duda, la pandemia era una amenaza conocida que ha terminado por convertirse en un daño de proporciones mundiales; la «sociedad del riesgo global» de la que hablaba Beck parece recibir de este modo una espectacular validación empírica. Pero no es exactamente así. Aunque las tesis del sociólogo alemán nos ayudan a comprender algunos aspectos de la pandemia, su diagnóstico presenta algunas insuficiencias.

En el más amplio *corpus* de los estudios sobre el riesgo, por lo demás, encontramos herramientas analíticas de indudable utilidad: desde la perspectiva científico-cognitiva que persigue identificar amenazas objetivables, por medio del cálculo científico y el conocimiento experto, hasta los enfoques culturalistas, que ponen en primer plano los contextos sociales y culturales que enmarcan la percepción del riesgo o lo procesan simbólicamente para crear normas de conducta, para terminar con un enfoque de la gubernamentalidad que quiere desvelar el modo en que el riesgo es utilizado para disciplinar a los individuos en nombre de su seguridad. Son muchas cosas; vayamos por partes.

En compañía de sociólogos como Anthony Giddens o Scott Lash, Beck aborda el riesgo desde un punto de vista macrosocial y lo pone en relación con los procesos característicos de las sociedades modernas: individualización, destradicionalización, reflexividad.[22] Nuestras sociedades no se habrían disuelto en la posmodernidad, sino que se habrían adentrado en una nueva fase de la modernidad caracterizada por la agudización de algunos de sus rasgos. Son sociedades *reflexivas* justamente porque se ven enfrentadas a las consecuencias indeseadas de su desarrollo. Escribe Beck:

> El riesgo representa el esquema perceptivo y cognitivo según el cual una sociedad se moviliza a sí misma cuando se la confronta con la apertura, las incertidumbres y las obstrucciones de un futuro autocreado que ya no se define por la religión, la tradición o el poder superior de la naturaleza, y habiendo incluso perdido su fe en el poder redentor de las utopías.[23]

En este aspecto, nuestra época estaría definida por el surgimiento de una nueva clase de peligros potenciales antes desconocidos: aquellos que no tienen que ver con las amenazas de la fortuna y derivan del proceso de modernización. Su origen es social, en lugar de natural: el problema es el DDT, no la plaga de langostas. Además, poseen tal dimensión que hacen zozobrar la supervivencia de la especie humana, desafiando por ello cualquier lógica indemnizatoria; no hay compañía aseguradora que pueda compensar un accidente nuclear. Sus consecuencias potenciales, que trascienden su origen geográfico, son así literalmente incalculables. La prevención del riesgo se convierte de esta forma en parte necesaria de la política pública, encargada de contrarrestar un «fatalismo industrial» capaz de llevarse por delante los progresos hechos en el curso de la modernización.[24]

Es conveniente dejar claro que una cosa es el *riesgo* y otra la *catástrofe*. De hecho, el primero es la *anticipación* de la segunda; identificar riesgos concretos supone explicitar que determinadas catástrofes *podrían* ocurrir. En puridad, se trata de peligros o amenazas; solo que su origen es social y dependen de decisiones humanas. Por eso Beck habla de «incertidumbres manufacturadas»: creadas socialmente, impuestas colectivamente, individualmente insoslayables.[25] ¡No hay salida! A su juicio, las sociedades modernas se ven sacudidas de manera permanente por la previsión global de cataclismos globales: el terrorismo, la crisis financiera, el cambio climático. Y como hablamos de una hecatombe *posible* que no se ha producido aún, el componente imaginativo es esencial; formulamos profecías autorrefutadas que nos exigen la adopción de medidas preventivas.[26] Si no lo hacemos o fracasamos en el intento, el riesgo dará paso a la catástrofe. Por eso habla Giddens de una modernidad de doble cara, ambivalente, que segrega de manera espontánea una «cultura del riesgo».[27] Se designa así la probabilidad de que suceda aquello que *no debería* suceder; la amenaza potencial es expresión de incertidumbre y contingencia. Por medio del riesgo, la sociedad tardomoderna expresa la imposibilidad de extender el dominio de la razón a todas sus esferas en todo momento y lugar.

Los riesgos globales son así la contrapartida a las ambiciones de la modernidad, un amargo recordatorio de sus límites: como si chocáramos con una pared de plexiglás que no era visible desde el comienzo del pasillo. Se pone con ello en cuestión uno de los más potentes ideales legitimadores de la modernidad: el ideal emancipador. Es con los riesgos globales socialmente producidos con los que tiene que vérselas ahora quien se atreva a reiterar la vieja promesa de la liberación humana, por la sencilla razón de que la amenaza de la catástrofe mundial —pandemias, calentamiento global, tensiones nucleares— cierra en torno a nuestras muñecas unos grilletes nada imaginarios. Recuérdese que por «emancipación» habría que entender la transición de la heteronomía a la autonomía, de la dependencia a la libertad, de la alienación a la autorrealización.[28] Todas sus formas implican una afirmación individual o colectiva de soberanía, de tal forma que las barreras que entorpecen el desarrollo humano sean criticadas en la teoría y rechazadas en la práctica; el típico proceso emancipador consiste en la eliminación de los obstáculos que frenan el potencial humano. Progresar es abrirse camino a manotazos.

Tradicionalmente, se trataba de escollos *superables* mediante el ingenio técnico, la reforma legal o la lucha política; el coste material de la emancipación no suponía problema alguno. En el Antropoceno, eso está cambiando y quizá la pandemia de la COVID-19 sea la primera expresión palpable de una nueva clase de obstáculo al progreso social. Danowski y Viveiros de Castro lo verbalizan del siguiente modo:

El siempre legítimo (¿cómo podría no serlo?) desiderátum de la emancipación debe, en consecuencia, desacoplarse radicalmente del machismo antropológico contenido en la idea de una competición épica con la naturaleza, así como de los significados que el siglo XIX asignó a la noción de «progreso».[29]

Si la emancipación implica el desarrollo material humano, pues, se diría que el Antropoceno crea un problema insoslayable al ponernos delante un freno que *nosotros mismos* hemos creado. ¡Dialéctica de la emancipación! En el curso del proceso por el cual los seres humanos se liberaban de las sujeciones *naturales* con la ayuda de la ciencia y la tecnología, ellos mismos estaban creando, sin saberlo, nuevas sujeciones *ecológicas* que dificultan, ahora, la acción de los movimientos políticos liberadores. A la luz de las ganancias materiales y distributivas de los últimos dos siglos, el sentimiento de haber experimentado una auténtica emancipación estaba más que justificado: que el Estado del bienestar alemán en sus mejores tiempos pagase estancias en balnearios mallorquines a trabajadores de la industria constituye un progreso bien palpable. En la medida en que esos logros puedan verse comprometidos, por efecto de las nuevas circunstancias planetarias y, ya a corto plazo, por las consecuencias de la expansión del coronavirus, puede empezar a cundir una sensación de impotencia colectiva. Por eso, Isabelle Stengers emplea la figura de Gaia como un límite irrebasable a la actividad humana:

> Aceptar nombrar a Gaia, pues, es abandonar el lazo entre emancipación y la mayoría de las significaciones vinculadas con aquello que, desde el siglo XIX, fue bautizado «progreso». Lucha debe haber, pero no tiene, no puede ya tener por definición el acontecimiento de una humanidad por fin liberada

de toda trascendencia. Siempre tendremos que contar con Gaia y aprender, a la manera de los pueblos antiguos, a no ofenderla.[30]

Por decirlo de otro modo, las condiciones emergentes del Antropoceno están llamadas a *entorpecer* la emancipación humana en su sentido moderno, al cambiar dramáticamente el contexto material en que aquella se despliega. A su vez, la obstaculización de este ideal bien puede provocar turbulencias políticas que ya se dejaron notar con fuerza durante la crisis financiera: en una sociedad en que el riesgo se convierte en catástrofe, reinan el nerviosismo y lo contencioso. Para el sociólogo alemán Ingolfur Blühdorn, la disfuncionalidad ecológica de las democracias liberales es justamente una de las dimensiones que explican su crisis de legitimación, agravada cuando el sujeto autónomo que protagonizaba el relato democrático se desentiende de su rol como ciudadano o persigue fines políticos incompatibles con el liberalismo constitucional.[31] Todo este pesimismo, no obstante, podría también interpretarse como una destilación de eso que Beck llama «función ilustradora de los riesgos globales», virtud que se encontraría oculta en la cultura de la catástrofe y que podría conducir a una toma de conciencia colectiva capaz de prevenir el *verdadero* apocalipsis a largo plazo.[32]

Pero, ¿encaja el coronavirus en la categoría del riesgo global propuesta por Beck? Podemos darlo por supuesto, pero no está nada claro. La pandemia comparte algunos de los rasgos señalados por el sociólogo alemán para los riesgos de la modernidad tardía: tiene un origen local y consecuencias globales, sus potenciales efectos no son calculables y solo a duras penas son indemnizables. Lo que pasa es que un virus no es una *consecuencia* de la modernidad, sino más bien un *resto* de la premodernidad; una amenaza primitiva que se relaciona con nuestra animalidad, con una condición biológica de la que no podemos desembarazarnos. Los virus de origen animal no han desaparecido en el Antropoceno y es incluso concebible que su incidencia sea mayor en esta fase de las relaciones socionaturales, pero tales entidades son viejas conocidas del planeta que ya se relacionaban con nosotros durante el Holoceno; que nos hubiéramos olvidado de ellas es asunto distinto.

Concedido: la difusión del virus no se entiende sin la globalización, que multiplica las migraciones y los movimientos de personas y pone en conexión a sociedades antes aisladas entre sí o que se relacionaban de manera menos intensa. Así que esta pandemia es lo viejo combinado con lo nuevo, el producto de una zoonosis que remite a un pasado remoto en que la debilidad del *homo sapiens* ante su medio natural era más preocupante. Este riesgo no es tampoco una creación social, ni es imputable a una decisión humana particular. ¿Son las epidemias entonces un riesgo natural? La pregunta no se deja responder fácilmente. Virilio distingue entre accidentes naturales y artificiales: los primeros provienen del mundo no humano y los segundos son «resultado de la innovación de un artefacto o una materia sustancial».[33] Pero si el barco supone la invención del naufragio y la energía nuclear crea el riesgo de la fuga de neutrones, ¿de dónde viene la zoonosis? ¿Es una creación humana? Parece innegable que el contacto —potencialmente infeccioso— entre animales y humanos tiene mucho de natural y, en sí mismo, no tiene nada de moderno. Otra cosa es que la organización moderna de la relación humana con la naturaleza *facilite* el contagio inicial y *acelere* su difusión regional o global. Tal como se ha señalado antes, sociedad y naturaleza se encuentran ahora más fuertemente entretejidas:

> La naturaleza se ha convertido en una parte integral de la reproducción social, tanto en su vertiente positiva, como proveedora de los activos materiales de la vida social, como en sus dimensiones negativas en forma de riesgo para nuestra salud, seguridad y posibilidades de futuro desarrollo.[34]

Acaso en este sentido sí que pueda calificarse la pandemia como un *riesgo socionatural* antes que *natural* a secas. Se parece a los huracanes de este siglo: si bien han existido siempre, es posible relacionar causalmente su mayor intensidad con el cambio climático antropogénico.[35] De igual manera, es factible que las migraciones animales causadas por la presión ambiental de origen humano —sea por invasión de hábitats o por la alteración de las temperaturas— terminen por afectar de manera significativa los patrones de producción de las enfermedades zoonóticas. Ya hay un patógeno que se postula como la primera enfermedad micótica —su origen es fúngico— producida bajo las nuevas condiciones planetarias: la *candida auris* descubierta simultáneamente en tres continentes.[36] Hablar de una «insurgencia microbial» parece, con todo, precipitado: es más lo que se ignora que lo que se conoce.[37]

No es menos cierto que la historia registrada de la humanidad está atravesada por epidemias de origen animal. Y, dado que la organización sedentaria de las poblaciones humanas constituye la condición de posibilidad para la propagación masiva de los virus, debemos hablar de «peligros del Holoceno» —pues este comienza con la revolución agrícola— antes que de «riesgos del Antropoceno». Si las condiciones creadas por este último incrementan la posibilidad del salto zoonótico y la posterior velocidad de su difusión, su magnitud podría llegar a ser preocupante en el futuro. Pero eso no se discute; lo que no puede asegurarse es que las pandemias encajen del todo en la descripción del riesgo que hacen los sociólogos de la modernización reflexiva. La separación entre peligros naturales premodernos y riesgos manufacturados modernos siempre fue un elemento débil de la teoría de la sociedad del riesgo: muchas amenazas tienen componentes naturales y muchos peligros poseen elementos sociales.[38] La afirmación de que la sociedad del riesgo empieza allí donde desaparece la naturaleza resulta demasiado tajante.

Téngase en cuenta que tampoco la adaptación agresiva al entorno, propia de nuestra especie, comenzó ayer; lo que ha cambiado en los últimos dos siglos, y especialmente en los últimos setenta años, es su escala. Eso explica que las epidemias del xix llegaran hasta Europa, que la gripe española fuese un episodio global y que las últimas dos décadas hayan conocido varios brotes de enfermedades infecciosas procedentes de Asia. No deja de ser llamativo que durante la Guerra Fría, cuando se redujo considerablemente el contacto entre los países comunistas y los países occidentales, las dos epidemias de mayor alcance —las gripes de 1957 y 1969— tuviesen su origen en Hong Kong, territorio bajo dominación británica. Ni que decir tiene que el desarrollo económico y social de China desde principios de los ochenta representa, en sí mismo, una porción cuantitativamente importante de la Gran Aceleración del Antropoceno; algo así como la segunda parte de su vertiginoso trayecto. Nos encontramos de nuevo con la paradoja del desarrollo: ya sabíamos que acabar con la pobreza contaminaba y ahora aprendemos que también incrementa la probabilidad de zoonosis. Y así como habrá que aplicarse a crecer sin emitir tanto CO_2, tendremos que desarrollar estrategias que nos permitan conjurar el riesgo que representan las pandemias globales.

REALIDAD Y FIGURACIÓN DEL RIESGO

¿Existen riesgos *reales*, o todos ellos son en un cierto sentido *imaginarios*? ¿Es el riesgo un dato objetivo, o más bien el resultado de un proceso de construcción social que condiciona las percepciones individuales del peligro? En este caso, ¿reaccionamos al coronavirus de manera racional o lo hacemos bajo la influencia de un conjunto de factores sociales y culturales que conocen distintas variaciones locales?

A estas alturas, no cabe duda de que la pandemia de la COVID-19 es tan real como el virus que produce la enfermedad; cuestionar su existencia, como ha hecho Giorgio Agamben para advertir contra el excepcionalismo biopolítico, se antoja caprichoso.[39] Hay que recordar que el riesgo es una forma de adelantarse a la catástrofe. Desde ese punto de vista, el riesgo es *imaginado* más que *imaginario*; sin perjuicio de que algunos sean puramente lo segundo. La catástrofe es un peligro que se ha hecho realidad, se parezca o no en la práctica a lo que habíamos fabulado que sería. Esta pandemia es un ejemplo inmejorable: nadie podía figurarse que un virus lograría —fuera de las pantallas de cine— que el mundo se detuviera de manera fulminante.

A su vez, el juicio individual está influido por las representaciones culturales y las mitologías sociales; no existen *percepciones privadas* del riesgo. Tal como subraya la antropóloga Mary Douglas, los juicios sobre él son relativos incluso en el interior de una misma sociedad, porque distintas culturas y grupos presentan diferencias a la hora de juzgar qué es una amenaza y cuán aceptable resulta.[40] Hay quienes la contemplan con serenidad; otros llegan a beber lejía. Pero más que percepciones racionales o irracionales, existen respuestas condicionadas por un contexto sociocultural; por eso puede decirse que no hay riesgos objetivos, sino construcciones sociales del mismo. Esta perspectiva sociocultural se distancia de los enfoques racionalistas que tratan de separar la amenaza de su percepción. En este último caso, se trata de identificar los riesgos y sus causas, de construir modelos predictivos y de diseñar políticas preventivas avaladas por los expertos.[41] Su utilidad ha quedado clara durante los primeros meses de la pandemia de la COVID-19, pues la respuesta pública a una crisis epidemiológica no puede basarse únicamente en las creencias compartidas en el seno de una comunidad. Para aquellos que se fijan en las estructuras sociales y culturales, en cambio, no existe una medida *objetiva* del riesgo. Beck lo expresa con una tautología que recuerda a la definición weberiana de legitimidad: «Son aceptables aquellos riesgos que son aceptados».[42] Y es que, de hecho, así ocurre, ya que aceptamos algunos mientras que rechazamos otros: hay quien conduce, pero nunca coge un avión. Por eso es necesario analizar los procesos sociales mediante los cuales una amenaza es percibida, categorizada y evaluada.

Debe así concluirse que los riesgos nunca son riesgos inmediatos, sino percibidos. Esa percepción es el producto de una construcción social; el modo en que vemos la amenaza está influido por distintos procesos culturales, mediáticos, sociales o psicológicos.[43] Es evidente, por ejemplo, que su cobertura mediática influye poderosamente sobre nuestra sensación de vulnerabilidad: un accidente de avión ocupa los titulares, mientras que las muertes por accidente de tráfico van al fondo de la página par.[44] Pero los caminos de la percepción del riesgo son intrincados, ya que también puede suceder que un mayor conocimiento médico y una más intensa vigilancia de las enfermedades infecciosas induzca nuevos temores, haciendo a los individuos hiperconscientes de amenazas que antes ignoraban.[45] Tal como se ha podido comprobar con el SARS-CoV-2, un riesgo puede también minusvalorarse fatalmente: la lentitud de algunos gobiernos a la hora de tomar medidas preventivas, como sucedió en los casos español o británico, facilitó la difusión del virus en sus territorios nacionales. El eslogan que circuló en la esfera pública española durante las semanas previas al aumento del número de contagios constituye un inmejorable ejemplo de distorsión perceptiva: «solo es una gripe». Únicamente en el momento en que el riesgo perdió esa cualidad familiar y afloraron incertidumbres acerca de su carácter, el público se mostró dispuesto a aceptar medidas políticas restrictivas.[46]

Nos encontramos, en el caso de la COVID-19, una disyunción entre el riesgo *aceptado* y el peligro *real*: se asumía una amenaza que no se estaba comprendiendo en su justa medida. Esta malinterpretación colectiva, inducida desde el poder público, condujo en algunos países a desafortunadas decisiones en materia de prevención. Algo así parece haber ocurrido también en los primeros años del SIDA, antes de que la verdad científica estuviese del todo establecida: una parte de la comunidad homosexual —entre ellos, el filósofo Michel Foucault— cuestionó abiertamente la respuesta epidemiológica contra el virus, por considerarla un instrumento de control social dirigido maliciosamente contra una minoría.[47] Y es que la evaluación del riesgo rara vez es unánime. El proceso de su construcción social no escapa, ni puede hacerlo, a las dinámicas contenciosas del pluralismo democrático: unos rechazan los transgénicos, otros se los comen. Lo mismo vale para la energía nuclear o, en el caso de una pandemia como la de la COVID-19, la determinación del modo en que haya de resolverse el *trade-off* entre el confinamiento de la población por razones sanitarias y la paralización de la actividad económica. Salta a la vista que una parte de los conflictos políticos, pero también de las discusiones morales, tiene que ver con la evaluación del riesgo. En una sociedad caracterizada por un fuerte desarrollo tecnológico y por la emergencia de un nuevo tipo de peligros, en particular de tipo socioecológico, estos debates ocuparán un lugar cada vez más central.

Tiene razón el sociólogo Iain Wilkinson cuando apunta que la falta de acuerdo sobre la magnitud de las amenazas que afrontamos socialmente no obedece únicamente a diferencias racionales sobre su realidad y sus rasgos: ese desacuerdo es también «la inevitable consecuencia del intento por anclar la experiencia subjetiva de la ansiedad a nuestras categorías de conocimiento».[48] Dicho de otro modo, el procesamiento social de los riesgos —y no digamos de los peligros materializados en catástrofes como la pandemia de la COVID-19— apenas puede comprenderse sin tomar en consideración la influencia de las emociones y los estados de ánimo: del miedo al pánico, del aburrimiento a la esperanza. Y aunque Virilio habla abiertamente de la «administración del miedo» para enfatizar la posibilidad de que se ejerza el control político de los ciudadanos, las emociones no se dejan homogeneizar tan fácilmente. Estas influyen a su vez sobre las respuestas políticas de los ciudadanos: una persona enfadada se aferra a sus creencias y se muestra menos dispuesta al compromiso, mientras que una asustada acepta más fácilmente la toma de decisiones públicas cuya justificación sea garantizar su seguridad.[49] Si se puede elegir, asustar a la ciudadanía será preferible a enfadarla. Ante el estallido de una epidemia potencialmente mortal, el enfado anima al público a exigir responsabilidades; el miedo, en cambio, estimula la adopción de medidas preventivas tales como el uso de mascarillas o el lavado de manos.[50] Así que las emociones cuentan, pero es difícil saber qué emociones predominarán en cada momento.

A diferencia del enfoque realista, que persigue objetivar las amenazas mediante el análisis racional, así como de un punto de vista culturalista que incorpora los juicios humanos para hablar de riesgos, la perspectiva posmoderna entiende que *las amenazas mismas* son objeto de construcción social. Tanto el riesgo como el peligro serían productos de la cultura, ya que de otro modo no podría explicarse por qué un objeto dado es investido de rasgos amenazantes.[51] Dicho de otra manera, no solo el riesgo es imaginado; también el peligro. El sociólogo Mitchell Dean, inspirándose en una lectura previsible de la obra foucaltiana, lo expone así:

> No existen riesgos reales. El riesgo es una manera —o un conjunto de maneras— de ordenar la realidad, o de hacerla calculable. Es una manera de representar los acontecimientos, para permitir su gobierno de formas concretas, con técnicas particulares, con fines concretos. Es un componente de las distintas formas de racionalidad calculadora que sirven al gobierno de los individuos, las colectividades y las poblaciones.[52]

Desde este punto de vista, la idea de un riesgo «calculable» resulta absurda; una vana ilusión para empiristas. El significado del riesgo está menos en su peligrosidad «objetiva» que en el «régimen de gobierno» que permite implantar, así como en las tecnologías morales que trae consigo. Tal como hemos visto, fue imbuido de esta sospecha que Agamben interpretó el anuncio de la pandemia como estrategia de la autoridad política para declarar un estado de excepción legitimado por razones sanitarias. Y, sin duda, no puede descartarse que la excepcionalidad —o algunos elementos de la misma— sobrevivan a la emergencia epidémica, con la consiguiente erosión de las democracias constitucionales de corte liberal. Dicho esto, el riesgo abstracto representado por la zoonosis se ha materializado en la catástrofe de la pandemia de la COVID-19: nada hay de irreal en una enfermedad que ha producido un número mensurable de fallecimientos en todo el mundo. Aun si aceptáramos que no existen amenazas «objetivas», bien podríamos convenir que cualquier riesgo es «objetivable» mediante un conjunto de operaciones racionales que tratan de medir la *probabilidad* de que un determinado peligro se haga realidad. Si esto no produce una verdad irrebatible, permite al menos orientar nuestras decisiones. Es así como podemos saber que la probabilidad de que un asteroide impacte sobre la Tierra en el próximo siglo es menor que la de que un huracán azote la costa de Florida. Y así sucesivamente.

Ahora bien: la tesis posmoderna es *ella misma* una de las formas en que la cultura occidental responde a la pregunta sobre el riesgo. No deja de ser, entonces, una manifestación de la razón crítica de cuño ilustrado; una sospecha proyectada sobre las intenciones de quien identifica un riesgo y quiere derivar de ahí consecuencias normativas. ¿Acaso la homosexualidad no fue condenada en su día como una práctica antinatural que implicaba comprometer la propia salud? Históricamente, no ha sido infrecuente el uso político de la amenaza sanitaria; más de un riesgo *imaginado* era, en verdad, *imaginario*. Vigilar esos excesos tiene así sentido, aunque el vigilante pueda a su vez incurrir en excesos de cosecha propia; existen peligros reales que no pueden pasarse por alto. Y el hecho de que haya exitosas tesis conspirativas acerca del origen y la difusión del coronavirus, puestas en circulación por grupos populistas o aficionados particulares a la desinformación, atestigua cuán delgada puede ser a veces la línea que separa la desconfianza sofisticada de la sospecha infundada.

LA COVID-19 Y SUS METÁFORAS

En último término, no se ve cuál es la necesidad de elegir entre las diferentes comprensiones del riesgo. Todos los enfoques tienen algo que ofrecernos: los racionalistas cuantifican y modelan; los partícipes del modelo sociocultural atienden al modo en que los peligros son socialmente anticipados como riesgos, incluyendo los procesos comunicativos en los que es decisivo el desempeño de los medios de comunicación; los posmodernos estudian la forma en que las amenazas se convierten en elementos de un régimen de gobierno. Incluso los puntos de vista más volcados hacia la subjetividad realizan contribuciones valiosas, ya sean los fenomenólogos que estudian los significados que atribuimos al riesgo en distintos contextos o los practicantes del psicoanálisis, que intentan descifrar las dinámicas inconscientes en juego. Ahí tenemos la compra masiva de comida y papel higiénico en los momentos iniciales del confinamiento, que pueden interpretarse respectivamente como expresiones de un deseo de pureza y como escenificación de la fantasía mórbida de la inanición. Pero el riesgo puede también convertirse en un elemento de transgresión, menos un peligro por evitar que una práctica de la que se derivan emociones fuertes: imaginemos la adrenalina segregada en las fiestas clandestinas celebradas en Berlín o Nueva York durante los meses duros de la pandemia. Desde todos estos ángulos puede observarse la reacción social a la difusión del SARS-CoV-2 y ninguno de ellos sobra.

Ya se ha señalado que las culturas se adaptan a los riesgos: aprenden a convivir con ellos calculando consecuencias, produciendo obligaciones, creando expectativas. Se ha visto que la experiencia adquirida por Taiwán, Hong Kong y Singapur en la gestión del SARS a principios de siglo les ha servido para amortiguar el impacto de la COVID-19. En sociedades menos familiarizadas con el peligro de la zoonosis infecciosa, las reacciones fueron más lentas y más torpes: el aprendizaje se hacía sobre la marcha, a cámara lenta. Pero la crisis del coronavirus es peculiar por haberse desarrollado en el marco de una incipiente cultura global; una que no reemplaza a las culturales locales y nacionales, pero sí las complementa. En sentido estricto, la novedad no está en la globalidad de la pandemia; la gripe española también fue una enfermedad mundializada que aparecía al final de una larga fase de globalización mercantilista. Pero nuestro mundo está más globalizado que aquel; la digitalización de las comunicaciones ha modificado de manera sustancial la visión que los contemporáneos —o una gran cantidad de ellos— tienen de sus sociedades en relación con las demás, así como de las dimensiones del planeta que todas ellas comparten. En la esfera pública mundial en que participan ciudadanos educados de todo el planeta, han circulado la información, las opiniones, los rumores, las noticias falsas y las distintas expresiones de un gran abanico emocional; para bien o para mal.

Mayormente, ha sido para bien. Pese al temor a una reacción xenófoba contra los ciudadanos chinos residentes en el extranjero, por ejemplo, esta no ha tenido lugar o ha sido marginal. Ha habido episodios de racismo y en algunos países se ha observado un repunte del sentimiento contrario hacia ciertas minorías,[53] pero por el momento no ha habido reacción alguna masiva ni violenta contra grupos sociales concretos por razones infecciosas. Es difícil saber si ello se debe a las llamadas a la tolerancia realizadas en la fase inicial de la pandemia, o si la discriminación contra los ciudadanos asiáticos —en atención al origen geográfico de la enfermedad— tampoco habría tenido lugar en ausencia de tales advertencias.[54] El nacionalpopulismo, por el momento, no se ha salido con la suya: las operaciones de exclusión grupal que hacen las veces de ritos de pureza en el marco de las grandes epidemias han sido reemplazadas en este caso por prácticas universales de desinfección. Es llamativo el contraste con lo sucedido durante el estallido de la epidemia del SIDA a comienzos de los años ochenta, cuando cobró fuerza el discurso que vinculaba la enfermedad con un castigo moral infligido a los practicantes de una sexualidad desviada.[55] En esta ocasión, la idea de lo abyecto —entendida con Julia Kristeva como una fuente de horror y fascinación que desestabiliza nuestra psique en presencia de una amenaza exterior—[56] se ha reservado para las prácticas culturales asiáticas: la imagen de la sopa de murciélago ha figurado de manera prominente en el imaginario occidental de la pandemia.[57] Pero sería forzar el pie atribuir a esta reacción el carácter de una ola colectiva de rechazo étnico. He aquí, formulada sea esta idea con las debidas cautelas, un inesperado triunfo de la emergente cultura global.

Para ilustrar esta idea, podemos recurrir a la propuesta sociológica según la cual cada enfermedad está asociada a una «identidad» particular.[58] Esta cobraría forma cuando la dolencia adquiere prominencia pública y tiende a perpetuarse en el futuro, al igual que pasa con los estereotipos que definen a las minorías. Se trata de una construcción colectiva que asigna rasgos específicos a una enfermedad y, en consecuencia, a sus portadores; su origen está en un proceso discursivo en el que participan científicos, líderes políticos, periodistas y, en cada vez mayor medida, ciudadanos que intervienen directamente en el debate público. Estas «identidades» influyen en las políticas desplegadas por el poder público y por los actores privados: son la imagen de la enfermedad. En su clásico estudio sobre la tuberculosis, por ejemplo, Susan Sontag señaló que el imaginario que rodeaba a esta dolencia la retrataba como un mal romántico, vinculado a personas apasionadas y dotadas de sensibilidad artística.⁵⁹ Por su parte, los efectos del estigma moral padecido por los enfermos de SIDA han sido sobradamente documentados.⁶⁰

Si esto es cierto, ¿cuál sería la «identidad» emergente que puede asociarse a la enfermedad de la COVID-19? La respuesta, a estas alturas, solo puede ser especulativa. Aunque el presidente norteamericano Donald Trump ha tratado de etiquetar el virus a partir de su origen geográfico llamándolo «virus chino», la rápida expansión de la enfermedad resta fuerza a esa vinculación simbólica. El origen de esta zoonosis no es anecdótico: se sostiene en este libro que la pandemia es el producto de un déficit de modernización que aqueja en especial a una sociedad que, como la china, experimenta un proceso de rápido crecimiento económico. Pero la locución no se ha hecho popular y difícilmente nos servirá para definir la identidad de la COVID-19. Si algo distintivo tiene esta afectación, es que se ha desplazado rápidamente por todo el globo y ha amenazado en potencia a todos sus habitantes; su alta contagiosidad dificulta la fijación de un estereotipo segmentado o particular de alguna minoría. La COVID-19 emerge más bien como una dolencia universal y, habida cuenta del contexto histórico en que se produce, puede describirse como la primera enfermedad del Antropoceno. No importa que, como hemos visto, la asociación de la zoonosis con las nuevas condiciones planetarias arroje serias dudas; lo que cuenta es la percepción colectiva, sea o no «correcta».

Para más inri, un síntoma tan característico de la COVID-19 como la insuficiencia respiratoria puede relacionarse con las consecuencias indeseadas de la industrialización, cuya expresión máxima es el cambio climático. Así lo ha hecho el presidente francés Emmanuel Macron, para quien el miedo a morir asfixiado es trasunto del miedo a respirar un aire contaminado por la polución de nuestras ciudades.⁶¹ La mascarilla que nos protege de la infección y evita que infectemos a los demás, cuya primera aparición histórica se produce con la gripe española, ha funcionado así como símbolo universal de esta pandemia. Es un signo ambivalente: por una parte, apunta hacia una suspensión parcial de la autonomía individual, simbolizando una regresión emancipadora; por otro, en cambio, condensa un sentimiento comunitario que —mientras llegan mascarillas de diseño— nos iguala a todos por encima de las diferencias culturales que encontramos al analizar con más detalle su empleo en distintas sociedades. Hay antropólogos que anticipan una normalización de la mascarilla, a medida que se exacerben las consecuencias del cambio climático y empeore la calidad del aire de nuestras megaurbes.⁶² Nadie sabe nada: la identidad de la COVID-19 podría, como el propio virus, experimentar una mutación. Su asociación simbólica con una modernidad acelerada y global parece, en cambio, asentada en la conciencia pública. En coherencia con ello, una de las metáforas que se han puesto en circulación ha realizado un curioso desplazamiento simbólico: pasamos del virus que nos mata, a ser nosotros el virus que mata. En este caso, al planeta: el ser humano —se dice— es el virus. La enfermedad de la COVID-19 ha terminado por ser la metáfora de una humanidad terminal. Para ser tan pequeño, no está nada mal.

PARA REPENSAR EL RIESGO GLOBAL

Es tentador concluir que la pandemia de la COVID-19 viene sencillamente a confirmar que vivimos en una sociedad del riesgo global que convierte los peligros latentes en catástrofes reales con preocupante frecuencia. El accidentado siglo XXI así parece sugerirlo: la pandemia vino precedida por la crisis financiera y el futuro muestra el rostro amenazante de la desestabilización climática. ¡Sálvese quien pueda! El planeta se ha convertido en un lugar claustrofóbico que proporciona a la globalización un tinte irónico: nuestro mundo se ha empequeñecido a medida que lo descubríamos. Y ahora, en lugar de disfrutar de una misión cumplida, nos cuesta respirar.

Es preferible no incurrir en valoraciones precipitadas. No es sorprendente que la tesis de la sociedad del riesgo obtuviese en su momento un resonante triunfo: la publicación en Alemania de la edición original coincidió nada menos que con el accidente nuclear de Chernóbil. Su impulso inicial procede así de una catástrofe propiciada por una potencia política decadente, cuyos mecanismos de verificación apenas podían funcionar debido al control centralizado de la información. Pero si observamos las sociedades occidentales desde otro ángulo, presentan un aspecto bien distinto; al menos, venían presentándolo hasta el momento. El psicólogo Dan Garner así lo ha formulado: «Somos la gente más saludable, rica y longeva de la historia, pero cada vez estamos más asustados. Es una de las mayores paradojas de nuestro tiempo».[63] Su hipótesis, enraizada en la psicología evolucionista, dice que sufrimos un desajuste entre las prioridades cognitivas de un mamífero criado en la sabana y un contexto tecnologizado que no hemos terminado de asimilar. Pudiera ser, claro. Pero también es posible que las teorías socioculturales del riesgo acierten a explicar mejor ese desequilibrio perceptivo.

Ya se ha dicho que hablamos de riesgo a partir de la modernidad; las categorías antes dominantes son las de peligro e infortunio. Y es precisamente porque aumenta de manera espectacular la capacidad humana de controlar sus relaciones con el entorno que emerge la idea de riesgo: como una contingencia que escapa al cálculo, a modo de fallo del sistema social. A través de los sistemas administrativos y del propio desarrollo tecnológico, reducimos la complejidad y arbitrariedad del mundo aun a costa de introducir amenazas inherentes a ese mismo desarrollo. Sucede que nuestras sociedades son razonablemente eficaces en el *control* de los inevitables riesgos derivados del largo proceso de modernización, que ha multiplicado la población de la especie y aumentado su confort material. Otra cosa es que nos hayamos acostumbrado a una normalidad que ya no parece tolerar desviaciones. Si se mira bien, la diferencia entre distintas épocas radica en su capacidad para minimizar las pérdidas sufridas cada vez que acontece una catástrofe. Pensemos en los estragos causados por la peste negra o por la gripe española de hace un siglo; el contraste con la pandemia de la COVID-19 es evidente. La diferencia entre sus listados de defunciones se llama «progreso»; tan imperfecto como calculable. Desde este punto de vista, la sociedad del riesgo bien podría reformularse como *sociedad del control*, habida cuenta que el extraordinario incremento de la complejidad social *no* ha venido acompañado por un aumento proporcional de las hecatombes. Máxime cuando, como se defiende en este libro, esta pandemia puede interpretarse como la consecuencia fatal de un déficit de modernización: una especie de Chernóbil de la zoonosis infecciosa.

Tomemos, como muestra, la centuria de los grandes desarrollos de la política sanitaria: ese siglo xix que, de acuerdo con la imponente descripción que del mismo hace Jürgen Osterhammel desde el punto de vista de la historia universal, corresponde a la «democratización de la larga vida».[64] Ha sido el crecimiento de la riqueza material humana lo que ha permitido que vivamos existencias más largas; en Europa, este proceso se lleva a cabo entre 1890 y 1920 y en otras regiones del globo, más tarde. Pero este logro jamás se habría alcanzado de no ser por los nuevos conocimientos sobre la previsión de enfermedades y el surgimiento de la atención sanitaria pública, convertida desde entonces en un deber estatal. Fue mejorando el agua, por ejemplo, como se contuvo el avance del cólera. Es verdad que la primera modernidad fue insalubre; el coste biológico de la modernización fue superior para los países que se industrializaron antes. Y también lo es que la universalización de los nuevos valores no siempre vino acompañada de la mundialización de los medios necesarios para realizarlos, lo que limitó en un principio el desenvolvimiento del naciente *homo hygienicus*.[65] El humano pasa entonces a ser el animal que logra desinfectarse.

Se produce así, por ceñirnos a los riesgos asociados al tema de este libro, una transición epidemiológica que corre paralela a la demográfica: la notable reducción de la mortalidad que conoce el XIX se debe, sobre todo, a la reducción de la probabilidad de la muerte infecciosa. Siguiendo a Osterhammel, es nota dominante de la época la tensión entre una transmisión más fácil de la enfermedad y una cura más exitosa; si la peste bubónica y la fiebre tifoidea pierden fuerza entre 1600 y 1750, luego lo harán la escarlatina, la difteria y la tosferina; ya en el XIX, llega el turno a las enfermedades respiratorias, con excepción de la tuberculosis. Y surgen, claro, nuevos males: la meningitis aparece en 1805. Pero puede afirmarse que, a partir de comienzos del siglo XX, se instaura un «nuevo régimen medicinal», gracias a la feliz confluencia de la nueva medicina de Koch y Pasteur, el fin de la viruela y la influencia del movimiento higienista. En ocasiones, intervenía la suerte: la transición a la arquitectura de piedra redujo el hábitat de las ratas domésticas que servían de vehículo habitual para la peste.

De este relato histórico pueden extraerse distintas conclusiones. La primera, y más evidente, es que la existencia del animal humano está naturalmente amenazada por los accidentes biológicos: no importa cuántas enfermedades hayamos erradicado, vendrán otras nuevas. Pero la segunda es que ese mismo animal humano ha desarrollado una notable capacidad para precaverse contra ellas; con la salvedad de que esa defensa es inicialmente menos efectiva —más allá de la reacción inmune del propio organismo— cuando nos agrede un virus de nueva aparición. El riesgo epidémico es inerradicable. Y aunque puede convertirse en catástrofe, lo hace en mucha menor medida de lo que pudiéramos esperar; pese, sí, a la onerosa excepción que constituye la pandemia de la COVID-19. Esta saca a la luz un fallo de sistema antes que un sistema fallido: la falta de seguridad alimentaria en la sociedad china es, propiamente hablando, un ejemplo de desgobierno del riesgo. Así lo ve también el periodista James Palmer, quien subraya que lo importante no es *qué* se come, sino *cómo* se come. Las insuficiencias del gran país asiático en este terreno son patentes:

> Los estándares de seguridad alimentaria del país son notoriamente malos, a pesar de las iniciativas gubernamentales destinadas a mejorarlos. Son comunes los escándalos alimentarios y tanto la diarrea como la gastroenteritis son experiencias comunes. Hay mercados que venden especies, como el de Huanan, cuya licencia no lo permite. Los trabajadores no están formados en técnicas básicas de higiene como el uso de guantes o el lavado de manos.[66]

Es posible que el cambio climático traiga consigo la aparición de nuevos patógenos de los que tengamos que defendernos. Pero si jamás hubiera existido una modernidad, si nunca se hubiera aplicado una nueva política sanitaria basada en la prevención de enfermedades y en la generalización de conductas higiénicas, ¿quién sabe cuántas pandemias, más letales que esta última, habríamos sufrido en los últimos dos siglos? Ha sucedido lo contrario: las sociedades humanas han sido capaces de ejercer, en este terreno y en muchos otros, un eficaz control de riesgos. Por esa misma razón, nos desesperan los inconvenientes.

Es necesario insistir: el riesgo es consustancial a la actividad humana. Y es imposible proclamar algo así como el derecho a que nadie se vea expuesto a amenazas que no haya consentido, pues de aquí se seguiría el insoluble problema de la inacción social: no habría casi nada que pudiéramos hacer.[67] ¡Parálisis permanente! Esto significa que no existe la seguridad completa. Puede decirse de otro modo: la *decisión* implicará siempre un riesgo que no puede ser erradicado y lo mismo vale para una *falta de decisión* que no deja de ser, también, una decisión. De acuerdo con Niklas Luhmann, son tantas las cosas que pueden ir mal que el cálculo racional se hace muy difícil; la cuestión principal pasa entonces a ser *quién* o *qué* determina que un riesgo deba ser rechazado o aceptado. Escribe el sociólogo alemán:

> lo que pueda ocurrir en el futuro depende también de decisiones que se toman en el presente. *Ya que solo podemos hablar de riesgo si es posible identificar una decisión sin la cual la pérdida no habría ocurrido*. [...] Para que el concepto pueda ser definido así, el único requisito es que la pérdida contingente sea provocada por una contingencia, esto es, que hubiera sido evitable.[68]

De manera que un riesgo puede imputarse a una decisión, mientras que un peligro procede del exterior. Para saber si algo es un riesgo o un peligro, advierte Luhmann, hemos de observar a los observadores: a quienes *deciden* sobre su catalogación. De este modo, el sociólogo alemán parece acercarse a la posición posmoderna al sostener que los hechos no existen al margen de su observación. Pero acierta: un riesgo desconocido, que no sea contemplado ni haya sido clasificado, no existe; solo podrá aparecer de la nada como peligro. Es más: una amenaza potencial puede ser considerada simultáneamente como riesgo *y* como peligro, dependiendo de la identidad del observador. Por ejemplo, quien toma decisiones piensa en un riesgo que, a su vez, puede experimentarse como un peligro para los afectados.[69]

Indudablemente, la pandemia de la COVID-19 *era* un riesgo: los expertos contemplaban la posibilidad de que un nuevo coronavirus se propagase mundialmente. Otra cosa es que esos observadores no alcanzasen a prefigurar su posible alcance o que, sencillamente, a esa observación no se correspondiese una acción preventiva del calibre suficiente. Pero también puede ser que la *identificación* de los riesgos en la sociedad compleja no se corresponda siempre con una verdadera *capacidad* para minimizar las posibilidades de su ocurrencia; acaso lo sorprendente sea que una pandemia de esta magnitud no se haya producido antes. Asimismo, pudiera ser que los cambios sociales y ecológicos que caracterizan al Antropoceno terminen por exigir de nosotros un cambio de paradigma, de tal manera que las pandemias sean vistas menos como infecciones predecibles que como sorpresas inevitables.[70] ¿Qué hacer? Aceptar socialmente la imposibilidad de la seguridad total, al tiempo que tratan de prevenirse esos peligros que son ya viejos conocidos de la especie. En este caso, por ejemplo, se trataría de reforzar la seguridad alimentaria y de alertar a las poblaciones concernidas de la amenaza asociada a prácticas culturales que nos ponen en íntima relación con especies salvajes. Es ocioso añadir que la ciencia no se vale sola; la política tiene que tomar decisiones habiendo escuchado los consejos científicos. Y esto vale para la prevención del riesgo latente tanto como para la mitigación del perjuicio causado por una catástrofe.

La ciencia no puede decidir sola qué riesgo es socialmente aceptable; los expertos solo son uno de los apoyos del decisor político.[71] Naturalmente, hay áreas de conocimiento en las que el juicio del experto tiene mayor importancia, por ser más sólida su base epistémica. Digamos que los consejos del economista o el politólogo serán siempre —gajes del oficio— más discutibles que los del epidemiólogo o el microbiólogo. También dependerá de lo que se pregunte: el epidemiólogo puede decir a un gobierno de qué manera suele propagarse una epidemia y qué cabe esperar, conforme a los modelos existentes, de un virus que ya se ha introducido en una población; en cambio, no podrá determinar si el riesgo sobre la salud pública justifica la suspensión de unas elecciones o la imposición a los ciudadanos del confinamiento domiciliario. La política tiene el privilegio y la carga de decidir: no puede ignorar a los expertos ni esconderse detrás de ellos. Otra cosa es que el manual de la comunicación política —nombre que recibe la técnica de maximización de los rendimientos electorales— incluya un capítulo sobre el empleo de la ciencia como disfraz ocasional del gobierno.

Hay que tener en cuenta que el conocimiento experto depende del consenso científico y este no siempre existe. Nuevos hallazgos pueden convertir la normalidad en amenaza de un día para otro; un solo *paper* puede arruinar de un plumazo varias políticas públicas.[72] En el curso de la pandemia de la COVID-19, hemos visto reaparecer las viejas vacilaciones de los expertos en relación con las técnicas de prevención del contagio: la utilidad de las mascarillas, la peligrosidad de los colegios, la eficacia del confinamiento. En modo alguno cabe extraer la conclusión de que la decisión política no cuenta con posibilidades de éxito; hay países que han gestionado la crisis del coronavirus mejor que otros, aun estando para todos disponible el mismo conocimiento científico. Y, como se ha señalado ya, una epidemia zoonótica no se parece a los peligros modernos sobre los que se ha edificado la teoría de la sociedad del riesgo: la seguridad alimentaria es una política pública bien conocida a estas alturas y funciona con eficacia allí donde se aplica. Dada la cualidad transnacional de las enfermedades infecciosas, reformas tan modestas como la integración de los sistemas nacionales de vigilancia de los países europeos —una inversión sin duda asumible— podrían ser de gran utilidad.[73]

En un sentido más amplio, el mayor conocimiento experto no conduce a la eliminación de la amenaza. La razón es elemental: al no existir decisiones políticas libres de riesgo, hemos de abandonar la esperanza de que un incremento en los fondos de investigación permita el salto del riesgo a la seguridad. De hecho, como apunta Luhmann con agudeza, no es casualidad que la teoría del riesgo se haya desarrollado en paralelo a la especialización científica: cuanto más conocemos, mejor sabemos que hay mucho que aún no conocemos. En otras palabras:

> La sociedad moderna, orientada hacia el riesgo, no solo es un producto del modo en que percibimos las consecuencias de los avances tecnológicos. Su semilla está contenida en la expansión de las posibilidades de investigación y del propio conocimiento.[74]

La aplicación del cálculo de probabilidad pone así de relieve el papel que juega la incertidumbre. Por eso tienen razón quienes subrayan la importancia de los valores políticos —y los marcos culturales— que modulan los juicios colectivos acerca de los riesgos asumibles. Recordemos: *riesgo aceptable* es igual a *riesgo aceptado*. Y los expertos saben que la extensión del cálculo de riesgos al conjunto de la actividad social reduce la precisión de sus análisis; el comportamiento humano no se deja modelizar fácilmente.[75] Su credibilidad descansa en la legitimidad de la ciencia como método de conocimiento sujeto a reglas de objetivación. Súmese a ello que los representantes políticos no desean presentar sus resoluciones como el producto de un *cálculo aproximado* de amenazas latentes: hablar de «decisiones arriesgadas» es electoralmente dañino, por más que todas lo sean en alguna medida. En la gestión de la incertidumbre, las decisiones requieren auténticos saltos al vacío.[76]

En este punto, hay que llamar la atención sobre una ironía crucial: el *peligro realizado* pesa sobre el ánimo de la colectividad mucho más que el *riesgo conjurado*. Este último es invisible; el otro llama nuestra atención y monopoliza las conversaciones. Por consiguiente, el éxito en la gestión de riesgos conduce inevitablemente al fracaso: a los periódicos solo llegan las catástrofes. Así, el hecho de que la sociedad contemporánea sea vista como una sociedad dominada por sus riesgos —descripción que seguramente ganará fuerza tras la pandemia— atestigua una percepción distorsionada de los peligros a los que ese mismo cuerpo social se enfrenta. El paradigma de la sociedad del riesgo pareciera deleitarse en una «cultura del miedo» que abunda en el viejo tabú del conocimiento prohibido; una narrativa que guarda concomitancias con esa que nos presenta los virus como una amenaza que anida en el interior de la jungla donde el ser humano osa internarse. En palabras de Frank Furedi:

Como el genio que escapa de la lámpara, el riesgo deja de sujetarse a control humano. La representación del riesgo como un problema técnico trascendental [...] sugiere que tenemos el poder de destruir, pero no podemos hacer mucho respecto de las amenazas que sobrevuelan nuestra vida cotidiana.[77]

Es posible que la hipertrofia psicológica de tales amenazas cumpla algún tipo de función social, como si el temor desproporcionado al riesgo formara parte de las herramientas adaptativas de la especie y nos permitiera anticipar exitosamente un buen número de ellos. Es evidente que los riesgos no se han erradicado; tampoco vivimos nada parecido al fin de las contingencias. Pero adjetivar nuestra sociedad contemporánea como sociedad *del* riesgo, dado el relativo éxito con que maneja una complejidad creciente, resulta cuestionable. Nada de esto alcanzará para mitigar el miedo desencadenado por las crisis ocasionales que vengan a sacudir nuestra cotidiana sensación de seguridad. Estamos tan acostumbrados a ejercer un control suficiente sobre las circunstancias de la vida social que cualquier materialización del riesgo nos parece escandalosa; no digamos si esta es tan espectacular como la pandemia de la COVID-19. Se ha demostrado que un virus puede matarnos; en especial, uno en el que no hayamos invertido el dinero suficiente. Y conviene recordarlo.

4
MUERTE EN LA POLIS

SOBERANÍA Y DESINFECCIÓN

La COVID-19 no ha parado el mundo: el mundo decidió pararse con objeto de minimizar su impacto. Esto ha sucedido en sociedades gobernadas por regímenes autoritarios, como esa China en la que tiene su origen la pandemia, así como en las democracias: cuando la muerte penetra en el recinto de la ciudad, todos los ojos se vuelven hacia ella. Y aunque no todas las democracias han respondido al peligro de la misma manera, muchas han procedido a otorgar poderes excepcionales a sus gobernantes para la gestión de la emergencia. Bajo ese amparo jurídico se han adoptado medidas tan delicadas como el confinamiento domiciliario o la restricción de derechos fundamentales; en conjunto, la protección de la vida de los ciudadanos ha primado sobre otros bienes democráticos y, en particular, sobre la libertad individual. Fue, en los primeros meses de la pandemia, un proceso pacífico; por más que haya existido un debate teórico acerca de ese conflicto de bienes, ocasionalmente expresado por algunas fuerzas políticas y escenificado a través de algunas movilizaciones colectivas, la tónica general entre los públicos democráticos ha sido la aceptación de las decisiones de sus mandatarios. Y ha sido así a pesar de que algunas de esas medidas afectaban de lleno a prácticas sociales tan delicadas como los rituales funerarios, que permiten despedirse de los familiares difuntos.[1]

Esta observancia general ha tenido el doble efecto de desmentir a los apocalípticos, que advertían sobre la incapacidad de las democracias para combatir la pandemia, así como de avivar los temores de quienes ven la emergencia sanitaria como el ensayo general de una biopolítica dictatorial. Charles Eisenstein, líder contracultural vinculado a *Occupy Wall Street*, se ha preguntado hasta qué punto la seguridad debe convertirse en nuestra prioridad colectiva:

> ¿Cuánta vida queremos sacrificar en el altar de la seguridad? Si nos mantiene seguros, ¿deseamos vivir en un mundo donde los seres humanos nunca se congregan? ¿Queremos llevar siempre máscaras en público? ¿Queremos ser examinados médicamente cada vez que viajamos, si eso permite salvar unas cuantas vidas al año? ¿Estamos dispuestos a aceptar la medicalización de la vida, otorgando soberanía final sobre nuestros cuerpos a las autoridades médicas (seleccionadas por las autoridades políticas)?[2]

El problema con este tipo de interrogantes abstractos está en que se escamotean los principales elementos decisorios. Por un lado, la duración de las medidas preventivas que hacen nuestra vida más incómoda: ¿cuánto tiempo habríamos de permanecer medicalizados? Por otro, el cálculo de costes y beneficios: ¿cuál es la magnitud del daño que se quiere evitar? Ya se ha señalado que el riesgo no es erradicable: si decidiéramos que nadie debe morir jamás a causa de una enfermedad infecciosa, nos confinaríamos cada año durante la temporada de la gripe común. Pero no lo hacemos, lo que sugiere que la protección de la salud pública no siempre tiene la prioridad que le hemos otorgado tras el brote de la

COVID-19. Si esta tuviera una letalidad diez veces mayor que la gripe, la medicalización de la sociedad contemporánea resultaría seguramente inevitable hasta el descubrimiento de una vacuna; si es mucho menor, los ciudadanos harán otros cálculos. Hay quien, como el periodista alemán Bernd Ulrich, cree que la materialización de una sociedad de aires distópicos no depende de nuestra voluntad:

> El sujeto como mónada enmascarada en una sociedad desinfectada, gobernado por la severa mano de un Estado securitario que se preocupa por todos nosotros; nadie quiere eso, pero que nadie lo quiera no implica que no pueda suceder.[3]

Pero si eso pasa, será porque la insurgencia microbial a la que hemos aludido antes termine por convertirse en un *rasgo permanente* de las relaciones socionaturales, hasta el punto de que el ser humano termine por vivir en un espacio tóxico en el que no pueda relacionarse sin miedo. No está claro que eso vaya a ocurrir. Estamos pensando acerca de una respuesta política de índole *provisional*, si bien ella misma crea un peligro; pudiera ser que algunos poderes excepcionales no fuesen devueltos por los gobiernos o las administraciones públicas que los han recibido. No es preciso adentrarnos en el tenebroso universo que describe Ulrich para plantearnos dilemas peliagudos: decretar estados de excepción que confinan a la población y paralizan la actividad económica, con el consiguiente perjuicio social, debe estar debidamente justificado. Y nótese que es justamente la cualidad *moderadamente peligrosa* del virus la que complica las cosas: si su letalidad fuese mucho mayor, surgirían menos dudas acerca de la necesidad de equipar a los gobiernos con poderes excepcionales; si fuese mucho menor, ni siquiera estaríamos ocupándonos de él y mucho menos dedicándole libros enteros.

El SARS-CoV-2 se sitúa en un delicado punto intermedio que exige decisiones políticas difíciles. De ahí la necesidad de fundamentar adecuadamente, en el plano teórico, la respuesta pública a la pandemia.

Esta es, propiamente, una respuesta de Estado. Al fin y al cabo, es la soberanía estatal la que se afirma en defensa de la comunidad política, incluso mediante el viejo expediente del cierre de fronteras. Pero no es un Estado cualquiera, sino uno fundado en el imperio de la ley y el gobierno democrático: un Estado de derecho que es tan liberal como bienestarista, que se dota de textos constitucionales que limitan el alcance del poder del gobierno para proteger jurídicamente a un individuo que también es ciudadano partícipe en la toma de decisiones colectivas. Se da la circunstancia de que durante una crisis de salud pública, las funciones estatales más básicas pasan a un primer plano. En este tipo de situaciones, nuestra atención se centra en la amenaza común; las divisiones sociales reducen su importancia a pesar de que siguen produciendo sus efectos.[4] La comunidad política experimenta una suerte de *regresión atávica* similar a la que sufre el sujeto que teme por su vida: el riesgo existencial representado por la pandemia simplifica todo aquello que, en el funcionamiento democrático, es sofisticado. Es así como la distribución territorial del poder o los procedimientos ordinarios para la aprobación de las leyes son, o pueden ser, suspendidos en beneficio de una *decisión* eficaz. Tal como ha señalado el teórico político David Runciman, esto no es una interrupción de la vida política ordinaria, sino el súbito transparentarse de su esencia:

> Esta crisis muestra que el hecho primario que apuntala la existencia política es que alguna gente le dice a otra lo que tiene que hacer. En el corazón de toda la política moderna se en-

cuenta un *trade-off* entre la libertad personal y la elección colectiva. Este es el pacto fáustico identificado por el filósofo Thomas Hobbes a mitad del siglo XVII, cuando su país sufría una auténtica guerra civil.[5]

Y así es: la teorización hobbesiana del nacimiento del Estado es conocida por su énfasis en la seguridad de los individuos. En última instancia, el miedo a la muerte los conduce a buscar la protección de un orden político comandado por un poder soberano. Escribe el pensador inglés:

> Toda persona es empujada a desear aquello que es bueno para ella y a evitar lo que es malo, y sobre todo el mayor de todos los males naturales, que es la muerte; esto sucede por causa de una necesidad real de la naturaleza que es tan poderosa como la que dirige hacia abajo la caída de una piedra.[6]

Pero Hobbes no está pensando únicamente en la muerte, el más indeseable de los males. La distinción entre el estado de guerra y el estado de paz también se reconoce en la capacidad de los miembros de la comunidad política de disfrutar «no de la mera supervivencia, sino de una vida feliz en la medida de lo posible».[7] Al soberano de Hobbes no le basta con mantener con vida a sus súbditos; debe procurarles las condiciones para una existencia satisfactoria. Durante las peores semanas del confinamiento, allí donde este último ha sido más estricto, parecía que la vida se reducía a sus elementos más esenciales. Ciertamente no hay que exagerar: los confinados podían llenar sus neveras y conectarse a internet. Si la reclusión hubiera de prolongarse, en cambio, el concepto de «una vida que apenas es vida» cobraría una triste actualidad. Quiere decirse que la «vida buena» de los filósofos se convertiría entonces en algo parecido a la «nuda vida» de la que habla Agamben.[8] Y, con todo, Hobbes subraya: «todos los deberes del soberano están implícitos en una sola frase: la seguridad del pueblo es la ley suprema».[9] El énfasis es claro.

Sin embargo, conviene hacer algunas matizaciones. Hobbes está invocando una máxima de Cicerón, contenida en el libro III de *Las leyes*, que también hemos podido encontrar aplicada informalmente a las acciones públicas durante la pandemia del coronavirus: *salus populi suprema lex esto*.[10] Literalmente: «la seguridad del pueblo es la suprema ley». Pero es aconsejable evitar las lecturas superficiales cuando entramos en contacto con el sofisticado lenguaje del mundo jurídico-político romano. Tal como ha señalado Sánchez de la Torre en un completo estudio filológico de esta fórmula, *salus* y *libertas* forman una unión indisoluble en el pensamiento ciceroniano, entendiéndose la *libertas* como la participación del ciudadano en aquellas decisiones y esfuerzos de la ciudad que no dependan del ejercicio directo del gobierno.[11] En circunstancias ordinarias, pues, la salud no puede servir para poner en suspenso la lógica republicana. La *salus* se refiere también a la existencia cívica del individuo: la libertad es indisoluble de la vida, cuando la vida de la que hablamos es la vida del ciudadano. Pero hay más: la *suprema lex* no deja de ser una *lex*, lo que quiere decir que no autoriza a un ejercicio irrestricto del poder. Esta ley se orienta, como las demás, al bien común; solo que las circunstancias la vinculan a un tipo especial, más arriesgado, de decisión. Como es sabido, una situación excepcional podía conducir en Roma al nombramiento como dictador temporal de uno de los cónsules; hombre elegido para conjurar un riesgo extraordinario debido a sus singulares capacidades. Este *custodes libertatis* se encargaba de mantener las condiciones que hacen posible la supervivencia de la ciudad: aplicado a nuestro caso, el restaurador de la salud ante el embate de una epidemia.

Se diría que Hobbes, con su énfasis contractualista en la seguridad, estaba pensando en un soberano que actuase como dictador permanente; su miedo a la fractura civil justificaba una custodia reforzada de las libertades. El problema es que una excepción solo tiene sentido como interrupción temporal de una normalidad; no hay libertades a las que volver cuando los poderes especiales del soberano se convierten en su atributo ordinario. Por eso, el filósofo inglés sostiene que los individuos deben crear un poder artificial capaz de mantener a los súbditos sobrecogidos, hermanándolos en el miedo al castigo y en la observancia de las leyes.[12] También Rousseau pensaba en estos términos cuando describía el funcionamiento de su «voluntad general»; en ambos casos, los firmantes del contrato social son *autores* de las acciones del soberano.[13] Pero sería un error creer que Hobbes pensaba en un dictador permanente, ya que tanto él como Rousseau contemplaban la necesidad de que en circunstancias extraordinarias —como una epidemia, sin ir más lejos— la comunidad política pueda necesitar un *custodes libertatis*. Se trata de un «monarca temporal» que puede ejercer el poder sin cortapisas de forma transitoria.[14] No es un tirano, pues sus decisiones son legítimas; si la excepcionalidad se prolongase sin motivo, en cambio, el soberano se convertiría en uno. Y aunque este marco conceptual pueda parecernos remoto a primera vista, es en esencia el mismo que aplican las democracias constitucionales en caso de emergencia.

No se olvide que el reforzamiento temporal de los poderes del gobierno para la gestión de la emergencia sanitaria equivale a un mandato limitado cuya finalidad es contener la epidemia. Se parece poco al «poder sobre la vida y la muerte de los ciudadanos» que Runciman atribuye al ejercicio de mando político; un hecho desnudo que, según el pensador británico, la pandemia habría dejado al descubierto. En cierto sentido, sí, la expresión última de la soberanía reside en la capacidad para decidir quién vive y quién muere: en la «necropolítica» tal como la define Achille Mbembe, aquel que ejerce la soberanía posee control sobre la mortalidad.[15] Pero esta soberanía no tiene nada de democrática y alude más bien a situaciones de guerra, colonización o agresión genocida. Confrontado con la pandemia, un gobierno democrático busca justamente lo contrario: preservar la vida de la muerte. Y quiere hacerlo —al menos sobre el papel— con el menor daño posible a los principios constitucionales que lo apuntalan. Ahí es donde se manifiesta la tensión inevitable entre normalidad y excepción: por la dificultad que conlleva un aseguramiento de la salud pública que se conduzca democráticamente y reparta de manera equitativa las cargas correspondientes.

DEMOCRACIA LIBERAL Y EMERGENCIA SANITARIA

Que tantos líderes políticos occidentales escogieran el lenguaje bélico para describir la tarea que sus sociedades tenían por delante es indicación suficiente de su naturaleza excepcional: ese vocabulario no puede usarse todos los días y nos sitúa inmediatamente bajo el amparo de los mecanismos de emergencia. Pero es un estilo desafortunado. Seguramente su elección deba mucho a la estrategia comunicativa de gobiernos que desean ser reelegidos; declarar una guerra que no debe perderse, como es el caso a la vista de la tasa de letalidad del virus, permite llegar a decir un día que se la ha ganado. Y hace posible, por añadidura, planificar una «reconstrucción» que sigue el modelo keynesiano de la segunda posguerra e invoca el paraíso perdido de los *Trente Glorieuses*. Pero las metáforas bélicas son peligrosas, como ha recordado el filósofo Nigel Warburton: facilitan la imposición de limitaciones a las libertades civiles y la puesta en práctica de medidas propias de tiempos de guerra.[16] Surge entonces la tentación decisionista, digna de ser tomada en serio ahora que el populismo ha reaparecido con fuerza en nuestro horizonte histórico: la nostalgia del soberano puede agudizarse allí donde los ciudadanos experimentan una mayor necesidad de protección.[17]

Entre los pensadores políticos del siglo pasado, fue Carl Schmitt quien con mayor elocuencia defendió la idea de que la soberanía a la manera clásica vuelve a emerger en tiempos de excepción, hasta el punto de que identifica como soberano —ya se ha dicho— a aquel que decide sobre el estado de excepción.[18] No es de extrañar que Schmitt se mire en el espejo de las concepciones preliberales o antiliberales de la soberanía, llegando a reprochar a Rousseau la debilidad de haber separado al soberano del legislador y del poder ejecutivo.[19] Para el pensador alemán, el poder político que se libera de las viejas restricciones religiosas puede ejercer una soberanía ilimitada, auténtica versión secular del absolutismo medieval: nada le frena. Por eso dice que el *poder constituyente* del pueblo «puede querer cualquier cosa».[20] Terror y guillotina: *quod erat demonstrandum*. Para Schmitt, el antedescrito modelo romano de la «dictadura comisarial», condicionada a la superación de una situación de emergencia, es paulatinamente reemplazado en el curso de la época moderna por una «dictadura soberana» que tiene por objeto la comisión revolucionaria de un poder constituyente.[21] Esta capacidad ilimitada de decisión contrastaría, a su juicio, con la incapacidad decisoria de un liberalismo político atrapado en la charla no concluyente del pluralismo democrático: mucho ruido y pocas nueces. En coherencia con sus planteamientos, Schmitt subraya que ningún positivismo jurídico puede resolver la tensión entre «el ejercicio de la soberanía jurídicamente ordenado, es decir, limitado, y la sustancia de la omnipotencia estatal, *ilimitada por principio y que siempre permanece latente*».[22] O sea: las autolimitaciones del poder soberano tendrán validez en la medida en que ese mismo poder considere encontrarse en una situación normal y no en una situación excepcional. La cuestión acerca de la soberanía pasa a ser la pregunta acerca de quién decide sobre «el caso no regulado jurídicamente».[23] ¿Quién decide sobre la excepción? ¡El soberano, y soberanamente!

Ocurre que de la concepción medieval de la soberanía no se pasa al soberanismo revolucionario. Entre medias hay una revolución doctrinal y política: el liberalismo que teoriza y lleva a la práctica tanto las limitaciones al poder del Estado como la modulación del gobierno popular. Y en ese marco constitucional va a crearse un derecho de emergencia que «regula jurídicamente» la excepcionalidad con el fin de reducir las actuaciones arbitrarias del poder público.[24] Frente a una amenaza contra el orden constitucional, pues, se activa el derecho de emergencia que persigue conjurarla. Este modelo no deja de inspirarse en la dictadura comisarial romana, solo que tratando de ejercer un control legal suficiente sobre el mandatario. Otra posibilidad, cada vez más frecuente, consiste en suplementar las disposiciones constitucionales con una legislación ordinaria que regule los estados de emergencia; a ella puede recurrirse en el momento oportuno. Eso explica que países como Alemania o Suecia hayan manejado la pandemia sin necesidad de decretar un estado de alerta; también que en los estados donde sí se ha decretado oficialmente —como España o Italia— no se haya incurrido en un vacío legal. En la tradición anglosajona, a la que Suecia es cercana en algunos aspectos, este reglamentismo es poco habitual: simplemente se espera de los gobernantes que no abusen de la situación excepcional. Más que diferencias sustanciales entre los poderes que están facultados a utilizar aquellos en circunstancias de emergencia, encontramos así divergencias en el modo en que esos poderes suplementarios son reconocidos y categorizados. Eso no quita que un estado de alarma «oficial» cause efectos anímicos particulares o pueda dificultar temporalmente la fiscalización de las decisiones gubernamentales.

Volviendo a la cuestión de principio, téngase en cuenta que cierta inhibición a la hora de decidir constituye el resultado natural del pluralismo. La democracia liberal trata de equilibrar distintas posiciones e intereses: así como hay resoluciones que los gobiernos no pueden adoptar por rebasar el ámbito de sus poderes constitucionalmente asignados, se exigen mayorías cualificadas para la toma de aquellas otras que implican transformaciones sociales de gran calado. Esto es una garantía colectiva, no un freno caprichoso a la actividad gubernativa; quienes reniegan del liberalismo suelen estar muy seguros de que su punto de vista es el único aceptable, creyéndose así autorizados a imponerlo a los demás. En el caso de Schmitt, se atribuye un valor a la decisión misma, a la capacidad o voluntad de adoptarla; el contenido de esta es secundario. Su temor confeso era que la fragmentación política de las democracias liberales terminase por hacer imposible la formación de una voluntad común. Es algo que hemos conocido últimamente: los *Volksparteien* que venían dominando el espacio electoral desde mitad del siglo pasado en las democracias occidentales han visto reducidos sus apoyos y el multipartidismo ha generado cierta parálisis reformista en el interior de los sistemas democráticos. La falta de resolución se convierte entonces en problemática:

el ciudadano siente que el sistema político es incapaz de abordar sus problemas y la cacofonía pluralista hace más atractivo al hombre fuerte que promete acabar con ella. En todo caso, con el fin de evitar que el intercambio público de argumentos y el procedimiento ordinario para la agregación de intereses impidan al Estado dar una respuesta adecuada a la situación excepcional, el derecho de emergencia prevé concentrar los poderes resolutivos en el ejecutivo durante un breve periodo de tiempo, pasado el cual suele exigirse la correspondiente validación parlamentaria: la decisión, políticamente requerida por una situación de hecho, se ve así constitucionalmente facilitada.

Teorizar una suspensión legal de la ley, no obstante, presenta sus dificultades: el estado de emergencia se refiere a situaciones límite cuyo control legal requiere de la pulcritud democrática de los decisores tanto como de la existencia de mecanismos eficaces de control judicial.[25] Si un parlamento democráticamente elegido decide otorgar al poder ejecutivo la potestad de gobernar por decreto mientras se mantenga la emergencia, como ha sucedido en Hungría, o un tribunal constitucional solo puede decidir sobre las medidas de excepción aprobadas por el parlamento mucho después de que sean aplicadas, la tensión identificada por Schmitt —que ya llevó a Locke a afirmar que la autoridad en caso de excepción es política antes que legal—[26] se dejará notar con fuerza.

Para esto, no hay solución. Ya que no es posible prevenir constitucionalmente la posibilidad de que un gobierno abuse de sus poderes reforzados o aproveche una crisis —pongamos una epidemia— para implantar un régimen autoritario o introducir elementos iliberales. Si la excepción es utilizada para acabar con la norma, nos situaremos por la vía de los hechos fuera de los parámetros de la democracia tal como la venimos conociendo. Pero esto no quiere decir que la democracia liberal carezca de mecanismos eficaces para afrontar una emergencia: los tiene y han funcionado razonablemente bien durante la pandemia de la COVID-19. Esto quiere decir que, al margen de los mejores o peores resultados de cada una de ellas y con las reservas que puedan hacerse para el caso húngaro, las sociedades democráticas occidentales no se han visto superadas asistencialmente ni han dejado de ser democráticas. El mismo Slavoj Žižek ha descartado que la pandemia pueda ser el preámbulo de una forma inédita de autoritarismo biopolítico: la epidemia ha existido y es un error recurrir de inmediato al marco disciplinario para dar razón de las medidas excepcionales adoptadas.[27] En una situación de alarma, como ha señalado Daniel Innerarity, no se suspende tanto el pluralismo como la dimensión competitiva del pluralismo.[28] El aplazamiento de procesos electorales que estaban ya convocados cuando sobrevino la epidemia constituye el mejor ejemplo de esto último. Dicha suspensión, así como la restricción que pueden padecer durante una emergencia los derechos fundamentales de los ciudadanos, tienen sentido como medio para afrontar la incertidumbre mientras esta se prolongue. De acuerdo con el administrativista José Esteve Pardo:

> Son por tanto medidas sujetas a constante revisión con un objetivo fundamental e inequívoco: reducir la incertidumbre. Porque es la incertidumbre la que desborda las previsiones legales y la que se erige así en presupuesto para la aplicación de un principio que puede habilitar medidas de excepción.[29]

Ha de añadirse que las sospechas sobre la deshumanización de las sociedades liberales, presuntamente afectadas desde hace décadas por el virus neoliberal del egoísmo despiadado, se han revelado exageradas: incluso el más calvinista de los entornos ha impuesto, cuando menos, medidas de distanciamiento social y la prohibición de las aglomeraciones. En palabras del teórico social Jens Zinn:

> Las respuestas políticas han estado basadas no tanto en los números concretos como en su tendencia general, así como en la posibilidad de que se produjeran resultados negativos, a partir de la idea de que había que salvar a tantos como fuera posible; en presencia de la muerte, no hay argumento alguno que pueda justificar muertes evitables.[30]

No obstante, resulta conveniente aclarar un malentendido que atañe a la aplicación de principios utilitaristas en el gobierno de la pandemia, tal como fueron bosquejados inicialmente en Gran Bretaña y finalmente aplicados solamente, al menos en cierta medida, en Suecia. Como era de esperar, el postulado de que había que aceptar un número hipotético de muertes seguras a cambio de minimizar la disrupción social y mantener con ello el vigor de la actividad económica fue de inmediato caricaturizado como una política «neoliberal» que pone a las empresas por delante de las personas. Sin embargo, como ha precisado el sociólogo Gerard Delanty, el argumento utilitarista no se refiere a la salud de la economía sino a una búsqueda del bien común que ha de tener prioridad en todo momento, de tal manera que el interés individual no es mayor que el interés del mayor número.[31] En el contexto de la epidemia, el objetivo de acabar con la enfermedad es inalcanzable hasta que no se encuentre una vacuna, de tal forma que la llamada «inmunidad de rebaño» se convierte en el mejor resultado para la mayoría. A su juicio, sin embargo, las sociedades europeas no tienen los medios necesarios para perseguir ese fin sin sufrir un número excesivo de fallecimientos, razón por la cual solo

Suecia ha desarrollado —y no sin vacilaciones— algo parecido a una política utilitarista.

Por lo general, se ha apostado por el argumento deontológico, de cuño kantiano, según el cual la dignidad humana exige que todas las vidas sean protegidas por igual. Los medios materiales disponibles establecen aquí también un límite práctico: no siempre ha sido posible aplicar este principio de manera coherente. Queda así a la vista la debilidad potencial del argumento deontológico: que la preservación de la vida sin el aseguramiento de las condiciones que la hacen digna de ser vivida no es tampoco una solución al problema que la epidemia nos ha puesto delante en sus fases más agudas. Tal como concluye Delanty, el conflicto entre estos diferentes planteamientos morales termina por resolverse sobre el terreno, donde se buscará un equilibrio entre el control de la pandemia y la gestión de sus consecuencias socioeconómicas: la apuesta por políticas públicas satisfactorias termina por primar sobre la aplicación de principios abstractos. El propio fundamento de la lucha contra el virus se ha visto modificado implícitamente según avanzaba la epidemia, ya que los llamamientos al «aplanamiento de la curva» dibujada por el aumento de las infecciones, a fin de evitar el colapso de los sistemas sanitarios, fueron reemplazados de manera gradual por el mandato de minimizar la transmisión de la enfermedad y, con ello, el número de infectados sea cual sea en cada momento la capacidad hospitalaria disponible. No puede descartarse que esto pueda a su vez cambiar una vez que las consecuencias económicas de la pandemia se dejen notar en toda su crudeza.

Tiene así sentido que, de acuerdo con un estudio comparado realizado durante la pandemia, los regímenes democrático-liberales hayan respondido más eficazmente al desafío que los autoritarios, que dependen, en mayor medida que los primeros, de la pura coerción; y también que la aplicación de las medidas de distanciamiento social hayan sido más eficientes en las sociedades democráticas de cultura más colectivista.[32] De hecho, investigaciones previas habían sugerido que algunos rasgos culturales asociados al colectivismo, tales como el etnocentrismo o la conformidad, inhiben la transmisión de patógenos y pueden por ello encontrarse más presentes en las regiones que han sido históricamente castigadas por las epidemias.[33] De aquí podría a su vez esperarse un reforzamiento de los valores colectivistas en un mundo que padeciera pandemias frecuentes o quedase emocionalmente marcado por la crisis de la COVID-19. En qué medida esta concepción homogénea de las culturas nacionales conserva su fuerza explicativa en el mundo globalizado es difícil saberlo.

Tampoco está claro que un impulso al colectivismo que proceda del miedo al contagio sea, a la larga, más fuerte que una tendencia globalizadora que en el pasado apenas si ha topado con barreras que no pudiera superar. Y es verdad que uno de los países señalados por su cultura individualista en el estudio citado sobre la respuesta democrática a la pandemia, Suecia, exhibe altos niveles de confianza social, del mismo modo que las naciones anglosajonas han solido combinar grados elevados de individualismo y uno nada desdeñable —aunque en declive sostenido durante las últimas décadas— de confianza interpersonal.[34] Sería paradójico, en fin, que la pandemia pusiese remedio sin quererlo a la crisis de confianza que las sociedades occidentales vienen padeciendo últimamente al decir de algunos comentaristas.[35] De acuerdo con esta lectura, el miedo generalizado al contagio podría conducir a un giro introspectivo que cohesionase a las sociedades liberales, preparándolas mejor para desafíos venideros al disminuir una fragmentación cultural e ideológica que se antoja caprichosa en situaciones de verdadera necesidad. Siendo el prójimo causa posible de infección, esta hipótesis puede dar la impresión de ser demasiado optimista: la armonía universal no parece hoy más cercana que ayer.

En este contexto, el llamado «distanciamiento social» que tiene por objeto aliviar la presión sufrida por los sistemas sanitarios nacionales durante la fase de mayor propagación del virus se erige como una figura singular. Por un lado, describe la separación de los miembros de la comunidad, y con ello remite al aislamiento individualista que los caricaturistas atribuyen a la teoría liberal; por otro, los motivos que empujan a esa separación forzosa —que se pueden resumir en el deber de ayudarnos mutuamente— refuerzan *de facto* la cohesión en el interior de esa comunidad. No todos las han seguido con el mismo rigor; hay estudios que sugieren que la orientación ideológica influye sobre la aceptación de las medidas adoptadas por el poder público.[36] Pero la mayoría ha cumplido: las sociedades liberales siguen siendo sociedades y ha sido el distanciamiento obligado entre sus ciudadanos, llevado a cabo con la finalidad de asegurar la salud colectiva, el que nos lo ha recordado. Tampoco son medidas nuevas: las autoridades las implantaron ya con cierto éxito, en una escala hasta entonces desconocida, durante la gripe española.[37] Esta vez, la experiencia colectiva de la reclusión se ha vivido de otra manera, en buena medida gracias a las tecnologías digitales de la comunicación. Tiene razón Enric Puig cuando apunta que el confinamiento no habría sido posible sin internet, o cuando menos los gobiernos se lo habrían pensado dos veces antes de decretar tan prolongados estados de alarma.[38] Esta mayor conectividad refuerza la sensación, todavía provisional, de que lo experimentado durante la pandemia constituye un retorno de la sociedad y de la conciencia colectiva de su significado.[39]

Nada de esto debería resultar sorprendente para quien esté familiarizado con la teoría política liberal, que de hecho no ha solido dar por buena la descripción hobbesiana del origen social: el genuino fundador de la tradición liberal, John Locke, describe una comunidad prepolítica en que los individuos cooperan entre sí e incluso establece una cláusula propietaria, según la cual la apropiación de los recursos en los que cada uno empeña su trabajo se encuentra limitada por la disposición de un remanente suficiente para los demás.[40] Es sabido que la hipótesis contractualista ya fue rechazada de plano por los pensadores conservadores que se opusieron a la Revolución francesa. Apoyándose en investigaciones sobre la conducta social de los primates, Fukuyama ha llegado a hablar de una «falacia hobbesiana» que puede sintetizarse en

> la idea de que los seres humanos eran primordialmente individualistas y entran en sociedad posteriormente y solo a resultas de un cálculo racional, de acuerdo con el cual la cooperación social era la mejor manera de alcanzar sus objetivos individuales.[41]

Lo cierto es que la propia tradición liberal, que tanto ha contribuido a dar forma a nuestras sociedades, es mucho menos individualista de lo que el tópico viene a sugerirnos. En buena medida, esa imagen procede del conflicto ideológico definitorio del siglo XX, que es cuando surge el llamado «liberalismo de Guerra Fría» que subraya el valor superior de la libertad individual frente al colectivismo de los regímenes socialistas. Pero el énfasis en los derechos e intereses individuales constituye, en realidad, un desarrollo reciente en la tradición liberal. Así lo ha demostrado, por medio de una exhaustiva investigación semántica, la historiadora

Helena Rosenblatt, quien subraya en cambio las contribuciones al corpus liberal del pensamiento francés y alemán, así como el hecho de que la mayoría de los liberales clásicos eran moralistas, inclinados a subrayar los deberes tanto como los derechos y preocupados por la justicia social.[42] La idea de un Estado «guardián» que no se limita a proteger los derechos individuales, sino que actúa de manera autónoma con objeto de modular los resultados sociales sobre la base de fines sustantivos, no tiene así por qué ser ajena a la tradición liberal.[43] Esta cuenta con los recursos necesarios para fundamentar en el plano teórico una eficaz respuesta pública —no siendo lo público idéntico a lo estatal— ante fenómenos como la pandemia de la COVID-19.

PARA UNA TEORÍA POLÍTICA DE LA MUERTE INFECCIOSA

Que las sociedades liberal-democráticas hayan sabido manejar la grave crisis de salud pública provocada por la pandemia de la COVID-19 no es garantía suficiente de que puedan seguir haciéndolo si la emergencia se prolonga o llega a repetirse a corto o medio plazo. Si así sucediera, es posible que el malestar social se hiciera más fuerte. De ahí que sea conveniente presentar los elementos que pueden servirnos para justificar una política de solidaridad intergeneracional susceptible de sostener normativamente la acción colectiva ante futuros brotes epidémicos. En buena medida, no se trata de crearlos, sino de sacarlos a la superficie; de evidenciar en la teoría aquello que ha funcionado en la práctica.

Tal como ha apuntado el octogenario pensador germano-americano Hans Ulrich Gumbrecht, son los ciudadanos de mayor edad los que más se han beneficiado de la aplicación pública del principio de igualdad durante la pandemia, pues eran los que más tenían que perder en caso de inacción pública.[44] Es natural que un virus infeccioso afecte en mayor medida a los individuos cuyo sistema inmunitario se ha debilitado por el simple paso del tiempo. Sin embargo, no siempre es así: la gripe española produjo una mortalidad atípicamente alta entre los jóvenes, para la que, de hecho, todavía no existe una explicación científica satisfactoria.[45] Pero la menor probabilidad tampoco es garantía de salvación; aunque exiguo, un porcentaje de las víctimas del SARS-CoV-2 han sido individuos de corta o mediana edad. Nadie está a salvo y, como nos recordó el antropólogo Marc Augé, todo el mundo muere joven: pocos dan la bienvenida a su final.[46] Toda muerte llega demasiado pronto.

Cuando hablamos de la muerte epidémica, no nos referimos al riesgo en que se encuentra *cualquier vida* en cualquier momento, sino de la muerte como *riesgo acrecentado temporalmente* por la amenazante presencia de un virus infeccioso. Y, aunque no hay epidemia que cien años dure, es la presencia reforzada de la muerte en el interior de la comunidad lo que distingue esta situación de cualquier otra; con la excepción, claro está, de las guerras. La muerte que, como observó Norbert Elias, se va escondiendo «detrás de las bambalinas de la vida social» a medida que se desarrolla el proceso de civilización, se sitúa durante una epidemia en el centro de ese mismo devenir social.[47] Aunque los cadáveres se escondan y los agonizantes sean contemplados con pudor, la muerte de muchos se deja sentir. Es así como se nos hace más cercano un fenómeno natural que normalmente solo podemos tomar en consideración de manera abstracta, vale decir, rehuyendo la primera persona en beneficio de la segunda o la tercera.[48] Pero la muerte adquiere también, durante las epidemias, una valencia política: las decisiones colectivas influyen de manera directa sobre el número de fallecidos y enfermos.

A primera vista, las epidemias de gran magnitud producen un conflicto de naturaleza intergeneracional, ya que, como se ha apuntado, los mayores —junto con otros colectivos vulnerables— se encuentran en mayor riesgo de muerte que los jóvenes. En sociedades con una población envejecida, pues, la epidemia causa una mayor mortandad. Si la epidemia en cuestión afectase por igual a mayores y jóvenes, nos encontraríamos ante un problema moral más convencional: se trataría de ponderar los beneficios y costes de las medidas preventivas susceptibles de aplicación, atendiendo a la tasa de letalidad del virus y al daño socioeconómico provocado por el distanciamiento social. Tal como se ha dicho antes, el dilema no se plantea cuando la epidemia es breve; si se prolonga, el perjuicio causado a la trayectoria biográfica de los más jóvenes se incrementa. Y si buscamos un fundamento normativo para una política de solidaridad intergeneracional, esta circunstancia debe ser tenida en cuenta.

Pudiera pensarse que el concepto de «justicia intergeneracional», de cierta solera ya en la filosofía moral y la teoría política, podría sernos de utilidad. Sin embargo, su horizonte temporal es demasiado amplio. En particular, la teoría de la justicia intergeneracional se ocupa de la herencia que una generación recibe de la anterior y de la que deja a la siguiente.[49] Ha sido cultivada con especial esmero por los pensadores interesados en ampliar la comunidad moral por razones ecológicas, de tal manera que los vivos se sientan obligados a dejar a los no nacidos un medioambiente natural sostenible y disfrutable.[50] Se ha defendido, incluso, la conveniencia de introducir provisiones intergeneracionales en los textos constitucionales.[51] Pero, sin descartar que ello pudiera incrementar la conciencia temporal de los ciudadanos vivos, esta comunidad intergeneracional o transgeneracional trasciende los estrechos límites de un episodio infeccioso que amenaza *a corto plazo* la integridad de la *polis*. Es preciso atender a esta especificidad y dar con una fundamentación distinta, ya que no hemos de vérnoslas con el daño que los vivos pueden hacer a los aún no nacidos, sino con el que pueden hacerse entre sí —enfrentados a una amenaza externa— las distintas generaciones en el interior de un territorio y, en el marco de la globalización, aun fuera de él.

A estos efectos, una prometedora variante de esa comunidad transgeneracional es la que se funda en el hecho descarnado de la muerte, o sea, en los efectos que tiene la presencia *acentuada* del riesgo de fallecimiento. En una epidemia, cualquiera puede perecer y algunos tienen más probabilidad de hacerlo que los demás. El hecho antropológico de la muerte, como amenaza inmediata y como porvenir ineludible, se hace presente con distinta intensidad en una *polis* cuyo recinto ha dejado de ser seguro. Pero lo que la muerte pone de relieve no es exactamente la soledad del individuo, sino eso que Norbert Elias llama «dependencia mutua fundamental» de unas personas respecto a otras; algo, dice el pensador alemán, que se olvida cuando se persigue dotar a la vida de un significado estrictamente personal.[52] El empeño moderno por dar un sentido *individual* a la existencia impide, o al menos dificulta, que nos veamos como lo que somos: un pequeño eslabón de una gruesa cadena intergeneracional.

Nadie ha explorado mejor la profunda conexión entre socialidad y mortalidad que el filósofo Samuel Scheffler, cuyas reflexiones sobre el tema resultan muy útiles. Su tesis principal es que somos más dependientes de los demás, emocionalmente hablando, de lo que solemos pensar.[53] Para demostrarlo, emplea un recurso de engañosa sencillez: formula dos conjeturas acerca del destino de la humanidad y discurre acerca del modo en que reaccionaríamos de encontrarnos en la situación por ellas descrita. En la primera, sabemos que la humanidad desaparecerá un mes después de que lo hagamos nosotros; en la segunda, los seres humanos dejan de ser fértiles tras nuestro fallecimiento. En ambos casos, se trata de meditar sobre el efecto que tendría sobre el individuo *saber* que la especie está condenada a desaparecer más o menos rápidamente. Para Scheffler, lo que nos afecta es que la humanidad vaya a perecer *pronto* aun cuando a nosotros, en el curso de nuestra existencia particular, ese hecho no tendría por qué afectarnos. Pero lo hace, por la sencilla razón de que solo es posible conceptualizar el futuro en relación con un mundo social continuado en el que poseemos una identidad propia. Es razonable esperar que un planeta cuyos habitantes supieran que van a extinguirse pronto fuese un mundo dominado por la apatía y la desesperación; así nos lo ha contado el cine en algunas ocasiones. Se subraya de este modo que todo lo que nos importa depende de la confianza en la existencia de un mundo que sigue su marcha tras nuestro mutis particular; el valor de nuestras actividades personales depende de su lugar en el contexto más amplio de una historia humana. Somos mortales y somos sociales:

> La propia humanidad es un proyecto histórico en marcha que proporciona el marco implícito de referencia para la mayor parte de nuestros juicios acerca de aquello que importa.[54]

No todos están de acuerdo: otros, como David Benatar, creen que la mejor manera de evitar el conjunto de inconvenientes que padecen los vivos es no nacer, razón por la cual defienden políticas antinatalistas orientadas justamente a *prevenir* la continuidad de la especie humana.[55] Pero ni siquiera este razonamiento convierte a una pandemia en un bien cuyos efectos sobre la mortalidad humana deberían de ser estimulados; lo ideal para Benatar sería que la humanidad se extinguiese *gradualmente* y del modo menos doloroso posible, aunque sería imposible evitar que la última generación viva padeciese una carga anímica devastadora.[56] Tampoco puede decirse que la posición antinatalista goce de mucho respaldo social, de manera que es plausible esperar que la mayoría de la ciudadanía se decantará por hacer frente, con todos los medios a su alcance, a la amenaza de la pandemia. Lo que Scheffler nos recuerda es que no solo somos seres mortales, sino también sociales; y que lo somos en tal medida que nos resultaría racional y emocionalmente indeseable asistir de forma pacífica a la extinción de la humanidad, incluso cuando este acontecimiento no tuviese lugar sino después de nuestra desaparición.

Se vislumbran con ello no ya los límites de una concepción puramente individualista de la vida social, sino los límites del propio individualismo. No hay individuo sin sociedad; es deseable proteger la vida de aquellos que forman parte, junto con nosotros, de la misma. Este argumento, enraizado en última instancia en la vulnerabilidad común ante la muerte infecciosa, es compatible con el mandato deontológico que nos obliga a poner la seguridad del otro por delante de nuestra libertad. Pero este razonamiento es, a la postre, individualista: el otro es una amenaza para mi salud y yo puedo poner en peligro la salud ajena. Y no hemos de desdeñar la fuerza pragmática que posee esta emoción primaria. En el contexto de una epidemia, el vicio privado del miedo a la muerte puede servir a la virtud pública de la supervivencia colectiva; ya que el primero no puede evitarse, conviene aprovecharse de él. De hecho, como señalara Adam Smith en su disquisición sobre los sentimientos morales, el egoísmo individual ya sirve de manera subrepticia a los fines de la especie: nuestros instintos más inmediatos, del hambre al sexo, son también medios para la preservación colectiva.[57] Claro que esta voluntad de autopreservación puede presentar su peor cara en el curso de una epidemia, como memorablemente narrase Tucídides en su descripción de la peste que asoló Atenas:

> Y fue el contagio lo que motivó mayor número de víctimas, pues si por temor no querían ponerse en contacto los unos con los otros, los enfermos morían abandonados, y así muchas casas quedaron vacías por falta de quien las atendiera; y si se les acercaban, perecían, y de manera especial quienes tenían a gala dar pruebas de humanitarismo.[58]

Lo que se plantea en este caso es la conveniencia de apelar a un principio más amplio. No se trata de poner en suspenso los derechos y libertades individuales, sino de subrayar la existencia de unos deberes cívicos que, en este caso, comprenden la obligación de contribuir a minimizar el impacto del virus. Podría oponerse a ello que tales mandatos cívicos no deberían limitarse al marco temporal de una epidemia y que, por ejemplo, el lugar de los ancianos en las sociedades occidentales acaso deba ser objeto de reevaluación moral. Sería así deseable que esta crisis nos empujase a prestar mayor atención a eso que Jordi Ibáñez llama

> la gran vejez, que no es lo mismo que la enfermedad terminal, pero sí comparte con ella la (posible) desolación de una falta total de esperanza —de expectativas de vida—, junto con la angustia o la tristeza de una muerte cierta y cercana.[59]

De ninguna manera debe deducirse de lo dicho hasta ahora que el individuo ha de disolverse en la comunidad; la finalidad de este esfuerzo colectivo es preservar el grupo en cuyo interior *podemos seguir siendo individuos* en el futuro. La «insociable sociabilidad» de la que hablaba Kant está presente en sus dos formas: solo podremos retirarnos a nuestra individualidad si la sociedad de la que formamos parte continúa existiendo en una forma reconocible. Pero no se apela con ello a las generaciones venideras, ni al legado que hayan de recibir; por el contrario, se insiste en el valor del puro presente, de aquello que vive y no quisiera morir. Este razonamiento tiene algunos resabios burkeanos, porque la sociedad no es concebida como un frío contrato mercantil, sino como un acuerdo entre generaciones. La diferencia estriba en que Burke hablaba de un pacto no escrito entre los muertos, los vivos y los que han de nacer, mientras que aquí estamos ante uno *temporal* entre las distintas generaciones de los vivos.[60] Más que el «gran contrato primaveral de la sociedad eterna» al que aludía líricamente el pensador inglés, las crisis de salud pública activan una cláusula particular del acuerdo que mantiene unido a un grupo social. Es un pacto generoso, pero temporal y limitado.

La aplicación de poderes excepcionales, mecanismo pragmático para el control eficaz de la epidemia, se realiza así sobre la base de una autorización moral asimismo excepcional, cuyo fundamento está en la solidaridad colectiva ante la amenaza común de la muerte infecciosa. Se previene con ello una extensión indebida de dicho permiso, que, al igual que los poderes extraordinarios del gobierno, podrían ser instrumentalizados de manera espuria. Hay que prevenir un abuso de la buena fe de los ciudadanos. Algo de eso hemos visto durante esta crisis, cuando se ha defendido la conveniencia de extender las medidas de emergencia para la lucha contra esa otra emergencia que es el cambio climático. ¿O es que millones de personas en todo el mundo no han sido capaces de modificar su comportamiento de manera tajante y rápida en respuesta a la amenaza representada por el coronavirus?[61] Se sigue de aquí que podríamos —deberíamos— hacer lo mismo para conjurar la amenaza representada por el calentamiento global. Y tiene sentido. Pero no es el mismo tipo de acontecimiento, ni todos creen que lo sea; la analogía es dudosa. No es que no pueda actuarse para mitigar el cambio climático, ni que sea mala idea aprovechar la interrupción temporal de los flujos globales para, por ejemplo, acelerar la descarbonización energética; faltaría más. Pero la cláusula especial que sirve como fundamento normativo para la aplicación de medidas excepcionales en caso de epidemia no puede invocarse fuera del supuesto específico que le da sentido. Y es importante recalcarlo.

Que una epidemia infecciosa nos coloca en una situación peculiar puede comprobarse también si nos preguntamos por los sentimientos morales que entran aquí en juego. El riesgo infeccioso equivale al levantamiento del velo de ignorancia que nos mantiene habitualmente alejados de la idea de nuestra propia muerte. Esta circunstancia, que la mejor literatura sobre las ciudades apestadas ha sabido describir, no puede dejar de producir sus efectos. Y la figura del «espectador imparcial», que propuso Adam Smith para explicar la preocupación que sentimos por el destino ajeno, nos ayuda a explicarlo.[62] Para el pensador inglés, no nos interesamos por los demás a causa de una pena o una compasión que nos sobrevengan de manera inmediata; tampoco gozamos de un conocimiento innato de lo que experimenta el otro. A juicio de Smith, nuestro sentimiento moral innato se activa cuando nos situamos figuradamente en el lugar del prójimo y nos vemos concernidos por su suerte a través de la imaginación. Esta ficción es la que permite conciliar nuestra individualidad y nuestra socialidad, sobre la base —de cuño humeano— de que los juicios morales están informados por los sentimientos. Emerge así una «simpatía» que se parece a la compasión, pero que no es idéntica a ella justamente por mediar el relato que nos hacemos de la situación vivida por los demás.

En el marco de una epidemia que provoca —o amenaza con provocar— una elevada mortandad diaria, la realidad deja poco margen a la imaginación: el riesgo de muerte infecciosa se acrecienta para todos y lo hace en mayor medida todavía para los grupos más vulnerables. No parece necesario realizar un *esfuerzo* imaginativo demasiado grande, ya que la situación en la que se encuentra embebida la comunidad se impone por sí misma a los sentidos; la normalidad ha quedado suspendida y los signos que encontramos en cualquier salida al exterior —calles semivacías, máscaras, controles policiales— nos recuerdan la causa. La epidemia nos convierte en espectadores parciales, pues también nosotros padecemos el riesgo común. Hay matices, claro: además de los mayores y de los que son vulnerables por padecer otras patologías, hay minorías más propensas a contraer el virus y estratos sociales más indefensos ante sus efectos. Pero esas diferencias ya existen en tiempos ordinarios; lo que hace el momento extraordinario de una epidemia es convertirnos a todos en agentes de una misma situación.

EL FANTASMA BIOPOLÍTICO

La posibilidad de que la autoridad estatal haga un empleo abusivo de los poderes excepcionales que se asignan a los gobernantes en caso de emergencia no es ninguna novedad: toda la tradición liberal toma como premisa la necesidad de limitar el ejercicio del poder. Y, tal como hemos visto, la mayoría de las constituciones liberales incluyen disposiciones que tratan de regular las decisiones que se adoptan bajo el amparo del derecho de emergencia. Algunos comentaristas se muestran suspicaces: la excepción puede aprovecharse para expandir el poder estatal e imponer un régimen biopolítico de corte autoritario, dedicado al control de las poblaciones humanas en nombre de la seguridad.

Por lo general, los pensadores que han expresado estos temores ya venían alertando de esta amenaza antes de la pandemia; se hace por eso más difícil saber qué de nuevo ha traído esta consigo. Para Giorgio Agamben, como hemos visto, hemos profundizado en un estado de excepción preexistente; la epidemia habría sido poco menos que un oportuno invento para intensificar —¿y por qué ahora?— el control biopolítico de los ciudadanos. También Judith Butler apuntaba en esta dirección, declarando en una entrevista que

> muchos temen que el autoconfinamiento se vuelva norma, que el coronavirus proporcione a los estados la oportunidad de despolitizar a sus poblaciones, de negarles el derecho a reunirse y asociarse. *El aislamiento, en parte, es una estrategia de control estatal, que expande el poder del Estado*. Hoy las naciones toman diversas decisiones sobre cómo administrar sus poblaciones, incluso sus vidas y sus muertes.[63]

En el curso de esa misma conversación, Butler lamenta que las demandas de reactivación de la economía fuercen el fin de las medidas de distanciamiento social; no acaba de quedar entonces claro si el confinamiento forzoso es bueno o malo. Achille Mbembe, a quien debemos la noción ya aludida de «necropolítica», señala por su parte que la pandemia democratiza el poder de matar, al hacer de cada uno de nosotros un asesino en potencia; el aislamiento forzoso sería entonces una forma de regular ese poder.[64] Por su parte, Paul Preciado ha partido de Foucault para denunciar que la pandemia de la COVID-19 extiende de manera perversa las prácticas estatales de biovigilancia y control, a las que «normaliza» cuando las presenta como necesarias para la preservación de la salud pública.[65] El empleo de las tecnologías digitales para el rastreo de los contagios sería, en particular, el signo más evidente de la era «farmacopornográfica».

¿Es plausible semejante lectura de la pandemia? La validez de los diagnósticos de esta clase depende, en buena medida, de que pueda aceptarse la hipérbole de la que arrancan. Cuando Mbembe afirma que la epidemia proporciona a todos los individuos un poder de matar que normalmente el Estado reserva para sí, olvida que en el contexto de una epidemia nadie sabe si puede matar o no: mientras que el contagiado que enferma gravemente ingresa en un hospital o se queda en casa, el asintomático ignora que puede dañar a otros, porque desconoce que tiene el patógeno y puede transmitirlo. Pero ni esto es «matar» a alguien, ni el confinamiento de los ciudadanos persigue evitar que estos se maten entre sí; la finalidad es frenar la difusión del virus y aliviar la carga que padece el sistema hospitalario. Igualmente, la idea de que la enfermedad propicia una extensión de los poderes de control del Estado debe ser validada empíricamente; no basta con una mera presunción. Sobre todo, los teóricos biopolíticos deben poder responder a una pregunta elemental: ¿cuál es la alternativa a las políticas de salud pública desplegadas por el Estado para el control de la epidemia? Incluso: ¿hay algo que el Estado pudiera hacer para aminorar la difusión del virus y mitigar los daños originados por la enfermedad que *no* hubiera sido identificado por estos críticos como una herramienta de control biopolítico?

Los problemas inherentes a la «teoría de la gubernamentalidad», como se la llama desde que Foucault creara escuela con sus famosas clases en el Collège de France, trascienden el particular contexto de la pandemia del SARS-CoV-2; aunque no está claro que Foucault sea el principal responsable de ello.[66] Recordemos que el concepto de «biopolítica» se refiere a la conversión de la vida natural en objeto de control estatal. En Foucault, se aplica principalmente a las técnicas de control de la población que desarrollan los estados europeos desde el siglo XVIII: políticas de salud pública, control de la natalidad, reproducción sexual. A través de estas técnicas, los poderes públicos incitan a los individuos a controlar sus propias vidas, lo que les somete de manera indirecta y aparentemente voluntaria a la vigilancia estatal. En particular, el concepto seminal de «gubernamentalidad» es un neologismo que reúne los términos de «gobierno» y «mentalidad» para así destacar la necesidad de comprender las «racionalidades» que subyacen al ejercicio del poder. Designa, en concreto, al conjunto formado por instituciones, procedimientos, análisis, reflexiones, cálculos y tácticas que dan forma y posibilitan las prácticas del poder en un determinado contexto.[67]

En la Europa moderna, el poder adopta así progresivamente la forma de un gobierno limitado. Ya no se trata de «vigilar y castigar» en sentido fuerte, sino que la disciplina va acompañada por una forma más dispersa de poder; aquella que experimentamos cotidianamente como ciudadanos, empleados o consumidores. Se trata de gobernar sin gobernar demasiado, conforme a una autolimitación de la razón gubernamental llamada «liberalismo» que opera a través de la economía política. Pasamos de un poder soberano y judicial a formas difusas de control; así nace el biopoder moderno. Más que obligar, se incita; los mecanismos disciplinarios se diseminan por el cuerpo social. Es aquí clave el concepto moderno de «población», objeto predilecto de la biopolítica. Diana Coole ha resumido así algunas de las técnicas que hicieron posible el control de las poblaciones modernas, protagonistas del desarrollo del capitalismo industrial:

> El espacio urbano quedó sujeto a un control minucioso, a medida que la ventilación, los desagües y el saneamiento, los cementerios y los mataderos, así como las aglomeraciones de población fueron reorganizadas sobre la base de discursos médicos que dieron poder a los doctores para que dictasen normas de higiene relativas a cuestiones como la comida y el lugar de vida.[68]

Obsérvese que la «medicalización» de la existencia que trajo consigo un notable descenso de la morbilidad y de la mortalidad entre los habitantes de las ciudades europeas, corrigiendo con ello las lagunas higiénicas de la primera oleada industrial, es reinterpretada como una forma de *control poblacional*. Algo de eso hubo: las sociedades europeas conocieron, entre finales del siglo XIX y comienzos del XX, un movimiento eugenésico cuyo objetivo era la mejora de la calidad de sus poblaciones en una época de fervor nacionalista.[69] Pero el argumento del poder difuso nunca falla: cualquier regla o práctica puede ser identificada como una forma de dominación. Tomemos por ejemplo la idea de que las subjetividades individuales son «capturadas» mediante una llamada a la desinhibición; se nos incita a consumir, a perseguir placeres carnales, a liberarnos. El control del sujeto moderno es así tan sofisticado que se ejerce, por emplear los términos con que Foucault mismo se refiere al naciente Estado liberal, gobernándolos poco. Preciado, en el mismo artículo sobre el virus, escribe que los dispositivos de biocontrol ya no funcionan a través de la represión de la sexualidad (masturbatoria o no), sino a través de la incitación al consumo y a la producción constante de un placer regulado y cuantificable. Cuanto más consumimos y más sanos estamos mejor somos controlados.[70]

Se da así la paradoja de que una sociedad en la que el individuo goza de una aparente libertad para decidir cómo quiere desarrollar su sexualidad es presentada como una sociedad en la que se controla «mejor» al individuo. Si todas las personas decidiesen perseguir el placer de la misma manera, quizá este argumento resultaría más comprensible; las formas del placer, empero, son cada vez más diversas. Pensemos, por poner un ejemplo, en los tatuajes: una práctica corporal que tiene que ver con la gestión de la propia apariencia y que no ha dejado de ganar popularidad en las últimas décadas. Pero si unos se tatúan y otros no, ¿dónde está el presunto control de los cuerpos? La respuesta es que no está: si el hedonismo libertario puede ser catalogado como «dominación biopolítica», entonces cualquier cosa puede serlo.

Buena parte del problema está en la lectura que se hace del concepto de «control social», que tiene su origen en los padres fundadores de la sociología. Control social es vigilancia del cumplimiento de las normas, ya sean formales o informales; y es preciso para que haya orden social. De acuerdo con la lectura convencional de Foucault, que tiene ecos en la crítica habermasiana de la colonización del mundo de la vida, el control vertical del Estado —cuya eficacia en las sociedades tradicionales solo podía ser moderada— da paso en la modernidad a un control horizontal que encuentra su culminación en los mecanismos digitales de vigilancia. Ya se ha indicado que el más logrado es el *autocontrol* por medio del cual el sujeto interioriza las reglas sociales. En una sociedad liberal-pluralista, enfatizar la idea del control impide validar la hipótesis de partida: ¿quién está decidiendo libremente y quién no? Esta es la pregunta decisiva: ¿tenemos o no tenemos eso que Hannah Arendt llamaba «la libertad de ser libre»?[71] A la hora de responderla, hay que evitar confundir la inevitable constricción en que se toman *todas* las decisiones con la existencia de un control eficaz sobre ellas. O sea: que nuestras decisiones reciban un *influjo* exterior no equivale al *control* de nuestro interior.

Dicho de otro modo, la inevitable existencia de una «arquitectura decisoria» —por decirlo con Sunstein y Thaler—[72] no puede confundirse con el ejercicio de un control orientado a la represión o manipulación de los individuos. Ya que *no puede no haber* socialización, normas legales, costumbres informales ni contextos cognitivos; lo relevante es saber *cuáles son* en cada momento histórico y qué forma poseen. Si entendemos el control social como el intento por evitar la desviación y fomentar la conformidad con las normas vigentes, la sociedad liberal bien puede considerarse como la *menos capaz* de ejercerlo o, al menos, la que trata de hacerlo en un marco objetivamente más pluralista. Hablar de «control» es hacer una afirmación sustantiva que requiere de pruebas suplementarias; no basta con tener la *impresión* de que esa vigilancia se produce. Fuera de contextos tan específicos como el derecho, la actividad policial o la psiquiatría, el concepto de «control social» oscurece más que ilumina. Y de ahí que haya servido para fundar toda una factoría intelectual de malentendidos.

Por supuesto, en las sociedades liberales existen *patrones de normalidad* respecto de los que puede predicarse una desviación. Pero, dejando aparte la política criminal, ¿existe acaso *una* normalidad compartida? No lo parece. Hablamos de sociedades fragmentadas —ideológica, socioeconómica, religiosa, étnicamente— en las que conviven múltiples cosmovisiones, que tienen cada vez mayores dificultades para entenderse entre sí. Antiabortistas y abortistas no habitan el mismo mundo moral ni comparten una misma idea de la normalidad; lo mismo puede decirse de los defensores de las vacunas y de sus enemigos, así como de muchas otras parejas de antónimos e incluso de algunas triangulaciones. De esta forma, la desviación es cotidiana *a ojos de quienes no comparten el concepto de normalidad que viola un tercero*. Sin embargo, quien condena moralmente el extravío está *legalmente obligado a tolerarlo* y no lo contrario. Los fundamentos del liberalismo político incluyen la tolerancia forzosa de la desviación. Y lo hacen por distintas razones: por razón de libertad moral; por razón de convivencia; por razones epistémicas. Tal como anotase Nietzsche, la aparente desviación puede terminar por convertirse en un nuevo estándar moral y no deben ponerse trabas al proceso de prueba y error en que se empeña una comunidad humana.[73] Desactivada gradualmente la concepción fuerte de verdad, la norma social pierde una buena parte de su capacidad constrictiva; fuera del derecho, solo cabe el reproche. Pero como el reproche no es unánime, apenas es posible reprimir las desviaciones. Si vivimos en sociedades de la vigilancia, ¿cómo explicar el cambio social, y un cambio social de rasgos impredecibles?

A decir verdad, las ideas de control social y autocontrol individual no acaban de encajar con la ideología de la modernidad. Por el lado ilustrado, se pone énfasis en el ejercicio liberador de la razón; por el lado romántico, en el de las pasiones. En ambos casos, se combaten la superstición, la ignorancia y el control religioso —o absolutista— del individuo. De ahí proviene la categoría de la emancipación, que, como es evidente, jamás puede ser *total*: vivimos en tejidos relacionales de orden social y ningún individuo puede fundarse a sí mismo ni autogobernarse en completa libertad. Y como esto no tiene remedio, es preferible vivir en sociedades que van ampliando paulatinamente la esfera de libertad individual a hacerlo en aquellas que se mueven en la dirección opuesta.

A este respecto, el propio Foucault es más ambiguo de lo que parece. Su propia peripecia vital nos da algunas pistas: la libertad de que gozó en California se parece poco a la que disfrutaban en su época los iraníes bajo el mando de Jomeini, por más que el pensador francés apoyase públicamente la revolución islámica.[74] Y es que existe una evidente contradicción entre la idea de un «gobierno» de las poblaciones y la tesis de que ese gobierno es ejercido por una gran variedad de autoridades, de distintas maneras, en distintos momentos y lugares, por diferentes razones y con distintos objetivos. Ni el Estado es siempre quien manda, ni «la sociedad» se gobierna a sí misma. Lo que hay son múltiples autoridades de gobierno, en sentido laxo: padres, profesores, sacerdotes, burócratas, grupos de derechos humanos, bibliotecarios, activistas políticos, medios de comunicación. Foucault siempre fue crítico con el «centrismo institucional» que otorga prioridad a las instituciones en el estudio del mundo social.[75] ¡No hay panóptico! Si lo que nos encontramos es la acción simultánea de distintas técnicas de gobierno, que compiten entre sí por influir en el individuo, mal podemos hablar de una «sociedad disciplinaria» o «de control». Otra cosa es que sea provechoso, porque lo es, conocer la genealogía —el origen y la trayectoria— de esas distintas técnicas, para identificar los peligros que pueden latir en ellas. Al final de su obra, Foucault cree que el propio sujeto puede desarrollar sus propias técnicas de autogobierno, en la forma de unas «tecnologías del yo» que le permiten mejorarse a sí mismo y definir su vida de manera autónoma. Y escribe:

> Quizás he insistido demasiado en el tema de la tecnología de la dominación y el poder. Cada vez estoy más interesado en la interacción entre uno mismo y los demás, así como en las tecnologías de la dominación individual, la historia del modo en que un individuo actúa sobre sí mismo, es decir, en la tecnología del yo.[76]

Tal como ha señalado su colega Peter Sloterdijk, el último Foucault se libera por fin de los elementos paranoides de sus estudios sobre el poder y termina por asumir que lo establecido no puede socavarse, sino solo sortearse.[77] Por eso se vuelve hacia la persona, a quien reconoce la capacidad de cuidar de sí misma y vivir su vida, por decirlo con el título de la película de Jean-Luc Godard. No se trata de una completa autodeterminación, porque esta no es de este mundo. Pero tampoco es una sujeción hipnótica al discurso dominante o a la voluntad de un amo recóndito.

El análisis biopolítico de la pandemia no se entiende sin las contribuciones de Giorgio Agamben. Para el filósofo italiano, la biopolítica se basa en la división entre *bios* y *zoe*: entre la «vida natural» y la «vida nutritiva».[78] El poder soberano procede a establecer una distinción entre ambas, en la que desempeña un papel clave la llamada *nuda vita* o «vida desnuda», que es la mera existencia biológica. Agamben tira de Schmitt para sostener que el mundo contemporáneo se encuentra, desde la Primera Guerra Mundial, en un permanente estado de excepción; este, que vincula ley y violencia, es ahora una forma habitual de gobierno. Se ha procedido así a una normalización de la excepción, de tal manera que la vida desnuda es ahora la forma de vivir dominante, ¡tanto en los regímenes autoritarios como en los democráticos! Hay que suponer entonces que no hay diferencias sustanciales, todo lo más de forma o de grado, entre la

China de Mao o la Cuba de Fidel, de un lado, y la Suecia de Palme o la Gran Bretaña de ahora mismo, de otro. Para el pensador italiano, el modelo paradigmático de la política moderna no es la ciudad, sino el campo de concentración: todos somos prisioneros.

Como es evidente, también aquí nos encontramos con una propuesta teórica que no puede tomarse en serio si se la entiende de manera literal; solo es posible leerla como una alegoría. Pero si así se entiende, se ve privada de sus elementos retóricos y pierde mucha de su fuerza. ¿En qué se parecen exactamente las sociedades liberal-democráticas a un campo de concentración? ¿Y sobre qué base empírica puede afirmarse que vivimos en un estado de excepción en el que nuestra vida es reducida a la condición de mera vida biológica? Al igual que pasa con la necropolítica de Mbembe, la biopolítica según Agamben tiene sentido cuando se aplica a aquellas situaciones o fenómenos en los que *realmente* se decreta un estado de excepción de corte totalitario o autoritario, lo que incluye el desempeño de una autoridad política que decide arbitrariamente quién debe vivir y quién debe morir. Proyectar ese aparato teórico sobre las democracias liberales, por imperfectas que estas puedan ser, resulta desconcertante y, en última instancia, estéril. Admitamos que el término «biopolítica» tiene todo el sentido del mundo cuando se aplica a la brutal instrumentalización humana de los animales; ahí sí que tenemos un régimen análogo al concentracionario. Pero esa es otra historia.

¿Qué ocurre si aplicamos la idea del control biopolítico a la pandemia de la COVID-19? No puede tomarse en serio la idea de que el virus es un artificio creado por «el poder» para disciplinar a las poblaciones del mundo, salvo que se tenga un gran talento para el diseño de conspiraciones imaginarias y pueda llegar a creerse que los biólogos que han ratificado la cualidad natural del virus son marionetas de ese mismo poder.[79] Por su parte, las medidas de distanciamiento social y confinamiento forzoso pueden interpretarse como el recurso —más bien anticuado— de que han echado mano los gobiernos para frenar la epidemia; o bien denunciarse como el medio a través del cual se reduce la libertad de los individuos. En cuanto a las normas que el ciudadano interioriza para reducir el riesgo de contagio o las aplicaciones digitales que los mandatarios ponen en marcha para rastrear a los infectados, el dilema es el mismo: da la casualidad de que los mecanismos para el «disciplinamiento» social son los mismos que reducen la mortalidad o facilitan la respuesta del sistema hospitalario. Una visión paranoide del poder puede conducir al teórico a cualquier parte: si la vacunación obligatoria o el saneamiento urbano se conceptualizan como tentáculos opresivos de la biopolítica, nada impide que el confinamiento forzoso decretado contra la propagación del SARS-CoV-2 sea incluido en ese mismo paquete. Dicho de otro modo, no hay manera de evitar que quien viniera presentando el funcionamiento del poder democrático en términos de control social y excepcionalismo biopolítico antes de la pandemia continúe haciéndolo en lo sucesivo, reforzado si cabe por la sensación de que esta última confirma de lleno sus sospechas.

Ahora bien: no sabemos si los estados democráticos prolongarán de manera abusiva las medidas excepcionales que han servido para frenar el avance de la enfermedad. Pero, si llegaran a hacerlo, no estarían desplegando formas sutiles de control biopolítico, sino ejerciendo un control autoritario a la manera clásica: disciplinamiento, vigilancia y castigo a los ciudadanos amparándose en una situación de emergencia. ¡Toque de queda y multa al viandante! No estaríamos en ese caso ante el sofisticado Estado liberal descrito por Foucault, que procura gobernar lo menos posible, sino ante el «Estado de policía» también descrito por el pensador francés: aquel que «se hace cargo de la actividad de las personas hasta el más tenue de sus detalles».[80] Sería un autoritarismo que no se esconde y no sería necesario el concurso de ningún pensador especializado en controles sutiles; cualquier ciudadano de a pie podría desenmascarar a un ejecutivo que mantiene indefinidamente el estado de alarma una vez terminada la epidemia.

5
ABISMOS SUBLIMES

EN PRESENCIA DEL ACONTECIMIENTO

Durante aquellos días de marzo en los que el mundo se detenía, era difícil evitar la sensación de que asistíamos a un momento excepcional: a un verdadero acontecimiento llamado a modificar duraderamente el ánimo de los contemporáneos. En aquellas sociedades en las que se aplicaron medidas más estrictas de confinamiento de los ciudadanos, esa impresión fue todavía más fuerte. Las imágenes que documentaban la paralización mundial del tráfico aéreo en tiempo real bastaban para hacer sentir que la humanidad había caído en una hondonada; como si las tijeras del tiempo se hubiesen abierto inesperadamente ante nosotros. No hay que sorprenderse de que un espectáculo así produjese de inmediato los anuncios más grandilocuentes.

Sobre todo, nos hemos cansado de leer que las epidemias del pasado cambiaron profundamente las sociedades que las padecieron.[1] Se crea entonces la expectativa de que esta haga lo mismo con nuestro mundo: por un momento parecía que la pandemia del coronavirus podía dar la razón a Fredric Jameson y convertirse en la catástrofe ecológica que hace caer el capitalismo.[2] ¡Grandes esperanzas! Para David Quammen, el virus constituye un aviso: la especie humana ha proliferado de tal forma que constituye una anomalía en el planeta y las enfermedades infecciosas podrían ser uno de los medios a través de los cuales la madre naturaleza encuentra un nuevo equilibrio.[3] Así que donde unos ven una «aurora viral», en feliz expresión de Rafael Rojas, otros ven un ocaso civilizatorio que quizá estemos a tiempo de evitar.[4] En ambos casos, la crisis conduce al cambio; eso es lo que se espera de los acontecimientos dignos de tal nombre.

¿Es la pandemia de la COVID-19 un acontecimiento? Tras décadas de desprestigio, esta categoría ha sido rehabilitada en las ciencias sociales y las humanidades. Hay que tener en cuenta que la maduración metodológica de los estudios históricos se produce, en buena medida, con el rechazo al acontecimiento como unidad de análisis. El mismísimo Durkheim cargó contra la historia de los acontecimientos, tal como se practicaba en el siglo XIX, ya que una actitud propiamente «científica» no podía contentarse con el relato de los hechos irrepetibles; más bien se trataba de identificar hechos sociales regulares y corrientes históricas de fondo.[5] También la conocida *longue durée* de la Escuela de los Annales se opondría a la investigación basada en sucesos particulares. El tiempo corto de los acontecimientos llamativos sería engañoso por definición, pues altera la brújula del historiador y le hace perder de vista el extenso ciclo de las estructuras sociales y las mentalidades colectivas. Solo el *amateur* se ocupa del acontecimiento; los profesionales de la historia son científicos dedicados a las estructuras y los procesos. Tal vez aquí se encuentre la explicación de la prolongada desatención historiográfica hacia la gripe española, que no fue objeto del trabajo sistemático de los especialistas hasta finales del siglo pasado.[6]

Si esto ha cambiado en las últimas dos décadas, hay que atribuirlo a los acontecimientos mismos: de la caída del comunismo al 11-S y, ahora, la pandemia del coronavirus. La contingencia se ha rehabilitado sola, por la vía de los hechos, contra todos los determinismos. Pero esto también se debe, como ha argüido el historiador mexicano Humberto Beck, a la aparición de un diagnóstico novedoso acerca del tiempo histórico: la experiencia del presente pasa a ser —en detrimento del pasado y del futuro— dominante en nuestra época.[7] Serían representantes de esta corriente revisionista, entre otros, el historiador François Hartog y el crítico cultural Hans Ulrich Gumbrecht; entre nosotros, el filósofo Manuel Cruz ha planteado argumentos similares.[8] Dichos autores destacan el modo en que ha variado la relación de los seres humanos con el futuro, que habría dejado de existir —al menos en las sociedades occidentales— como un horizonte de posibilidad en el que depositar una esperanza de mejora. Ya no creemos en la historia como un despliegue racional hacia lo mejor: la pandemia es lo que nos faltaba. Gumbrecht sostiene que el «cronotopo historicista», de acuerdo con el cual el pasado carece de valor y el presente no es más que una transición fugaz hacia el futuro, estaría viéndose desplazado por una nueva construcción social del tiempo.[9] Ahora el futuro es más bien una confluencia de amenazas que se ciernen sobre el presente; el resultado es un presente lento, extendido, que no parece dirigirse hacia ninguna parte que no sea el desastre colectivo.

En este contexto se produce el retorno del acontecimiento, que es un suceso singular e inesperado que parte el tiempo en dos; como si quisiera vengarse de los historiadores que lo desdeñaron. Pero a él se han aplicado también filósofos como Alain Badiou o Slavoj Žižek, interesados en explorar sus posibilidades revolucionarias.[10] En particular, la reflexión de Žižek tiene el mérito de poner en relación acontecimiento y subjetividad, entendida esta última como el lugar que registra el impacto —político a fuer de estético— de aquel. El filósofo esloveno, que admite de entrada la indeterminación terminológica de una palabra que el periodismo usa hoy tanto para un tsunami como para el traspiés televisado de una *celebrity*, describe el acontecimiento como

> algo chocante, fuera de norma, que parece suceder repentinamente e interrumpe el flujo ordinario de las cosas; algo que da la impresión de no provenir de ninguna parte, y de hacerlo sin causas discernibles, una apariencia que no se funda en nada sólido.[11]

Es una noción vaga; parece difícil pensar en algo cuyas causas no puedan apreciarse mediante el análisis retrospectivo. Tampoco está claro a qué se refiere Žižek cuando dice que el acontecimiento es «un efecto que excede a sus causas». Si pensamos en la pandemia de la COVID-19, la causa original no tenía por qué conducir a tan formidables efectos, pues un episodio zoonótico rara vez provoca una pandemia global de tales dimensiones; tampoco puede decirse que esos efectos *no puedan seguirse* de esa causa. ¡Tan es así que, de hecho, se siguieron! Topamos con un problema causal: ¿es el acontecimiento un cambio en la realidad, o un cambio en el modo en que se nos ofrece esa realidad? Ambos: el acontecimiento es un cambio *en las cosas* y también un cambio *en los criterios* con arreglo a los cuales juzgamos las cosas a partir de ese momento. La irrupción de la novedad proporciona un nuevo marco de significación: algo inesperado hace acto de aparición y, a partir de entonces, no podemos ver la realidad del mismo modo.

Esto vale para la Revolución francesa, para el Holocausto, para el 11-S. ¿Valdrá para la pandemia? No lo sabemos. La gripe española, que segó al menos cincuenta millones de vidas, habría debido constituir un acontecimiento y no lo fue: su impacto se nos aparecía desdibujado por la Primera Guerra Mundial y sus terribles consecuencias. También podría ocurrir, dada la inevitable diferencia entre acontecimiento y percepción, que la pandemia tuviese en el imaginario colectivo un efecto mayor del que produce sobre la realidad social mensurable. Y Žižek advierte de que un acontecimiento también puede *perder* su significado, desactivándose a la manera de la Revolución francesa. Semejante «despotenciación» le hace renunciar a un Gran Despertar capaz de conducir a una gran alianza de desposeídos, apostando no obstante por un proceso dialéctico que enfrentará a quienes desean permanecer en el pasado contra quienes quieren avanzar hacia algo nuevo.[12] Aunque el pensador esloveno decía esto en 2014, su interpretación de la pandemia de la COVID-19 es coherente: más que provocar ella misma una revolución, puede servir para dar impulso a los partidarios del cambio.[13] Pero incluso eso está por verse: el acontecimiento podría perder fuerza con más rapidez de lo previsto.

Por su parte, el teórico político Michael J. Shapiro se ha apoyado en las tesis de Kant sobre lo sublime, donde convergen la política y la estética, para defender la pluralidad inevitable de las respuestas al acontecimiento.[14] A su vez, Kant partía de Burke, que fue el primero en hablar de este concepto: el encuentro del ser humano con un objeto o suceso tan abrumador que nuestra imaginación se ve paralizada y somos incapaces de dar un sentido a lo que acabamos de vivir.[15] El pensador inglés había señalado que

> todo lo que es de algún modo terrible, o se relaciona con objetos terribles, o actúa de manera análoga al terror, es una fuente de lo *sublime*; esto es, produce la emoción más fuerte que la mente es capaz de sentir.[16]

Así que la mente se ve perturbada y por eso Shapiro habla de una «insistencia de lo sublime»: reaparece siempre que tenemos dificultades para comprender la experiencia. La relación entre el acontecimiento y lo sublime es obvia: el primero nos sobrecoge y dificulta la formulación de sentido. ¡Kant habla del «sentimiento» de lo sublime! Pero la importancia de la contribución kantiana está en el establecimiento del papel del sujeto como constitutivo de la experiencia: las cosas tienen el sentido que les damos, no uno exterior a nosotros. Su ensayo, de hecho, se abre con la siguiente declaración:

> Las diferentes sensaciones de placer o displacer no obedecen tanto a la condición de las cosas externas que las suscitan sino a la sensibilidad propia de cada ser humano para ser agradable o desagradablemente impresionado por ellas.[17]

Es evidente que este presupuesto epistemológico no está exento de problemas; pareciera que no hay una realidad exterior común a todos. Dejando eso a un lado, y de acuerdo con la taxonomía de lo sublime que Kant esboza, la pandemia de la COVID-19 pertenecería a la categoría de «lo sublime terrorífico», que se acompaña de horror o melancolía; sin descartar que alguien encuentre belleza en lo sucedido y entonces piense más bien en «lo sublime magnífico».[18]

Kant confiaba en que lo sublime terminase por generar un *sensus communis* o «interpretación compartida», una explicación que proporcionase un sentido racional a la experiencia. Bajo esta premisa, la pandemia debería poder recibir un significado común a todos los que la han experimentado. Shapiro, con razón, discrepa: el suceso catastrófico o sublime activa distintas comunidades de sentido en el cuerpo político, vale decir, diferentes interpretaciones que salen a la luz después de que el acontecimiento haya tenido lugar.[19]

Vamos con prisa: la disputa por el sentido de la pandemia comenzó a la primera hora. Pero se da por sentado de este modo que el acontecimiento existe y puede ser identificado; lo decisivo será la medida en que *afecte* a la subjetividad de los contemporáneos, poniendo en circulación nuevos significados capaces de modificar nuestra relación con el mundo. Podemos razonar inductivamente: si no modifica nuestra relación con el mundo, el acontecimiento no lo es.

El acontecimiento, en fin, no es mudo. Para el historiador Hayden White, solamente será «histórico» cuando los científicos sociales hayan hecho inteligibles sus causas: si bien *ha tenido lugar*, el hecho ha de ser *establecido* por la comunidad científica.[20] Es una manera de cerrar el círculo que se abre con el retorno del acontecimiento: sin necesidad de dedicarse a una vulgar historia *de* los acontecimientos, el historiador puede hacer historia *con* ellos. Pero el suceso posee fuerza histórica con independencia de la manera en que el gremio de los historiadores lidie con él. Y es que el acontecimiento modifica nuestra percepción de la realidad, mientras nos recuerda que el entorno puede cambiar de manera dramática: un mundo que permanece así abierto a la contingencia. Frente a las cadenas de la necesidad, el acontecimiento reafirma la posibilidad de que el tiempo traiga consigo novedades que escapan a cualquier control. Posee así la cualidad de lo sublime: nos sobrecoge y nos enmudece.

La pandemia de la COVID-19 parece cumplir con los requisitos necesarios para ser considerada un acontecimiento sublime. Es un sublime paradójico; se manifiesta por sus efectos. Nadie puede ver el virus y solo los más infortunados han podido experimentarlo en carne propia. Sin embargo, el confinamiento decretado en varios países del mundo produjo imágenes insólitas de ciudades vacías, cielos despejados y animales salvajes que abandonaban sus escondites ante la retirada del ser humano: una belleza terrible. Si a ello se suma la falta de conocimiento acerca de la letalidad de un virus que cercenaba a diario la vida de miles de individuos, al tiempo que amenazaba con provocar la ruina económica mundial, la angustia de las mayorías estaba más que justificada.

¿Y cuál es el sentido de este acontecimiento sublime? Sobre eso, seguimos discutiendo. Aquí se defiende que esta crisis debe entenderse sobre todo en conexión con los déficits de modernidad producidos por el largo proceso de globalización, sin olvidarnos de las consecuencias de la transformación antropogénica del planeta; otros sostienen tesis diferentes. Y si, para muchos, la pandemia traerá necesariamente cambios a gran escala, el virus podría apenas limitarse a acelerar tendencias preexistentes. ¡Hasta podría decepcionarnos! Produzca o no efectos políticos el encuentro de la humanidad con el abismo sublime, los imaginarios que han emergido durante ese trance merecen nuestra atención: podemos debatir acerca del cambio deseable con independencia de su verosimilitud.

HORIZONTES DE SENTIDO: EL MUNDO DESPUÉS

La abundancia de intervenciones públicas dedicadas a especular acerca del tipo de mundo que sobrevendrá tras la pandemia no se explica únicamente por la inclinación de los medios de comunicación a preguntar sobre el futuro. Puede que la pandemia llegue a ser el «acelerador» de transformaciones sociales que muchos esperan que sea; de lo que no cabe duda es de que ha precipitado la circulación de argumentos y relatos acerca del porvenir. Este acontecimiento sublime ha servido como oportunidad para la defensa de distintas concepciones de la buena sociedad; tengan o no relación con la pandemia o con la salud pública que esta última ha venido a amenazar. Y es que parece *reabrirse* el futuro, generando un vacío de sentido que enseguida es cubierto por expectativas ficcionales que compiten entre sí por la adhesión del público.

Podemos echar mano de la tesis expuesta por el poeta Derek Walcott en su ensayo sobre la imaginación poscolonial; una meditación sobre las posibilidades que ofrece la historia a aquellos que viven bajo la sombra de un pasado caracterizado por la dominación metropolitana. Sostiene Walcott sencillamente que el ser humano tiene la capacidad de reconfigurar el sentido de lo que ha sucedido y, con ello, dirigirse hacia un horizonte nuevo. Pero no se trata de rechazar el mundo tal como es, sino de experimentarlo *como si fuese nuevo*. La novedad solo puede ser relativa, irónica, referida a una herencia que no puede eliminarse. El poeta antillano descarta así cualquier inocencia adánica, para hablar de «un segundo Adán» que habita «un segundo Edén».[21] Y algo parecido puede decirse de ese mundo que ha sufrido el embate de la pandemia: los seres humanos habitamos un planeta gastado, sometido a una considerable influencia antropogénica, sobre el que difícilmente podemos posar ya una mirada cándida. La pandemia ha causado una *pausa* que dispara las fantasías de cambio: por un momento, el mundo parecía nuevo. No lo es, claro, pero parecen abrirse posibilidades novedosas cuando se lo contempla de otra manera.

Si se piensa bien, el principio de que el mundo está abierto al cambio es típicamente moderno y solo el desánimo colectivo —más occidental que otra cosa— causado por el fracaso de las grandes utopías nos lo había hecho olvidar. Tal como ha señalado Andrew Poe, el concepto político de «modernidad» no es otra cosa que la afirmación normativa de que hay algo innovador acerca de nuestra época que la distingue radicalmente de las demás.[22] La modernidad es un periodo de transformación durante el cual se fundan las instituciones «modernas» y quienes no las disfrutan aún son vistos como habitantes de una temporalidad retrasada: el tiempo anterior es un *prólogo* que algunos tardan más en leer. Esta concepción teleológica del tiempo moderno es enunciada con una entrañable fe decimonónica por Lodovico Settembrini, el defensor del humanismo que comparte sanatorio con Hans Castorp en *La montaña mágica*: «Porque la fuerza de la humanidad arrastraba sin cesar a nuevos países por el camino de la luz, conquistaba continuamente nuevos territorios dentro de la misma Europa y ya comenzaba a penetrar en Asia».[23] Tras este credo no hay necesariamente esnobismo colonial; a la modernidad no le caben dudas de su propia superioridad.

De ahí también que una de sus novedades principales sea la autoconciencia de sus sujetos: antes que un proceso de transformación material, la modernidad es un horizonte de sentido que se comparte por las buenas o por las malas. Estamos ante un tiempo en el que la humanidad asume la responsabilidad de dar forma a sus propias circunstancias, sin aceptar que autoridad alguna externa —tradicional o religiosa— le marque el paso. Por una parte, como es sabido, esto conduce al «desencantamiento del mundo» diagnosticado por Max Weber, quien describió la creciente racionalización del siguiente modo:

> se sabe o se cree que en cualquier momento en que se *quiera* se *puede* llegar a saber que, por tanto, no existen en torno a nuestra vida poderes ocultos e imprevisibles, sino que, por el contrario, todo puede ser *dominado mediante el cálculo y la previsión*. Esto quiere decir simplemente que se ha excluido lo mágico del mundo.[24]

No es un proceso pacífico; para el sociólogo alemán, un mundo sin mitos produciría un creciente nihilismo. Pero quizá los mitos solo han cambiado de apariencia o de nombre: la cultura de masas no carece de elementos míticos o religiosos. En cualquier caso, la secularización racional convierte al hombre en responsable de sí mismo: está solo en el planeta y frente al cosmos. Puede decirse así que la modernidad equivale a la *conciencia* de ser moderno, que es una condición temporal única que pone en su centro una historicidad específicamente humana.[25] Por eso, cabe añadir, el tiempo geológico del Antropoceno resulta tan problemático para la cosmovisión moderna.

El sujeto moderno experimenta el mundo a partir de la interpretación que hace de él. No debería por eso extrañarnos que la pandemia de la COVID-19 haya sido «historizada» de inmediato; lo que quiere decir interpretada, contextualizada y finalmente convertida en razón suficiente para la promoción de un cambio «histórico». El SARS-CoV-2 ha sido así identificado como agente transformador de un orden social que permanece indeterminado, ya que si somos nosotros quienes le damos forma no podemos nunca estar seguros de haber acertado: la noción del *mundo correcto* es ajena a la modernidad. Dicho de otra manera, no podemos saber cuál es el mejor de los mundos posibles si estos son muchos y somos nosotros quienes los construimos. En un afamado pasaje, el filósofo norteamericano Marshall Berman acertó a describir las «paradojas y contradicciones» que caracterizan la condición moderna, que consiste en

> estar abierto a nuevas posibilidades de experiencia y de aventura, así como en sentirse sobrecogido ante las profundidades nihilistas adonde conducen muchas de las aventuras modernas, en anhelar la creación de algo sólido mientras todo se

disuelve. Podríamos incluso decir que ser completamente moderno es ser antimoderno [...] ha sido imposible adherirse a las potencialidades del mundo moderno sin abjurar de, y luchar contra, algunas de sus realidades.[26]

La temporalidad política de la modernidad ha conocido una inversión singular en las últimas décadas. Desde sus comienzos, dicha modernidad conllevó la secularización del tiempo apocalíptico: el futuro se convertía en eje de una historia humana que tiende racionalmente hacia lo mejor. Tras el fracaso, durante el siglo XX, de las utopías del XIX, cunde la sensación de que la única alternativa al reformismo está en un retorno del tiempo mesiánico: una suspensión de la historia convencional que hace posible lo impensable y pensable lo imposible. Se trata de la conocida distinción entre *cronos* y *kairós*: uno designa un tiempo ordinario lleno de inercias, el otro un tiempo excepcional de acción transformadora. Pensadores como Walter Benjamin y Giorgio Agamben han utilizado la idea del tiempo mesiánico para describir un cambio revolucionario que *interrumpe* la normalidad histórica.[27] Otros, como William Connolly, distinguen entre la temporalidad del ser y la temporalidad del devenir.[28] Pero la idea es la misma: la historia ya solo se abre a lo nuevo mediante una sacudida rayana en lo trascendente.

Apenas es necesario añadir que este marco interpretativo es justamente el que ha permitido categorizar la pandemia de la COVID-19 como heraldo de una nueva época de la humanidad: primero porque parecía que podía serlo y después porque se quería que lo fuese. Y es que la conciencia histórica moderna no puede *desperdiciar* un acontecimiento de esta magnitud. Aunque acabe teniendo menor trascendencia de la esperada inicialmente: la producción de significados se pone en marcha antes de que podamos saber si estamos o no ante un *kairós*. Por eso mismo, la pandemia puede resultar un chasco. Pero dado que no podemos conocer de antemano el curso de la historia, aunque la hagamos nosotros o precisamente porque la hacemos, no hay manera de saber si un acontecimiento como este conducirá, por caminos insospechados, a lugares insólitos. Quienes militan en favor del cambio estructural, en todo caso, no se resisten a probar suerte. Por decirlo mediante una fórmula: si la apertura *estructural* de la modernidad estimula el debate sobre el futuro, ese debate se hace más intenso cuando una crisis *coyuntural* refuerza la idea de que las cosas pueden transformarse. Es lo que ha sucedido con la propagación mundial del coronavirus.

Para comprender la rápida autoconstitución de un mercado de ideas sobre el mundo después de la pandemia, que toma como premisa la propuesta de que esta última es una gran cesura histórica que modificará el curso de la humanidad, hay que tener en cuenta la relación entre las narraciones y el futuro. Nos será de ayuda el trabajo del sociólogo alemán Jens Beckert, quien ha subrayado la orientación hacia el porvenir de los actores económicos en el orden temporal del capitalismo: el futuro se percibe como incierto y contiene tanto oportunidades como riesgos.[29] Esta visión prospectiva no es exclusiva de esta doctrina, pero el dinamismo de la modernidad no puede explicarse sin el motor de innovación y cambio que es el capitalismo, entre otras cosas. Pero Beckert destaca cómo la incertidumbre inherente al futuro impide que las expectativas de los actores sociales y económicos se construyan como variaciones probabilísticas: no podemos saber lo que vendrá. Por eso recurrimos a «marcos interpretativos que estructuran las situaciones presentes por medio de imaginarios estados futuros del mundo y relaciones causales».[30] Puede hablarse de «expectativas ficcionales», o sea, de imágenes que los actores se forman cuando imaginan el estado futuro del mundo; visiones que influyen sobre las actividades económicas del presente.

Dicho de otro modo, quien tiene una expectativa ficcional *actúa como si* el escenario imaginado fuera el «futuro presente». En contraste con las expectativas racionales basadas en el cálculo, la expectativa ficcional es un relato; y, cuando uno se representa a sí mismo el estadio final de la narración, es casi un *tableau vivant* donde nos vemos disfrutando de algún bien o padeciendo algún mal. Pero el paralelismo, ya sea literario o pictórico, no es suficiente: el compromiso con una expectativa ficcional, sugiere asimismo Beckert, es el compromiso con un sistema de creencias.[31] Por eso no hay una infinidad de expectativas ficcionales, sino un número limitado de ellas: el sistema de creencias *preexiste* a la expectativa y le da forma. De ahí que la crisis del coronavirus haya producido relatos sobre el mundo venidero que están vinculados en origen a posiciones ideológicas prefijadas; los imaginarios que surgen de manera espontánea como respuesta a lo experimentado de forma específica durante la pandemia son más raros. Huelga añadir que esta pluralidad de expectativas ficcionales está desigualmente organizada: las hay mayoritarias, igual que minoritarias. Tanto el capitalismo (a través de la publicidad) como la democracia (por medio de la conversación pública, la movilización colectiva y la competición electoral) son en buena parte un conflicto persuasivo entre tales expectativas.

Y no todas las expectativas ficcionales están asociadas a escenarios positivos. En las semanas terribles en que el virus parecía fuera de control, muchos ciudadanos contemplaban con aprensión un futuro que se figuraban condicionado por las medidas de distanciamiento social. Distinto es el caso de los que han imaginado un futuro sostenible, comunista o localista; el deseo da forma a la expectativa y promueve su difusión entre los escépticos. Algunas expectativas ficcionales se basan en análisis detallados, pues aspiran a poseer un cierto fundamento objetivo; otras no se sienten obligadas por el deber de la verosimilitud. Esto no es siempre un obstáculo: las narrativas distópicas se han probado eficaces a la hora de producir un impacto afectivo en las actitudes políticas de sus receptores, lo que vendría a confirmar la hipótesis de que los aspectos actitudinales o experienciales de la lectura no dependen de la veracidad o falsedad de la historia que se cuenta.[32] Y ello con independencia de que esa historia —que, en este caso, trata del mundo después del virus— convenza al número suficiente de individuos, logre traducirse en acciones políticas eficaces o engendre formas innovadoras de vida personal o grupal.

Otro asunto distinto es que la aparición de expectativas ficcionales sobre el mundo después de la pandemia pueda evaluarse solo en términos racionales. Los relatos sobre el futuro tienen un fuerte componente emocional; como todos los relatos. Y es curioso que el economista Robert Shiller haya propuesto los modelos predictivos de la epidemiología como herramienta metodológica para el estudio de las historias que circulan socialmente y dan forma a las preferencias de los individuos.[33] Las populares, para Shiller, se propagan por contagio y pueden rastrearse como si fueran un virus: en los diarios personales, en los sermones, en las anotaciones de los psiquiatras. Pensemos, en el caso de la COVID-19, en la influencia que debió de tener inicialmente el relato que quitaba gravedad al virus al equipararlo con la gripe. Al fin y al cabo, esos relatos pueden funcionar como «guiones» que nos indican de qué manera hemos de actuar cuando no sabemos bien lo que hacer; se desempeñan, en la práctica, como orientaciones de conducta. En este caso, la fuerza emocional de los relatos sobre la enfermedad es forzosamente mayor durante la pandemia; tiende de manera inevitable a debilitarse una vez que la amenaza ha sido conjurada. Y lo mismo vale para las expectativas ficcionales acerca del futuro y las apelaciones al cambio social total: cuanto menor sea la duración y el impacto de la epidemia, mayor será la resistencia al cambio y más difícil resultará aunar voluntades en torno a una única propuesta transformadora. Eso no resta valor al debate normativo acerca de lo deseable, ni elimina el valor sintomático que puedan tener las propuestas que se ponen encima de la mesa. Pero es indudable que el cambio social deliberado será tanto más probable cuando mayor sea el impacto emocional de la pandemia. Y al revés.

RETROFANTASÍAS INMUNOLÓGICAS

Si las epidemias son un problema recurrente, ¿por qué no acabar con las epidemias? Y si fue el sedentarismo el que nos trajo las epidemias, ¿por qué no volver al nomadismo? Así reza la propuesta más extrema de cambio social que quepa imaginarse, consistente nada menos que en abandonar la civilización tal como la conocemos con objeto de volver al pasado. Pero no a un pasado cualquiera, sino al pasado profundo de la especie antes de que esta comenzara su largo camino hacia la alienación moderna. Hasta donde yo sé, este argumento no se ha formulado aún de manera explícita en relación con la pandemia de la COVID-19, pero no tardará en hacerlo —siquiera sea marginalmente— dada la fruición con que se lo ha invocado en los últimos años. Aunque quizá cueste creerlo, la denigración de la modernidad ha encontrado en la revolución neolítica —sucedida hace aproximadamente doce mil años— uno de sus más inesperados estiletes. Queda así demostrado que la imaginación humana puede viajar a cualquier parte en busca de consuelo.

Que el ser humano no sufría epidemias propiamente dichas en el Paleolítico parece indiscutible; no se daban las condiciones sociales necesarias para ello. Si las enfermedades infecciosas se propagan a causa de la cercanía entre las personas, eso no pasará allí donde los individuos no vivan juntos o lo hagan en grupos pequeños. En poblaciones de doscientos o trescientos habitantes, la cadena de transmisión no tiene la solidez suficiente; la infección termina por desaparecer. Desde el punto de vista de la evolución natural, resultaban favorecidos los patógenos de carácter parasitario y aquellos que pueden subsistir durante un largo periodo de tiempo fuera de su huésped.[34] ¡Imposibilidad de la epidemia! El fin del sedentarismo acaba con este lujo prehistórico: las poblaciones —miles o decenas de miles— que empiezan a formarse después de la revolución agrícola proporcionan un nuevo hábitat a los virus infecciosos.[35] Esta parte de la historia se escribe con renglones torcidos: el aumento poblacional solo se hizo posible después de que los humanos primitivos se desplazasen de las zonas tropicales a las zonas templadas y a las frías, donde encontraron entornos más susceptibles a la transformación antropogénica y con una menor presencia de los parásitos que dificultaban la expansión demográfica de la especie.[36]

La crítica contemporánea ha señalado las desventajas asociadas al sedentarismo. Jared Diamond ha reconocido que los ciudadanos de las sociedades industrializadas modernas disfrutan de mejor cobertura médica, vidas más largas y un menor riesgo de morir por homicidio que los cazadores-recolectores, pero ha puntualizado también que disfrutan de un menor apoyo comunitario. ¡Solos en la bolera! Su conclusión es llamativa: «las así llamadas bendiciones de la civilización son ambiguas».³⁷ El historiador israelí Yuval Harari, que ha popularizado la idea de que la historia lineal del progreso humano constituye una falsificación retrospectiva, también se ha referido a la menor exposición de los humanos nómadas a las enfermedades infecciosas. Y aunque recomienda evitar la idealización de la existencia primitiva, incurre en ella al afirmar que nuestros ancestros «vivían mejores vidas que la mayoría de la gente en las sociedades agrícolas e industriales».³⁸ También los geógrafos Simon Lewis y Mark Maslin han sostenido en su historia del Antropoceno que los primeros humanos sedentarios trabajaban más, sufrían más enfermedades, vivían en sociedades menos igualitarias y empleaban menos horas en ganarse el sustento.³⁹ Desde entonces, algo hemos mejorado; pero no tanto.

Este argumento ha sido redondeado por el teórico político James C. Scott, quien establece una relación directa entre la revolución agrícola que hizo posible la explotación de los cereales y el nacimiento de la dominación estatal.⁴⁰ Fueron los cereales los que permitieron el crecimiento de la población, el nacimiento de las ciudades, el surgimiento de los estados y la emergencia de sociedades complejas; nada de lo cual, sugiere Scott, debería alegrarnos. Antaño no solo existían comunidades de cazadores-recolectores que disfrutaban de una vida abundante; el sedentarismo trajo consigo el trabajo forzado, la imposición de tributos y la necesidad de la guerra como medio para la obtención de esclavos. La evidencia etnográfica vendría a proporcionarla el antropólogo James Suzman, cuyo estudio sobre los bosquimanos del Kalahari sugiere que es posible disfrutar de una «riqueza sin abundancia» digna de ser emulada; cazar y cosechar, sostiene Suzman, es una buena forma de vida.⁴¹ De acuerdo con un muy citado estudio sobre la tribu de los !Kung, los miembros de la comunidad solo necesitaban emplear 17 horas a la semana para encontrar alimento, mientras que dedicaban 19 a otras actividades domésticas; por contraste, un norteamericano consagra hoy 40 horas al trabajo y 36 a la casa.[42] La cosa está clara: nuestros antepasados vivían vidas más tranquilas e igualitarias. Y también más sanas: sin epidemias infecciosas.

Bajo estos parámetros, la modernidad va cobrando la forma de un inmenso autoengaño. Tal como ha concluido el escritor británico John Lanchester, nos equivocamos al pensar que la vida civilizada es superior a la primitiva, pues esta no era tan primitiva o solo nos lo parece por influjo de nuestra cosmovisión.[43] Pero tampoco es necesario entender *literalmente* el argumento paleolítico como una llamada al desmantelamiento de la sociedad contemporánea. Si nos hemos venido representando el pasado de la especie de manera inadecuada, concluyen David Graeber y David Wengrow, podemos concluir que las estructuras jerárquicas de gobierno *no son* la consecuencia inevitable de la organización social a gran escala.[44] ¿Por qué seguir pensando entonces que la democracia participativa o la igualdad social son incompatibles con la sociedad moderna de masas? Del pasado profundo emergen, así, imprevistas posibilidades políticas.

Nada de esto puede sorprender a quien conozca la genealogía del pensamiento ecologista. Sus corrientes más románticas han localizado en la vida civilizada el germen de la posterior crisis ecológica: un hilo nefando vinculaba a Platón con Orígenes y a la escolástica con Descartes, hasta desembocar en el racionalismo kantiano y el prometeísmo marxista.[45] Aunque los detalles puedan variar, lo decisivo es la afirmación de que la civilización ha alienado al ser humano de su medio natural, haciéndonos infelices a todos: a nosotros y a los miembros del mundo no humano. Entre los autores que han expresado con más firmeza su rechazo a la civilización —otros se fijan más en la modernidad o el capitalismo—, se cuentan el antropólogo Marshall Sahlins, quien vio ya a finales de los sesenta en los cazadores-recolectores a los habitantes de «la verdadera sociedad de la abundancia»; el biorregionalista Kirkpatrick Sale, quien sostiene que la aparición de nuestra especie conduce a largo plazo hacia el ecocidio; o el anarcoprimitivista John Zerzan, que encuentra en el Paleolítico la dulzura de vivir.[46] Después del Edén, que es como Sale titula uno de sus libros, las cosas han empeorado para todos: el individuo, la especie, el planeta.

Este argumento puede renovarse estableciendo un vínculo entre el cambio climático y la proliferación de enfermedades nuevas. El periodista David Wallace-Wells, que apoya las tesis antisedentaristas en su trabajo sobre las consecuencias del cambio climático, ha afirmado que el aumento de la temperatura del planeta nos obligará a enfrentarnos «con todo un nuevo universo de enfermedades de las que los humanos nunca han tenido siquiera que preocuparse».[47] Desde este punto de vista, la pandemia de la COVID-19 será la primera de las «plagas del calentamiento»; apenas un anuncio de los males que terminará por acarrear —miles de años después— la funesta ideología del neolítico.

Entonces, ¿nos han engañado? Se trata de una conclusión precipitada. Es posible, para empezar, que la transición a las sociedades agrícolas fuera menos una mala decisión —como sugiere Scott— que un simple producto de la necesidad: el aumento de la población y un clima más seco habrían mermado la fauna disponible, convirtiendo el cultivo en una opción no rechazable.[48] Tampoco está claro que el *homo* del Paleolítico fuese tan pacífico. Los restos arqueológicos sugieren que dos tercios de la población cazadora-recolectora, formada por tribus, se encontraba en un estado de guerra o guerrilla permanente; en torno al 25 o 30 por ciento de los varones adultos morían asesinados. El antropólogo Lawrence Keeley ha calculado una tasa de mortalidad del 0,5 por ciento anual, equivalente a la muerte de unos dos mil millones de personas en el siglo XX. Y aunque se pensaba que estos niveles de violencia eran una patología moderna, puede que sean lo contrario: un estado «natural» que la modernidad ha reprimido más o menos exitosamente. De acuerdo con el primatólogo Richard Wrangham, chimpancés y humanos son las únicas especies cuyos miembros cooperan para agredir a otros; el arqueólogo Steven LeBlanc cree que los datos hablan por sí solos si uno está dispuesto a despojarse de la venda rousseauniana.[49] En buena medida, esa agresividad servía para despejar el espacio vital de las tribus; los granjeros, en cambio, son capaces de vivir en el mismo territorio con una densidad poblacional cien veces mayor. La violencia contribuye a explicar la buena forma física exhibida por nuestros antepasados: los débiles no podían sobrevivir. Es verdad que la vida sedentaria trajo consigo una mayor infecciosidad y la posibilidad de las epidemias, pero la especie no vio mermada por ello su población a largo plazo.

Por su parte, el equilibrio ecológico estaba lejos de encontrarse asegurado. Hay pruebas de que el ser humano provocó la extinción de la megafauna en Norteamérica hace once mil años y en Australia hace cuarenta mil: mamuts y canguros gigantes nada podían hacer contra las emboscadas de los grupos de cazadores.[50] Puede que, como se ha afirmado recientemente, las alteraciones en el clima y el entorno contribuyeran a la desaparición de esos animales.[51] Tiene su sentido: una población todavía reducida y dotada de una tecnología rudimentaria solo podía producir un impacto limitado. Pero la acción humana tuvo, directa o indirectamente, mucho que ver. Y es que una cosa es sostener que nuestros ancestros remotos se conducían de forma pacífica y otra reconocer en el ser humano una tendencia universal a la adaptación agresiva, cuyos resultados dependen de factores como la población o la tecnología. La primera tesis conduce a la nostalgia; la segunda, al realismo.

En cuanto a la extendida idea de que los cazadores-recolectores nadaban en la abundancia, esta es fruto de un largo malentendido. De acuerdo con William Buckner, esta creencia debe mucho al trabajo presentado por el antropólogo Richard Lee en 1966, al que ya hemos aludido.[52] Tras estudiar con detalle a la tribu de los !Kung, radicada en el desierto del Kalahari, Lee refutaba la premisa de que su vida fuese precaria o desagradable. Este trabajo ha sido citado una y otra vez durante las décadas posteriores, pero el propio Lee hubo de admitir —tras las críticas recibidas— que su cómputo del tiempo empleado por los aborígenes para procurarse el sustento no incluía las horas necesarias para el procesamiento de los alimentos, la elaboración de herramientas o el trabajo doméstico; si lo hubiera hecho, el resultado habría sido de unas 40-44 horas semanales en lugar de 17. También se ha discutido la proposición según la cual los !Kung se encontraban bien alimentados y no padecían estrés nutricional: el de 1964, que fue cuando Lee estuvo allí, resultó ser un año inusualmente fructífero. Parece que, por lo general, los miembros de la tribu se quejan a menudo del hambre que sufren; como otros estudios han constatado, carecen de recursos para superar los periodos de sequía.[53] Hablar de «una vida de abundancia», en suma, es una exageración. El propio Lee admitiría en trabajos posteriores que la mortalidad infantil es elevada entre esos aborígenes; Howell calcula que alrededor del 20 por ciento de los niños mueren antes de cumplir un año. Esta tasa es más alta en otras poblaciones tribales; alcanza el 34 por ciento entre los casigurán de las

Filipinas, por ejemplo. Finalmente, no deberíamos perder de vista la peligrosidad de las actividades paleolíticas, ni las tasas de mortandad adulta de las comunidades primitivas: la oficina puede ser tediosa, pero al menos es segura. Y, aunque podamos contraer la gripe, nuestros niños no suelen morirse.

Tampoco las tesis de Scott sobre la responsabilidad histórica de los cereales, de acuerdo con la historiadora alimentaria Rachel Laudan, son del todo plausibles. Para Laudan, el consenso anticerealista forjado en los últimos años se basa en un infundado rechazo a las nociones de progreso y civilización.[54] A su juicio, los presuntos «descubrimientos» en que se fundamenta Scott no son tales, ya que conocemos desde hace tiempo los costes que trajo consigo la transición a la agricultura intensiva. Pero es que esos costes se han visto compensados gradualmente, al ser capaces las sociedades agrícolas de «reducir la carga de trabajo y la desigualdad mientras simultáneamente incrementaban el acceso a una buena alimentación y a la participación política». Se trata de un progreso paulatino, imperfecto; pero progreso al fin. Laudan rechaza asimismo la explicación que da Scott para la extensión del cultivo del cereal: no es que el grano fuera «almacenable y tributable», sino que permite usos muy variados y con ello la elaboración de un gran número de platos sabrosos y nutritivos. Cuestión distinta es que, *además*, el grano sea almacenable y tributable; un efecto colateral que no debe confundirse con una causa. Y menos aún con una causa mayor de la que se deducen efectos colosales. Seguramente, es más plausible atribuir al almacenaje del grano una *cierta* influencia en la creación de la autoridad política estatal o cuasi-estatal, pero en modo alguno *toda* la influencia.[55]

¿Y qué hay del igualitarismo paleolítico? Es indudable que los cazadores-recolectores compartían muchos de sus bienes, pero también lo es que los mejores poseían un mayor estatus y podían quedarse con mayor cantidad de comida que los demás, gozando por ello de un mayor éxito reproductivo.[56] Para colmo, el procesamiento alimentario imponía una mayor carga de trabajo sobre aquellos que se dedicaban a las tareas más ingratas o exigentes. Y, como señala Laudan, se trata de un aspecto de la organización social que no ha hecho sino mejorar: si la proporción de la población necesaria para moler los granos más duros ya bajó al 20 por ciento con el uso del mástil de piedra, al 0,05 por ciento con el molino de mano y al 0,001 por ciento con los molinos de agua, los hallazgos industriales aumentaron la productividad de manera exponencial y redujeron aún más esa proporción. Es un hecho que ciudades habitadas por millones de personas pueden ser aprovisionadas con el trabajo de un número reducido de granjeros dotados de maquinaria. Sin el uso intensivo del grano, apenas podríamos escribir libros dedicados a criticarlo.

Tal vez no representemos el pasado profundo con la sofisticación necesaria. Pero, ¿es la idealización del cazador-recolector la mejor manera de hablar del pasado? Minusvalorar la contribución de la medicina moderna, la división del trabajo o las instituciones democráticas es incurrir en una ensoñación pastoral. Resulta sintomático que la transición del Paleolítico al Neolítico se ilustre a menudo con imágenes bíblicas que hablan de la Caída o el fin del Edén. ¿No era la Biblia ya un ejercicio de racionalización que describe menos lo que habría que hacer que lo que ya se estaba haciendo o no quedaba más remedio que padecer? Parir con dolor, dominar el mundo animal, castigar al adúltero. Recuperar el mito del Buen Salvaje es incurrir en una nueva «jerga de la autenticidad» que no nos lleva demasiado lejos.[57]

Naturalmente, hay un punto de verdad en lo que dicen los amigos del Paleolítico: si nos situamos en el punto de vista del cazador-recolector, todo está bien. ¡No había otra cosa! En última instancia, las épocas históricas serían inconmensurables entre sí, pues dan lugar a sus propios horizontes de sentido. Pero si se hace un ejercicio de abstracción basado en datos y no en mitos, parece difícil sostener que la vida paleolítica fuera preferible a la contemporánea; ni desde el punto de vista individual ni desde el colectivo. Aunque siempre hay excéntricos, claro; una de las ventajas de las sociedades liberales es que no impiden a nadie echarse al monte y reproducir la vida del cazador-recolector. Distinto es que, como contemporáneos de nuestra propia existencia, estemos descontentos con ella: una cualidad que por sí sola explica la incapacidad del ser humano y de sus sociedades para permanecer, a largo plazo, en una posición estática. Por eso, como ha escrito el antropólogo David Kaplan, la idealización del cazador-recolector dice algo sobre nuestra sociedad antes que constituir un análisis riguroso de la vida paleolítica.[58] Ahí residen, por igual, su interés y sus limitaciones.

En último término, como han defendido los hermanos Castro Nogueira, no hay comunidades ideales, sino que la sociabilidad originaria del ser humano, auténtico ruido de fondo que se mantiene inalterable a lo largo de la historia de las formas sociales, condiciona el modo en que nos relacionamos entre nosotros.[59] Y dado que nuestra arquitectura cognitiva, emocional y relacional está configurada para escenarios sociales de pequeñas dimensiones, es difícil rechazar la posibilidad de que el bosquimano se sienta tan feliz como el neoyorquino; sus existencias son incomparables. Dicho esto, hay indicadores objetivos que hablan en favor de la comodidad de la vida moderna: de la longevidad a la atención médica, pasando por la disminución de la violencia o la creciente igualdad entre los sexos. Y es verdad que padecemos epidemias, pero no parece razón suficiente para recrear las condiciones de la vida paleolítica: solo cabe desear buena suerte a los que traten de desarrollar esa agenda.

EL MOMENTO DESACELERACIONISTA

La pandemia de la COVID-19 ha detenido en seco la marcha acelerada del mundo globalizado: los aviones dejaron de volar, los turistas se quedaron en casa, las carreteras estaban vacías. Esta situación sin precedentes no tuvo la misma intensidad en todos los países, ni todos ellos fueron paralizados al mismo tiempo; el transporte de mercancías y las cadenas logísticas han operado con una admirable eficacia. Pero la sensación de que el mundo se había parado no fue caprichosa y se vio reforzada por la suspensión de la vida cotidiana allí donde se decretó el confinamiento forzoso. Esta excepcionalidad fue sentida de manera más intensa durante las primeras semanas de la alerta sanitaria; la costumbre alivió en lo sucesivo el encierro sin suprimir el extrañamiento. Donde había velocidad, sobrevino la lentitud; la actividad, al menos hasta que las empresas fueron capaces de reorganizarse, fue reemplazada por la ociosidad; nadie nos esperaba en ninguna parte.

Podría decirse entonces que la pandemia es un ejercicio de situacionismo; o que parece diseñada por un pensador situacionista dispuesto a trastocar nuestra percepción de la realidad cotidiana. Al ponerse esta en suspenso, se nos permite observarla; quizá, también, juzgarla negativamente. Por eso dice Bernd Ulrich que la crisis del coronavirus es menos peligrosa que iluminadora: «ha ralentizado tanto el mundo que ahora podemos ver mejor cuál es la ley que rige su movimiento».[60] «Detenerse» es aquí sinónimo de «pararse a pensar» sobre el contraste entre dos circunstancias. El escritor italiano Marco Belpoliti ha sugerido por su parte que

> en esta zona intermedia entre vivir como antes y vivir como después, que por ahora ignoramos, algo ha sucedido. La «valoración social del tiempo» se ha detenido: el tiempo medido como un ingreso. Se trata probablemente de lo siguiente: es y sigue siendo un tiempo suspendido; y no solo por el hecho de que todos estábamos esperando salir de la pandemia, salir del miedo al virus, salir de la casa.[61]

Lo que afirma Belpoliti es que la pandemia ha puesto freno al uso del tiempo como aceleración que caracteriza al sistema capitalista: la demanda de rendimiento en todos los órdenes de la vida se habría visto desnudada como una ideología perniciosa, que nos lleva de un sitio a otro con la lengua fuera. Se abriría con la pandemia entonces una oportunidad, ya que esta nos enseña que podemos vivir de otra manera; o, cuando menos, que no debemos seguir haciéndolo del mismo modo. Es la prudente esperanza que expresa Žižek:

> Y quizá uno puede esperar que una de las consecuencias involuntarias de las cuarentenas del coronavirus en las ciudades del mundo sea que algunas personas al menos utilicen su tiempo para liberarse de la actividad frenética y pensar en el sentido (o falta de él) de su apurada situación.[62]

Este brusco detenimiento podría así entenderse de dos maneras. Por un lado, como advertencia contra la saturación de determinados fenómenos de aceleración característicos de la modernidad, tales como la población humana o el empleo de recursos naturales planetarios.[63] Y, por otro, como reconvención moral que nos dice que la *vida buena* no puede ser la *vida acelerada*. Este doble filo es característico de las propuestas desaceleracionistas, que apelan tanto a la insostenibilidad de la organización socioeconómica tardomoderna como a su indeseabilidad moral. Pero no es lo mismo decir una cosa que la otra, como las reacciones a la pandemia han vuelto a demostrar: que el virus ponga en riesgo la supervivencia de la especie humana es muy distinto a que los efectos del virus sobre la sociedad puedan revelarnos los defectos del estilo de vida moderno.

Se diría que en la pugna entre dos modelos teóricos que defienden usar el tiempo como herramienta contra el capitalismo, ha ganado aquel que defiende la vía desaceleracionista; lo habría hecho gracias a la iluminación moral proyectada por la pandemia. Pero depende: los aceleracionistas, que propugnan intensificar el desarrollo material y tecnológico para hacer colapsar al capitalismo desde dentro, podrán argumentar que la rápida difusión del SARS-CoV-2 jamás habría podido tener lugar bajo condiciones distintas a las creadas por la globalización liberal.[64] Desde este punto de vista, la pandemia sería un producto del aceleramiento que conduce a una rápida desaceleración. Hartmut Rosa, sociólogo alemán especializado en el estudio de la velocidad del tiempo social de la modernidad, se ha referido así a la pandemia:

> Es como si unos frenos gigantescos se hubiesen aplicado a la sociedad de la aceleración. Pero lo crucial es que estos frenos son sociales: no es el virus mismo el que ha dejado aviones en tierra, cerrado fábricas y cancelado partidos de fútbol. Somos nosotros, actuando políticamente. Nos estamos experimentando como muy capaces de actuar políticamente y de controlar el mundo y la sociedad.[65]

De ahí que Rosa descrea de cualquier retorno a la normalidad; a su juicio, la crisis es una «bifurcación histórica» que nos permite cambiar el rumbo de la modernidad. Tiene sentido que así se exprese quien ha sostenido que la aceleración de las diferentes esferas sociales en la era moderna ha tenido un efecto depresivo sobre las vidas cotidianas de los individuos. Es la «cinética de la modernidad» a la que se ha referido Sloterdijk: un tiempo histórico que solo sabe moverse hacia delante.[66] También Jünger había meditado sobre los efectos del advenimiento del tiempo de los relojes mecánicos, subrayando que todo aumento de precisión en la medición temporal trae consigo una atadura.[67] Rosa ha llegado a hablar del «totalitarismo de la aceleración», para aludir a la impotencia que siente el sujeto ante estructuras que escapan a su control.[68] De acuerdo con este planteamiento, los modernos somos pasajeros de un tren que nunca se detiene: como el ferrocarril que da vueltas al planeta helado de *Rompenieves*, la película de Bong Joonho. El virus habría cambiado esto de manera inesperada, dándonos a conocer otra forma de vida: sin prisa, sin pausa.

Pero hay que introducir un matiz importante. Y es que no es verdad que los gobiernos del mundo se hayan demostrado capaces de controlar un mundo desacelerado. Lo que hemos vivido es una *interrupción temporal* de la actividad socioeconómica, cuyo deterioro ha podido limitarse *precisamente* por no tratarse de una suspensión indefinida. Siempre es posible vivir de otro modo, pero no puede afirmarse que esta crisis haya proporcionado un modelo perdurable de organización socioeconómica. En el mejor de los casos, ha persuadido a algunos de que es aconsejable encontrarlo; en el peor, ha desestabilizado la vida de las sociedades contemporáneas.

Ralentizar el mundo, ¿para qué? En su breve trabajo sobre la pandemia, Žižek habla del comunismo, pero inmediatamente aclara que no se refiere con ello al que practica el

Estado chino; la palabra se asocia más bien, por ejemplo, al conjunto de medidas adoptadas por los gobiernos durante esta crisis: desde el dinero-helicóptero hasta el uso público de instalaciones privadas.[69] Su afirmación de que es necesario un «cambio radical» se diluye en una serie de generalidades que van de la sociedad posnacional basada en la cooperación solidaria a la necesidad de contar con algún tipo de coordinación mundial eficiente para afrontar catástrofes venideras.[70] Parece que el filósofo esloveno propone algún tipo de internacionalismo socialdemócrata, a la vista de lo cual sería quizá deseable que abandonase el empleo de la palabra «comunismo»; o bien que lo reemplazara por el de «coinmunismo» del que habla Sloterdijk cuando defiende «el punto de vista de que los intereses vitales comunes del más alto nivel sólo podrán realizarse con un horizonte de esfuerzos universales que cooperen entre sí».[71] Pero los resultados de esa posible renovación en nada se parecen al comunismo que Žižek evoca con picardía.

Una posibilidad alternativa, que también disfruta de las ventajas de la indeterminación y puede entenderse vinculada de manera natural a la ralentización de la vida social, es el decrecimiento. No es lo mismo decrecer a causa de un confinamiento forzoso que hacerlo de manera planificada a resultas de algún tipo de decisión colectiva; vaya esta cautela por delante. Pero lo primero puede conducir a lo segundo: 170 académicos holandeses hicieron público en plena pandemia un manifiesto para el cambio económico basado en estos principios.[72] Y justo antes del estallido de la crisis, un artículo en *The New Yorker* se preguntaba por la posibilidad de disfrutar de prosperidad sin crecimiento, combinación que se parece a esa «riqueza sin abundancia» que hemos visto aplicada a las felices comunidades prehistóricas.[73] La idea, que había ganado *momentum* a raíz de la crisis financiera y por influjo de la amenaza del cambio climático, podría así verse reforzada por la pandemia; aun cuando no guarda con ella una relación demasiado clara. Es cierto: un mundo interconectado facilita la propagación de las enfermedades infecciosas. Pero no parece que el objetivo de acabar con la propagación de las enfermedades infecciosas sea argumento suficiente para desmantelar un mundo interconectado.

Mucho depende de lo que se entienda exactamente por «decrecimiento». Se trata de un paradigma académico multidisciplinar, que bebe de fuentes tan diversas como la teoría de los bienes comunes, el ecologismo, el antiutilitarismo, la economía de la felicidad o la justicia medioambiental.[74] La idea no es nueva: fue anticipada por John Stuart Mill y propuesta abiertamente por el economista Herman Daly en la década de los setenta del siglo pasado.[75] Por su parte, el famoso informe al Club de Roma sobre los límites del crecimiento vinculó de manera duradera esta idea al objetivo de la sostenibilidad medioambiental.[76] Recuérdese que el malthusiano Paul Ehrlich anunciaba en 1965 que una hambruna global tendría lugar *sin duda alguna* en el plazo de diez años, mientras Edward Goldsmith sostenía en 1972 que la Tierra no aguantaría la presión humana más allá del final del siglo XX. ¿Se equivocaban o se adelantaban?

Justo es añadir que el rechazo al crecimiento económico no se asienta únicamente en la preocupación por la sostenibilidad ecológica. Los defensores de este modelo están persuadidos de que el crecimiento no ha mejorado nuestra calidad de vida o lo ha hecho de forma marginal.[77] Para Tim Jackson, el crecimiento es una «falsa verdad», el mito fundamental al que se aferran las sociedades contemporáneas.[78] Algo parecido sostiene el teórico ecologista John Barry, para quien la economía neoclásica es una forma antipluralista de poder, un foucaltiano «régimen de verdad» que despolitiza la economía convirtiendo el mercado en algo «natural».[79] En pocas palabras, el crecimiento es falso y peligroso; si lo perseguimos es porque hemos abrazado las creencias erróneas.

Los defensores de esta alternativa son conscientes de que deben esforzarse por hacer que la economía estacionaria sea políticamente atractiva o moralmente deseable; no basta con alertar sobre una catástrofe futura. Es aquí donde entra en juego la redefinición de conceptos como «prosperidad», «suficiencia» o «abundancia»: la sociedad decrecentista es presentada como un lugar interesante donde en lugar de *más* se tiene lo *mejor*.[80] Esto implica superar el consumismo sin abrazar la escasez, generando formas nuevas de abundancia: más tiempo libre, un papel renovado para la creatividad individual, concepciones más satisfactorias del trabajo.[81] Esta redefinición de la prosperidad es común a la mayor parte de los decrecentistas, que ponen en el centro de su proyecto un florecimiento personal que se alcanza en los límites de un planeta finito y en el marco de una fuerte cohesión social.

A partir de estos presupuestos, no es sorprendente descubrir que el decrecentismo posee un fuerte acento comunitarista. La razón aducida para ello es que los seres humanos se muestran más felices cuando persiguen fines intrínsecos y se sienten vinculados a sus familias y comunidades: si no van a consumir, que pasen tiempo juntos. En lugar de una *ampliación* del cuerpo social, se defiende así algún tipo de *reducción* de su tamaño. Frente a la sociedad anónima y deshumanizada, cuyo epítome sería la gran ciudad global, el regreso a la comunidad autogestionada dotada de una identidad reconocible. Por lo demás, hay un relativo acuerdo sobre la necesidad de librarnos del PIB como instrumento de medición de la actividad económica, por la sencilla razón de que no mide la felicidad ni el bienestar; un asunto sobre el que se ha vertido ya mucha tinta sin que haya sido oficialmente adoptado un indicador alternativo.⁸² En la nueva economía, los cambios serían considerables: menos horas de trabajo, redistribución del empleo, reforzamiento de la economía social, control público de los flujos financieros, restricción del comercio, propiedad compartida, limitación de los desplazamientos y asignación universal de una renta mínima. En algún caso, el orden poscapitalista se ha vinculado al surgimiento de una economía colaborativa facilitada por la tecnología, pero es dudoso que esta visión haya sobrevivido a la expansión global de Uber y Airbnb.⁸³

¿Y qué hay del pluralismo? Para los teóricos decrecentistas, una menor libertad deambulatoria no iría en detrimento de la diversidad social: se ha sostenido que el reforzamiento de la autonomía local provocaría un gran florecimiento de culturas e individuos.⁸⁴ Se trata de un argumento contrario a lo que dicta la intuición; la experiencia histórica sugiere que la movilidad se correlaciona positivamente con el pluralismo. Es verdad que la globalización ha aumentado la diversidad en las sociedades, al tiempo que reducía las diferencias entre las distintas culturas. Pero quizá salgamos ganando si esa gradual convergencia viene de la mano de una mejora de las condiciones generales de vida, de un más fácil acceso a la información, de un incremento de los derechos civiles y políticos, así como de la consolidación de una cultura global de los derechos humanos. De hecho, es dudoso que una organización social basada en la autogestión local produjese un aumento de la diversidad social: no se ve qué clase de pluralismo podría emerger entre comunidades desconectadas entre las que no es posible desplazarse. Y no es difícil relacionar el ideal comunitarista con la homogeneidad de valores, el control social y la represión de las diferencias.

Con todo, el principal obstáculo al que se enfrenta una cosmovisión decrecentista reside en la utilidad —que es también popularidad— del incremento económico. ¿De verdad podemos «arreglárnoslas sin crecimiento», por emplear la expresión de Peter Victor?[85] Recordemos que las políticas de mitigación y adaptación climática son muy costosas, por no hablar de la renta universal, las políticas sociales necesarias para facilitar la integración de las minorías o las dedicadas a estimular el empleo de mujeres y mayores. Y no se antojan especialmente realistas los proyectos que se basan en la «ruralización» de la sociedad o en la reducción drástica del consumo de energía.[86] A decir verdad, las sociedades ricas están mucho mejor preparadas que las pobres para asimilar el futuro impacto del cambio climático: solo ellas pueden disfrutar del privilegio —del lujo— de proteger concienzudamente su medioambiente. De hecho, el sociólogo francés Gilles Lipovetsky apuesta por una relegitimación ecológica del capitalismo que le permita adaptarse a las nuevas circunstancias planetarias.[87] Por mucho que se diga lo contrario, solo las sociedades ricas están en condiciones de reducir significativamente la desigualdad; salvo que se produzca una aceptación colectiva de los valores del decrecentismo y aceptemos ser más iguales en la pobreza: ir hacia Cuba y no hacia Suecia.

Sería conveniente evitar la tentación de planificar el bienestar individual. La buena sociedad garantiza el cumplimiento de un conjunto de *condiciones objetivas de vida*, bajo las cuales se desarrollan *planes de vida subjetivos* sobre los que nadie debería poder decidir más que los interesados. Para que esas condiciones objetivas puedan garantizarse sin desdoro del pluralismo que da sentido a la libertad de elegir, el crecimiento económico sigue siendo necesario; otra cosa es que lo midamos mejor, combatamos la desigualdad socioecológica o aseguremos la sostenibilidad medioambiental. A lo anterior hay que añadir la cuestión de la legitimidad democrática; como admiten algunos decrecentistas, su instauración puede resultar políticamente problemática si la presunta mejora es percibida como un empeoramiento de los estándares materiales de vida.[88]

A la postre, el decrecentismo se enfrenta en principio al inconveniente de que la mayoría de las personas aún aspira a disfrutar de cierto confort. El decrecentista parece esperar que los individuos experimentarán una suerte de *transfiguración* que los convertirá espontáneamente en seres cooperativos, ecológicos y austeros. Pero, como ya se ha sugerido, parece difícil que una ideología en la que no caben las oportunidades y las aspiraciones de mejora pueda ganarse el favor popular. Ni la sostenibilidad ni el florecimiento humanos deben presentarse como la salida obligada para una situación desesperada, sino ir de la mano de una concepción de la *vida buena* atractiva para las clases medias emergentes.[89] Sería injusto negar interés a las tesis decrecentistas: estamos ante un imaginario colectivo que nos permite comprender mejor las deficiencias del modelo capitalista de crecimiento e introduce nuevas ideas en la conversación pública. Pero ni la bondad de sus intenciones basta para abrazar sus objetivos, ni la pandemia de la COVID-19 da la razón a quienes sostienen que es urgente realizarlos: podemos seguir hablando del decrecimiento como si nada hubiese pasado, salvo que el miedo al próximo virus se considere razón suficiente para cerrar todos los aeropuertos.

DE LA INOPEROSIDAD A LA RESONANCIA

El decrecimiento tal como se ha descrito no es la única posibilidad de la desaceleración. Nótese que con esta última se hace referencia a una ralentización intencionada, que resulta de la acción concertada de los miembros de una comunidad.

Lo que hemos conocido durante la pandemia no es eso, ni se le parece: la sociedad global se ha detenido por efecto de la expansión de un virus que amenazaba la salud pública. Si esa interrupción temporal puede servir de inspiración para una ideología de la ralentización está aún por verse. Pero sería conveniente evitar esta confusión, en muchos casos seguramente interesada, para que nadie termine por sentirse decepcionado si la humanidad se limita a recuperar su pulso.

¿Y qué hay de la «inoperosidad» que el confinamiento ha traído al primer plano? En el artículo antes citado, Marco Belpoliti relata cómo durante la pandemia se encontró haciendo cosas que pertenecen al «lado inoperoso de la laboriosidad», llamando así la atención sobre un concepto al que distintos pensadores vienen atribuyendo cualidades políticas de primer orden.[90] El filósofo italiano Luigi Pellizzoni venía defendiendo, antes de la llegada del SARS-CoV-2, su utilidad como herramienta de transformación social.[91] La crítica de Walter Benjamin al concepto marxista de «revolución» es un buen punto de partida para la comprensión de este paradójico *hacer mediante el no-hacer*. En particular, el filósofo alemán glosa la figura marxiana de las revoluciones como locomotoras de la historia mundial, objetando que quizá sean más bien momentos en los que la humanidad que viaja en ese mismo tren hace uso del freno de emergencia.[92] Sostener que la pandemia ha sido tal cosa sería engañarse; igual que hablar ahora de un nuevo rumbo para la humanidad infectada. De esta inclinación «progresiva» quería deshacerse Benjamin; para el pensador berlinés, la revolución comienza con el abandono de la vieja mitología de la revolución, ligada como está a la idea del progreso y a la «superación» de las contradicciones del capitalismo. Benjamin apuesta por la interrupción, por la cesación, por el tiempo mesiánico.

Este es el hilo del que tira Giorgio Agamben, principal responsable de la vigencia de este concepto en la filosofía política contemporánea, cuando define la inoperosidad como «una actividad que consiste en volver inoperativas las obras y producciones humanas, abriéndolas así a un posible nuevo empleo».[93] No se trata de destruir, sino de liberar las potencialidades que habían permanecido latentes en un bien o en una actividad, renunciándose al empleo instrumental y a la tendencia maximizadora que son propios del capitalismo. Para él, la inoperosidad es posible porque el ser humano es el animal «capaz de su propia impotencialidad», vale decir, aquel que carece de fines prefijados.[94] Si existe una potencialidad humana, explica el pensador italiano, una de sus posibilidades es que no se actualice; esta falta de realización, a su vez, puede ser voluntaria. Así nos lo enseña el Bartleby de Herman Melville: «Una experiencia de la potencia en cuanto tal es siempre también potencia de no (de no hacer o de no ser algo), la tablilla de escribir tiene que poder también no estar escrita».[95] Cuando Agamben desciende de la abstracción al ejemplo nos habla del juego y de la fiesta: momentos en los que no es de aplicación «economía» alguna y los medios se confunden con los fines.[96] Este *hacer* se parece a un *no-hacer*; aunque tal vez sería más exacto decir que *se hace de otra manera*. Por eso él habla de un «poder destituyente» que opera de manera pasiva.[97] Sobre lo que deba hacerse una vez que se ha deshecho lo que se podía deshacer, es mejor no dar demasiadas explicaciones.

Esta filosofía puede utilizarse para dar una nueva orientación al decrecentismo, como hacen aquellos que desde su seno rechazan la idea de que exista una escasez natural que pueda objetivarse técnicamente. Hablar de un «decrecimiento justificado por la escasez» es reproducir de manera inversa la lógica del crecimiento.[98] Y dado que la escasez siempre es social, el mejor camino hacia el decrecimiento consiste en detener el crecimiento: acabando con la plusvalía, eliminando bienes de la circulación o desperdiciándolos en usos improductivos.[99] Pellizzoni alude a las tesis de Georges Bataille sobre el «gasto» [*dépense*], que parten del rechazo tajante de la dialéctica necesidad/escasez que el pensador francés entiende subyacente a la economía de la sociedad burguesa.[100] La apuesta por el gasto superfluo liberaría al decrecimiento de sus connotaciones sacrificiales, si bien plantea la dificultad elemental de conciliar ralentización de la economía y celebración festiva de la potencia humana. Lo que hemos visto durante la pandemia es una suspensión forzosa de la actividad económica que coincidía con la limitación obligatoria de la vida social; en este caso, se aspira a provocar la primera sin exigir la segunda. Esas cuentas, sin embargo, no salen fácilmente. Tal como se infiere del relato de Belpoliti, la inoperosidad quizá deba entenderse como una técnica orientada a provocar el extrañamiento de sus practicantes respecto de las dinámicas de la modernidad liberal-capitalista.

Son ejemplos de movilizaciones «inoperosas» los movimientos agrícolas locales, las comunidades de transición ecológica, la «nueva domesticidad» que fomenta la artesanía, el movimiento del viaje responsable, la jardinería urbana, el *co-housing* o los bienes comunes digitales: iniciativas que aspiran a desmercantilizar los vínculos humanos. Hay distintas maneras de conceptualizarlas: como formas de «transformación intersticial», que trabajan en los márgenes del sistema esperando su colapso o tratando de cambiarlo desde su interior; como expresiones de un utopismo inmediato (*nowutopianism*); o como manifestaciones de una «política prefiguradora» que aspira a modelar las relaciones sociales del futuro.[101] En todas ellas hay algo de las comunidades intencionales que constituyen una de las posibilidades del utopismo: personas que se apartan de la vida social ordinaria para vivir a su manera. Está por demostrarse que las formas alternativas de vida sean capaces de difundirse socialmente sin ser capturadas de inmediato por la lógica de la que ellas mismas pretenden escapar: el destino de la economía colaborativa es ilustrativo a tal efecto, pero los estilos de vida surgidos de los movimientos contraculturales de los años sesenta ya fueron asimilados por el *mainstream* sin mayor dificultad. Esta abducción no deja de ser un éxito de la política insurgente, aunque suela verse como un fracaso.

Desde luego, no parece poder esperarse que el confinamiento forzoso impuesto por razones de salud pública durante la pandemia vaya a provocar un abrazo masivo de la inoperosidad. Nunca se sabe: existen corrientes subterráneas que resultan difíciles de identificar para los que caminamos por la superficie. Pero quizá sea más sensato esperar que este acontecimiento haya causado, sobre todo, algunos estupores individuales; y que lo haya hecho al crear unas inéditas condiciones para la experiencia mundana. O sea: la pandemia habría hecho posible una *percepción desviada* de la realidad; qué emociones, ideas o actitudes terminarán por emerger a partir de esa novedad es asunto distinto y de más difícil elucidación.

Podría ser que la situación creada por el SARS-CoV-2 condujese, en ese mismo plano individual, a una diferente relación con el mundo. ¿Acaso no se ha dado durante el confinamiento la posibilidad de que el sujeto, habitualmente oprimido por la aceleración, halle un reposo significativo? La pandemia habría facilitado el hallazgo de esos «oasis de resonancia» a los que se refiere Hartmut Rosa como remedio contra la velocidad de la vida moderna.[102] Son actividades tales como la subida a una montaña o la audición de música: momentos de correspondencia con el mundo en los que algo se mueve en nuestro interior. Solo dentro de esos campos de resonancia lograríamos sustraernos a la lógica estructural que rige nuestras vidas y podríamos encontrar formas antes desconocidas de autocomprensión: contra la aceleración, lentitud; contra la angustia, serenidad. Más que consagrar nuestra existencia a las formas activas o contemplativas de vida, oscilaríamos entre ambas: no seríamos exactamente poetas místicos ni operarios en la cadena de montaje, sino operarios que escriben versos o poetas que ensamblan piezas. *On/off*: código binario de la resonancia desaceleradora.

Hay que hacer notar que Rosa parte de la convicción de que la calidad de la vida humana no depende solo de recursos mensurables, sino del tipo de relaciones que entablamos con el mundo; se aproxima, con ello, al decrecentismo. El vínculo del humano con el entorno puede, a su vez, ser mudo o resonante. Pero si una resonancia se produce cuando la vibración de un cuerpo estimula la frecuencia típica de otro, la categoría sociológica de «resonancia» se refiere entonces a una relación bidireccional en la que el mundo nos responde. O sea: sentimos que nos responde. Y la resonancia, que es un arte de estar en el mundo, también es un concepto normativo: sería deseable que se generalizasen los vínculos resonantes con el mundo; por el bien de los individuos y por el bien del mundo. Este anhelo universalista puede ponerse en relación con las propuestas que hace Wolfgang Welsch, empeñado en superar la extrañeza del individuo moderno frente a la realidad. Welsch cree que el ser humano está cognitiva y sensorialmente *ajustado* al entorno, pues a él pertenece; por eso recomienda la búsqueda de experiencias capaces de hacernos sentir la «profunda vinculación del ser humano con el mundo».[103] No difieren mucho de las descritas por Rosa y la coincidencia es natural: para cambiar la relación con el mundo, hay que contemplarlo de una manera distinta.

¿Y no será que la resonancia cobra sentido *gracias* a la aceleración? Para que aquella constituya un momento de iluminación particular, debe darse en el marco de una oscuridad general. Es literalmente imposible que todos los momentos sean especiales; necesitamos de la bisagra de lo ordinario para abrirnos a lo extraordinario. Dicho esto, es seguro que si la mayoría de los sujetos consagraran su tiempo libre a ejercitarse en alguna variante de la vida contemplativa, la sociedad sería más agradable. Tampoco estaríamos hablando de esto si las resonancias constituyeran el hábito cotidiano de la mayoría; la realidad sería distinta.

Por último, no resulta del todo evidente que la aceleración de la vida social sea un producto del capitalismo. Sin duda, en un sentido inmediato, lo es: sin capitalismo no hay velocidad. Pero tanto el capitalismo como la aceleración pueden verse *a su vez* como las manifestaciones históricas del modo de ser de la especie humana: un animal dotado para la comunicación, el establecimiento de relaciones sociales y la innovación tecnológica. ¿Podría la evolución social haber conducido hacia sociedades menos complejas y menos veloces? ¿Era posible que permaneciésemos en la horda o la aldea? Parece dudoso. Está por comprobarse igualmente que exista una velocidad «natural» para el ser humano; el ritmo de vida moderno es compatible con el aumento generalizado de la esperanza de vida y, por ello, resulta difícil sostener que se trata de una maladaptación sociobiológica. En último término, puede que las ideas de Rosa tengan como fundamento una versión secular de la promesa religiosa del descanso ultraterreno; sufrimos en este mundo, descansaremos en el próximo. Sus oasis de resonancia podrían verse así como elementos de una teología del reposo. Volvemos a la misma disyuntiva: esta forma distinta de vida puede ser deseable, pero eso no significa que sea ineludible.

En definitiva, la pandemia ha creado una rara oportunidad para la reevaluación del mundo: la actividad social se ha detenido y nosotros mismos, aunque en distinta medida según el caso, hemos experimentado una ralentización teñida con frecuencia de ociosidad. Sin embargo, no podemos hablar de una experiencia universal de la cuarentena; esta ha sido vivida de distintas maneras según las circunstancias sociales y la idiosincrasia personal. Para muchos, el confinamiento habrá implicado trabajo suplementario en el cuidado de los hijos; otros habrán sentido claustrofobia debido a la reclusión o angustia a causa de la incertidumbre; y aun otros habrán podido entregarse a sensaciones menos prosaicas que bien pueden incluir una diferente conexión con el entorno. Nada impide que los movimientos que defienden el decrecimiento o la inoperosidad puedan emplear la experiencia colectiva de la pandemia como fundamento para la defensa de nuevas formas de vida. Pero no puede obviarse que la ausencia de un significado compartido —más allá de la voluntad común de que algo así no vuelva a repetirse— disminuye a la fuerza el rendimiento político de la crisis. Y es que no todos regresamos de la contemplación del abismo sublime con la misma historia que contar.

6
¿HUMANIDAD, AÑO CERO?

HACIA UN PROTECCIONISMO DE LA TOTALIDAD

En las conversaciones que mantuvo a mitad de los años ochenta con el germanista francés Julien Hervier, el escritor alemán Ernst Jünger se mostraba decepcionado por la ausencia de algo parecido a un Estado mundial, al que él mismo había dedicado un penetrante ensayo en 1960. Observaba Jünger que todo se había vuelto planetario, desde el telégrafo hasta las conexiones aéreas, menos la organización política. Y preguntado por el modo en que pudiera resolverse esta situación primitiva, respondía:

> Algo debe ocurrir. Quizá una catástrofe. Por el momento, esto se mantiene difuso desde el punto de vista absoluto de lo espiritual. Pero materialmente es de una lógica implacable.[1]

¿Es la pandemia de la COVID-19 la catástrofe a la que aludía el pensador germano? Desde luego, el virus ha sido un acontecimiento material que se ha producido mundialmente; igual que unas tecnologías de la comunicación que hoy, internet mediante, operan como un órgano auxiliar de la humanidad parlante. Pese a la debilidad de los ensayos realizados en pos de una organización política mundial —escribió también

Jünger hace sesenta años—, es conveniente atender menos a los tratados que a un «movimiento general de la historia» que aspira a ir «de los Estados mundiales al Estado mundial, al orden planetario, al orden del globo terráqueo».² Tal como ha destacado la internacionalista Jo-Anne Pemberton, uno de los rasgos definitorios de la vida intelectual desde el siglo XIX ha sido la identificación de la modernidad con algún tipo de conciencia global definida racionalmente.³ La pregunta es si el SARS-CoV-2 es un acelerador de ese movimiento general. Dicho de otro modo: ¿pudiera ser que la pandemia no conduzca a una intensificación de los sentimientos nacionalistas, sino a una cooperación global más fértil cuya finalidad sea garantizar la inmunidad de la especie?

La apelación a la humanidad durante la pandemia ha sido frecuente: convertidos sin querer en objeto de la acción del virus, los seres humanos en su totalidad han sido convocados a una batalla contra él. Para el filántropo Bill Gates, acusado posteriormente por algunos conspiracionistas de idear un microchip que sería implantado con cada inyección de la vacuna, está claro: «Esto es como una guerra mundial, solo que estamos todos del mismo lado».⁴ Es el lado de una especie cuyos miembros se enfrentan a una amenaza banal y destructiva, que les afecta justamente en la medida en que son humanos. Esta sensación ha sido más fuerte durante los momentos de mayor impacto de la enfermedad, que son también aquellos en los que la cobertura de los medios de comunicación adoptaba un tono más dramático. Por momentos, parecía que podíamos aproximarnos al escenario descrito por Albert Camus en su célebre novela: «Ya no había destinos individuales, sino una historia colectiva que era la peste y sentimientos compartidos por todo el mundo».⁵ Esos sentimientos son opresivos: miedo, desasosiego, ansiedad. Pero también emerge una fraternidad cuya base es la certidumbre de que nadie ha dejado de recibir algún boleto en la macabra lotería del contagio. Y al igual que sería absurdo no esperar que el individuo atienda a su propia conservación cuando esta se ve amenazada, ha de reconocerse la presencia de un sentir positivo que se vincula a la común humanidad de todos. El virus mata y disgrega; pero también une. Tal como ha apuntado Jared Diamond, uno de los mejores frutos de esta crisis sería

> que crease, por fin, algún tipo de identidad mundial, nacido del reconocimiento generalizado de que todos tenemos delante al mismo enemigo: unos problemas universales que solo podrán resolverse mediante un esfuerzo global común.[6]

Que la experiencia compartida de la fragilidad ante el riesgo podía traer consigo efectos cívicos positivos en el plano cosmopolita ya lo sugirió Ulrich Beck, para quien los peligros mundiales poseen una cualidad ambivalente. La conciencia de la amenaza global es un trauma que «combina la experiencia del *shock* antropológico y un destino cosmopolita compartido».[7] Es una vieja ilusión, no siempre infundada: la catástrofe que trae bajo el brazo una gran mejora institucional. Si la Sociedad de Naciones fue un fracaso, Naciones Unidas tiene algunas virtudes y la Unión Europea es un experimento político razonablemente exitoso; en todos estos casos, un conflicto derivado de la falta de cooperación o entendimiento entre estados dio impulso a nuevas formas de cooperación y a la creación de organizaciones políticas que han llegado a implicar —en el caso europeo— cesiones nacionales de soberanía. No es raro, pues, que las amenazas colectivas produzcan novedades institucionales.

En el caso de la pandemia, se ha hablado enseguida de un fracaso de la gobernanza global y de la consiguiente necesidad de hacerle frente.⁸ Hay de todo: algunos comentaristas consideran imprudente dejar el diseño de las políticas públicas a los estados nacionales y apuestan por crear una «democracia global» dotada de un parlamento mundial competente, para realizar avisos vinculantes y fijar protocolos epidemiológicos de obligado cumplimiento; otros, como Žižek, llaman a reforzar globalmente la socialdemocracia, sin dejar de conformarse con que se otorgue más poder ejecutivo a entes como la Organización Mundial de la Salud, para lograr así una «coordinación mundial eficaz».⁹ Se trataría con ello, por una vía u otra, de solventar una escandalosa carencia que Sloterdijk ha resumido así:

> La actual situación del mundo se caracteriza por no poseer ninguna estructura inmunitaria conjunta que sea eficiente para los miembros de esta «sociedad planetaria».¹⁰

De ahí que deba desarrollarse alguna forma de «proteccionismo de la totalidad» que opere a escala global. Podría ser imposible: se ha dicho que la pandemia supone «la muerte del cosmopolitismo».¹¹ Sin embargo, por mucho repliegue nacionalista que podamos vivir en el futuro próximo, puede descartarse la regresión total hacia un mundo fragmentado y desconectado en el cual el concepto de «sociedad internacional» haya perdido todo su sentido. Naturalmente, el gobierno universal es un objetivo mucho más ambicioso que un funcionamiento mejorado de la Organización Mundial de la Salud. En ambos casos, es necesario un impulso normativo: algún tipo de principio que oriente a los actores hacia ese objetivo común.

A decir verdad, la urgente necesidad de una gobernanza global eficiente había sido ya puesta de manifiesto en los últimos años en el marco de los debates sobre los límites planetarios del Antropoceno. Se trataría de administrar de manera diligente las relaciones socionaturales, garantizando que estas sean sostenibles en el futuro; para ello hace falta un potente sistema de gobernanza global[12] Una geopolítica constituye, desde este punto de vista, el resultado natural de la conciencia planetaria de la humanidad: somos la primera generación que se da cuenta del impacto de sus actividades en el sistema terrestre, por lo que es a nosotros a quienes corresponde actuar como «agente activo y autoconsciente en el manejo de su propio sistema de soporte vital».[13] En este caso, los peligros derivados de la perturbación antropogénica de los sistemas planetarios vienen siendo señalados por los científicos y amplificados por los activistas desde hace años; solo recientemente ha empezado a apuntarse hacia las manifestaciones cotidianas de dicha transformación: temperaturas récord, nuevas sequías, intensidad de los huracanes. La pandemia es un fenómeno distinto, ya que en este caso nos encontramos con un viejo peligro que retorna con fuerza y pone a la vista inquietantes flaquezas de la sociedad globalizada. Dicho esto, la conclusión se ha formulado tantas veces que resulta banal: los problemas mundiales requieren estructuras políticas globales.

Esta afirmación exige algún comentario. Al fin y al cabo, no todos los problemas concernientes a las relaciones socionaturales son conflictos universales; lo local no siempre posee esa potencia desbordante.[14] En el caso de la COVID-19, el origen es local; como sucede en tantos otros brotes zoonóticos que no llegan a propagarse o que no superan las fronteras locales, regionales o nacionales. En este contexto, la mejora de los controles de seguridad alimentaria y el establecimiento de protocolos de alerta epidémica son, primeramente, políticas nacionales con ramificaciones locales. Para esto, en otras palabras, no hace falta un gobierno mundial; su existencia podría incluso ser contraproducente debido a la lejanía entre el centro de decisión y los territorios bajo su control. Así que el virus infeccioso adquiere primero rango epidémico y luego se convierte en una pandemia: la política nacional, reforzada mediante acuerdos internacionales y el asesoramiento experto de un organismo especializado, como la Organización Mundial de la Salud, puede ser suficiente en este caso. Distinto es que se quieran reducir los factores de riesgo y, por ejemplo, se apliquen nuevos estándares de control sanitario al transporte global de mercancías y personas. Habrá que debatir si los acuerdos internacionales suscritos al efecto exigen la creación de instituciones *ad hoc*.

En todo caso, el fuerte impacto de la pandemia bien podría hacer nacer una voluntad colectiva que hasta el momento se ha demostrado ausente. Y que, por añadidura, habría de contrarrestar el previsible fortalecimiento de las tendencias nacionalpopulistas que ya se habían hecho presentes en los últimos años. O quizá no: la cooperación internacional que se centra en hacer frente a amenazas compartidas no tendría por qué depender del debilitamiento de las naciones. Nada impediría que un conjunto de estados-nación decididos a prevenir futuros brotes epidémicos se pusieran de acuerdo para aplicar políticas de prevención más estrictas de manera concertada. Para alcanzar este objetivo, no parece necesario disolver las culturas nacionales ni ceder porciones demasiado grandes de soberanía estatal. Esto no es indeseable; tampoco imprescindible. Y que la prevención de futuras epidemias no dependa por completo de la federalización del mundo es una buena noticia. Dicho esto, la existencia de un sentimiento compartido de fragilidad hará más sencilla la aplicación de nuevas estrategias preventivas, así como la creación de nuevas estructuras institucionales o el rediseño de las políticas ya existentes. Es aquí donde el concepto de «humanidad» adquiere un fuerte potencial normativo, siempre y cuando se apele a la misma con la necesaria moderación.

Pero, ¿es la humanidad capaz de actuar como humanidad? El principal obstáculo al que se enfrenta una política global es la inexistencia de un sujeto colectivo que responda a ese nombre. No existe un *demos* global y eso dificulta la construcción de una comunidad política planetaria. Ahora bien: la operación psicológica mediante la que la humanidad se constituye a sí misma como un agente reflexivo capaz de responder eficazmente a los riesgos planetarios —incluidas las pandemias— es *anterior* a la puesta en marcha de una gobernanza global y no digamos al establecimiento de procedimientos democráticos que trasciendan las fronteras nacionales. Para que la humanidad pueda actuar políticamente, en fin, antes tiene que existir como tal. O sea: hace falta que creamos en ella. El filósofo australiano Clive Hamilton ha sugerido que el Antropoceno proporciona un relato emergente de la humanidad que puede remediar el fracaso de la modernidad a la hora de crear un proyecto verdaderamente universal.[15] Y es posible que así sea. Ya se ha dicho que la pandemia no guarda una relación unívoca con el Antropoceno; no obstante, nada impide que ese sea, justamente, el significado que se atribuya a la peligrosa difusión del SARS-CoV-2 en la conciencia colectiva contemporánea: uno de los episodios más llamativos de la nueva época planetaria.

En este punto, las tesis del Carl Schmitt tardío sobre la historia global pueden sernos de utilidad.[16] Como es sabido, el pensador alemán dibujó los contornos de una historia en cuyo centro se situaban los cambios experimentados en la conceptualización humana del espacio. Para Schmitt, el ser humano es una criatura terrenal que no se ha dejado intimidar por su entorno; de ahí que también haya conquistado los mares. No es así de extrañar que la historia humana haya estado marcada por sucesivas «revoluciones espaciales», que tienen lugar cuando la imagen del espacio se ve sustancialmente modificada por un suceso particular o una innovación tecnológica: de Alejandro Magno a Colón, del telégrafo a los aviones. En todo caso, una revolución espacial es más que un descubrimiento; es un cambio de los ámbitos en que se desenvuelve el ser humano. Y ese cambio de hecho comporta cambios en el derecho: Schmitt llama «nomos» a un episodio histórico que crea su propia legitimidad y del que se deriva un nuevo orden legal. Descubrimiento y ocupación de tierras: práctica fundamental de los estados modernos. ¿Y ahora? Escribe Schmitt:

> Mientras la historia del mundo no esté concluida, sino que se encuentre abierta y en movimiento, mientras la situación aún no esté fijada para siempre y petrificada, o expresado de otro modo, mientras los pueblos y los hombres aún tengan un futuro y no sólo un pasado, también surgirá, en las formas de aparición siempre nuevas de acontecimientos históricos universales, un nuevo *nomos*.[17]

Pues bien, mientras que la globalización impulsada por las tecnologías digitales —pues el comercio mundial no es una novedad— puede representar una revolución espacial en el sentido que le da Schmitt, solo el Antropoceno parece capaz de constituirse en fundamento de un nuevo *nomos*. Si es así, se trata de una revolución espacial de signo contrario a aquellas con las que Schmitt jalona su repaso histórico, ya que resulta difícil concebir el Antropoceno como una *ampliación* de la esfera de la acción humana; más bien se antoja una *compresión* del espacio en que podemos operar de manera segura: una limitación de las posibilidades de la especie. Es un efecto que la pandemia, al menos mientras perdure su memoria, solo puede reforzar. Tanto las perturbaciones ecológicas como la vulnerabilidad epidémica señalan *límites* a la acción humana, ante los que puede responderse con contención o con ingenio; lo que no cabe es ignorarlos. La pandemia ha demostrado justamente que el mundo acelerado e interconectado de la globalización *puede* detenerse a causa de un accidente relacionado con las condiciones naturales de la existencia; no sería disparatado hablar de una contrarrevolución espacial. Su lección, en este sentido, es clara: conviene andarse con cuidado.

Sin embargo, no es menos cierto que la globalización digital ha hecho posible una vivencia simultánea de la pandemia que se aleja mucho de la experiencia fragmentaria —entorpecida por la guerra mundial— que caracterizó a la gripe española. Espectadores de la difusión de un virus cuyo recorrido se ha retransmitido en directo a través de los diferentes medios de comunicación hoy disponibles, lo que incluye redes sociales y servicios de chat que han permitido a individuos del mundo entero explicar sus experiencias e impresiones a los demás, los contemporáneos han podido percibirse a sí mismos como miembros de una sola humanidad. Ya se ha señalado que, a pesar de sucesos aislados, no ha sido una crisis definida por episodios de estigmatización xenófoba; aunque muchos de los artículos periodísticos y académicos publicados al respecto hagan un ímprobo esfuerzo por detectarlos. En su caso, como ha apuntado Ivan Krastev, los habitantes de zonas rurales han reprobado a los propietarios de segundas residencias que invadan su territorio y les lleven el virus.[18] Pero, como él mismo concluye, esta crisis se diferencia de otras —como los grandes movimientos migratorios o las guerras— en el hecho de que permite que la humanidad experimente su interdependencia.[19] Esto, que puede decirse de cualquier pandemia, quizá pueda afirmarse con más razón sobre esta que hemos venido padeciendo: un episodio de letalidad moderada y alta espectacularidad, vivido con la intensidad propia de la sociedad de la información y la implicación emocional inherente a las redes digitales.

INCONVENIENTES DE LA PRIMERA PERSONA DEL PLURAL

Para pensadores como el teórico político Scott Hamilton, las amenazas ecológicas globales están provocando un cambio en la manera en que el sujeto humano se representa a sí mismo, tanto en el plano ontológico como en el epistemológico.[20] Se trata de una hipótesis plausible, si bien movilizaciones como las de los chalecos amarillos en Francia atestiguan la existencia de fuertes discrepancias en el seno de esa humanidad: el punto de vista del Holoceno aún se deja sentir con fuerza. También la pandemia ha conocido a disidentes que se manifestaban en defensa de su libertad deambulatoria. Esto quiere decir que los fundamentos conceptuales y afectivos del *nosotros* de la humanidad universal son todavía débiles; lo que a su vez suscita dudas acerca de sus aplicaciones prácticas.

¿Es la humanidad un sujeto colectivo? ¿Y quién forma parte de ese *anthropos* que habita todos los rincones del planeta? ¿Incluye a todos los seres humanos sin excepción? ¿Habríamos acaso de preguntarles si se sienten representados en esa figuración universal? ¿Se trata de la misma humanidad sobre la que se asienta el discurso de los derechos humanos? ¿Es la humanidad del viejo, venerable humanismo? ¿O es otra cosa? Y, si nos estábamos desplazando hacia una nueva forma de autorreconocimiento, ¿de qué manera influye la pandemia en este proceso? ¿Suma o resta?

Aquí se defenderá que la única forma de generar un *nosotros* global exitoso consiste en invocar la dimensión biológica de nuestra existencia y contemplar a la humanidad como especie animal. Desde este punto de vista, el *anthropos* designa a una especie distintiva cuyas acciones modifican el entorno natural hasta el punto de alterar el funcionamiento de los sistemas planetarios y, en el otro lado de la moneda, padece vulnerabilidades específicamente derivadas de esa condición. Los patógenos son una de esas amenazas; los movimientos de las placas tectónicas o las erupciones volcánicas son otras. Y algunas de ellas, como la disrupción del clima, pueden ser independientes de la acción humana o acusar la influencia de esta última. En todos estos casos, hemos de enfrentarnos a peligros de especie: biológicos, ecológicos, geológicos. A diferencia de la tradición cosmopolita reivindicada con cautela por Martha Nussbaum, la base más elemental de una humanidad compartida —más allá de los marcadores locales, sexuales o económicos— no estaría en la *unidad de los seres racionales* sino, contrariamente, en su *unidad biológica*.[21] La pandemia lo deja claro: el virus no pregunta por nuestro coeficiente de inteligencia ni por nuestras adhesiones ideológicas, ni tampoco distingue entre soberanistas y globalistas.

Se objetará que la racionalidad constituye un rasgo particular del *anthropos* humano y que, por lo tanto, esa oposición es inexacta. Pero decir que el humano es un ser racional no es lo mismo que afirmar que es un ser biológico: los seres dotados de razón pueden perseguir objetivos distintos, mientras que los biológicos se encuentran sometidos sin excepción a las amenazas ambientales. Dicho de otro modo: la especie humana necesita asegurar aquellas condiciones de su existencia que no se definen racional sino biológicamente. Esta autocomprensión de la humanidad, que podría apoyarse en la experiencia común de la pandemia, no nos impide hablar del ser humano en términos más elevados; por ejemplo, los del humanismo clásico. Pero si definimos a la humanidad como al conjunto de miembros de una especie animal que se relaciona con el entorno de una manera específica, estaremos posibilitando el reconocimiento de un rasgo que todos compartimos. Esta limitación puede a su vez facilitar el acuerdo político entre estados, ya que el objetivo de este no habría de ser el gobierno mundial ni la constitución de una soberanía planetaria, sino el aseguramiento de las condiciones básicas para la continuidad de la especie.

Hay que reconocerlo: esta categoría no carece de contraindicaciones. Dejando a un lado las posibles imprecisiones taxonómicas, que son irrelevantes en el caso del género *homo* por haberse extinguido ya el resto de sus miembros, hablar de la humanidad como especie puede traer a la memoria infortunados usos históricos de la biología y suscitar la protesta de quienes preferirían realizar un planteamiento más diferenciado: el trauma causado por el darwinismo en su momento atestigua cuán suspicaces pueden llegar a mostrarse los humanos ante el recordatorio de su animalidad. Con todo, los inconvenientes más serios son aquellos que tienen que ver con la idea de la humanidad como totalidad indiferenciada que aglutina *por igual* a todos sus miembros. Hace tiempo que el universalismo se convirtió en objeto de sospecha y pareciera que hemos de renunciar a cualquier definición de lo humano que no tome en consideración las particularidades intergrupales. La idea de que todos podamos ser incluidos dentro de una misma categoría —la humanidad, el *anthropos*, la especie— resultaría sofocante.

Precisamente, la pandemia ha venido a recordarnos que la humanidad común existe; para empezar, como objetivo del virus. Si en el tiempo ordinario anterior a la pandemia era dominante una política de la identidad basada en el reconocimiento de las diferencias entre distintos grupos sociales, en tiempos de excepción esas disimilitudes se han subsumido en una única identidad propiamente humana. Podríamos decir que la enfermedad no hace distingos, pero lo cierto es que alguno hace: además de afectar en mayor medida a los mayores y a los varones, parece también más dañina para los portadores de sangre del grupo A.[22] Esas disparidades biológicas se ven acompañadas por desigualdades sociales que se manifiestan en la estructura y organización necesarias para atender a poblaciones vulnerables, así como en los medios a disposición de las autoridades para ejecutar las medidas de confinamiento domiciliario y distanciamiento social.[23] Las epidemias son como los demás riesgos ambientales: están mediados por la clase social, la raza, el sexo o la etnicidad.[24] Así que ante el virus todos somos iguales, pero algunos menos que otros. Esto no es una sorpresa, como tampoco lo es que ese desequilibrio podría a su vez contribuir a la propagación del virus.[25] Pero estas no son *nuevas desigualdades*, sino manifestaciones de la *vieja desigualdad*. Podrían ser suficientes, sin embargo, para desbaratar el argumento de que el patógeno demuestra la unidad esencial del *anthropos* como especie biológica.

Similares reproches pueden oírse en el debate sobre la humanidad como agente transformador del medioambiente planetario: también en este caso la noción de «humanidad global» estaría ocultando desigualdades agenciales que, en última instancia, atribuyen mayor responsabilidad en la resolución de los problemas a aquellos que más han contribuido a crearlos.[26] Si hacemos que diferencias significativas entre seres humanos se disuelvan en la categoría abarcadora de la especie, perderíamos capacidad de análisis. Identificar a la humanidad con la especie biológica constituye, desde esta óptica, una imperdonable simplificación que dificulta la lucha contra unas disparidades que la pandemia corre el riesgo de agudizar, recesión económica mediante.

Finalmente, está el problema del pluralismo. Si promovemos una identidad singular, que es la del *anthropos* como especie, pueden ponerse en peligro las múltiples identidades de las que podemos ser titulares: el sujeto como miembro de una nación, un sexo, una clase, una cultura, y así sucesivamente.[27] En su repaso de la tradición cosmopolita, Nussbaum ha señalado también este inconveniente: no todos somos ni creemos lo mismo y los arreglos institucionales que sirven de marco para la vida en común así deben reconocerlo.[28] Inversamente, esa riqueza afectiva complica que el individuo se identifique con la totalidad humana: deseamos retener aquello que nos distingue de los demás. Y no hay que perder de vista el miedo a que una concepción uniforme de la humanidad conduzca a una suerte de gobierno planetario de expertos reacios a admitir la participación popular.[29] El reconocimiento de un sujeto global único podría así reforzar la tecnocracia y debilitar la democracia en nombre de eso que la ensayista norteamericana Elaine Scarry llama «igualdad de supervivencia».[30]

Pareciera, por tanto, que resulta desaconsejable apelar a una humanidad abstracta. Bajo esta perspectiva, grupos e individuos —cada uno con su propia identidad e historia— han de ser la unidad de análisis y de imputación moral. Los relatos universales no deberían ser resucitados; el carácter heterogéneo de la realidad social y humana debe ser conservado a toda costa. Podríamos parafrasear a Aristóteles y decir: «¡Oh, humanos, no hay humanidad!». Pero no es el caso: haberla, hayla. Y, como se defiende en estas páginas, la humanidad es el recurso conceptual y simbólico apropiado para fundamentar normativamente aquellas políticas globales que sean necesarias para prevenir futuras epidemias y mitigar otros riesgos medioambientales.

LA HUMANIDAD COMO ESPECIE BIOLÓGICA

En su análisis semántico del concepto «humanidad», el historiador alemán Hans Erich Bödeker explica que el término tenía, entre los siglos XIV y XVIII, dos componentes principales: designaba la *naturaleza* de los seres humanos tanto como al *conjunto* que forman.[31] Originalmente, es un constructo teológico; el ser humano es una creación divina y los humanos son todos iguales ante Dios: componen una totalidad. Su posterior secularización, tras el giro antrópico de la modernidad, da a esta palabra un sentido más mundano. Pero se vinculará al propósito emancipador de la razón ilustrada: lo humano es dinámico, moldeable, histórico.[32] Bödeker destaca asimismo que el concepto moderno de «humanidad» ha sido compatible con la jerarquización de sus componentes. De ahí la fatal combinación de eurocentrismo y colonialismo: Robinson no es lo mismo que Viernes. Es posible que llegue a serlo con el tiempo, a medida que la civilización haga su trabajo, pero lo cierto es que la igualdad humana ante Dios se convierte en desigualdad humana ante la Razón. Paradójicamente, el ideal humanista se basaba en una *praxis* excluyente. Viveiros de Castro ha descrito así, desde el punto de vista antropológico, la operación que va de la distinción filosófica a la discriminación política:

> En cuanto a los humanos no occidentales, algo nos lleva tranquilamente a sospechar que en lo que se refiere al mundo, ellos son una parte reducida del mismo. Nosotros y solo noso-

tros, los europeos, seríamos los humanos plenamente realizados, o, si se prefiere, grandiosamente irrealizados: millonarios, acumuladores, configuradores de mundos. La metafísica occidental es, verdaderamente, la fuente y origen de cualquier colonialismo.[33]

Definir a la humanidad como una «especie biológica», descripción factual de la que pueden deducirse prescripciones normativas, supone así en cierta medida retornar a una concepción *premoderna* de la humanidad como conjunto de aquellos que comparten una naturaleza. Las diferencias son relevantes, ya no se apela a divinidad creadora alguna ni se relocaliza esa trascendencia en una poderosa razón secular. Primar la cualidad biológica del ser humano supone renunciar por igual a la divinidad religiosa y a la razón divinizada que se hace carne en la historia. Ambas tradiciones perseguían, por diversos caminos, distinguir al hombre del mundo natural: definir lo humano por oposición a lo animal. Por esta razón, el filósofo político Eric Voegelin afirmaba —en su trabajo sobre la era ecuménica que culmina en la Roma imperial— que la humanidad universal no existe en el mundo, por tratarse más bien de un símbolo que señaliza la conciencia que el ser humano tiene de su participación en el misterio de la realidad.[34] Esta humanidad universal tiene carácter escatológico y está llamada a realizarse en la historia:

> Sin universalidad, no habría más humanidad que el agregado de los miembros de una especie biológica; no habría historia humana más de lo que hay historia felina o historia equina. Si la humanidad ha de tener historia, sus miembros deben ser capaces de responder al movimiento de la presencia divina en sus almas.[35]

La referencia de Voegelin a la «presencia divina» hay que entenderla en el sentido platónico más que en el religioso; en cualquier caso, no afecta a la validez de nuestro argumento. Se trata justamente de reconocer, contra Voegelin, que la humanidad *es* «el agregado de los miembros de una especie biológica». Y que esa definición mínima, que nos permite reunir a todos los humanos en un colectivo que no excluye a nadie, resulta moral y políticamente relevante. Ya que nuestra especie tiene una historia, un presente y un futuro; de qué manera se desenvuelva este último tiene que ver con el modo en que sus integrantes vivos se organicen y, más concretamente, con el modo en que estructuren sus relaciones con el entorno. Esto incluye riesgos tan monumentales como el cambio climático y demás alteraciones planetarias, pero también las pandemias que amenazan la salud humana tanto como los fundamentos de su reproducción material. Y si bien la historia de la especie no agota la historia de la humanidad, tampoco es una mera anécdota en el desenvolvimiento del espíritu: los virus no se dejan impresionar por las alusiones a la trascendencia y necesitamos conservar la vida para abordar la metafísica.

Frente a la nobleza de los grandes motivos, la cualidad animal del ser humano —que incluye el problema de su inmunidad ante los patógenos— puede parecernos una vulgaridad. ¡Miserias del cuerpo mortal! Pero del cuerpo mortal hemos de ocuparnos: para evitarle la muerte o retrasarla en la mayor medida posible. Insistamos: hablar de «la humanidad como especie» no supone descartar otras conceptualizaciones ni renunciar a otras formas de agregación colectiva. La biología proporciona una *definición elemental* de lo que significa ser humano. Por lo demás, poner a la especie en primer plano no implica que se apueste por un camino esencialista (ya que la naturaleza humana posee rasgos culturalmente variables), ahistórico (tanto el ser humano como su entorno cambian con el tiempo por razones evolutivas y socioculturales), ni despolitizador (la caracterización biológica de la especie sirve, en este caso, a fines políticos bien acotados). Y nótese que se trata de una *caracterización positiva* del ser humano como miembro de una especie particular: todos los individuos están incluidos en ella de manera automática.

Es necesario constatar hasta qué punto la pandemia, creando un riesgo conjunto al abrir ante nosotros un inesperado horizonte infeccioso, sirve para igualar simbólicamente a los individuos: como si la amenaza de la mortalidad, que ciertamente no discrimina a nadie ya que puede materializarse ante cualquiera en cualquier momento de la existencia, adquiriese una fuerza suplementaria durante el periodo en el que el virus se mantiene activo. Jünger lo formuló de manera aforística: «Qué indiferente le resulta al germen patógeno destruir una brizna de paja o un cerebro genial».[36] Esta pandemia ha llegado allí donde no había llegado la globalización, en la que sería exagerado ver —dice Sloterdijk— «la expresión del axioma biológico de que todos los seres humanos sobre la Tierra constituyen una única especie».[37] Para eso hace falta algo más: no la veloz circulación de individuos de toda procedencia alrededor del planeta, sino la veloz circulación de un virus que se desplaza a través de cuerpos humanos en movimiento.

Claro que esto es posible porque la humanidad es una «especie global» que se ha demostrado capaz de sobrevivir en espacios vitales muy diferentes, convirtiéndose así en una amenaza para otras especies.[38] Irónicamente, la zoonosis es la constatación de que esas especies —aun sin saberlo— pueden también amenazarnos. Y nos señala, dice David Quammen, que no existe tal cosa como el *mundo natural*, pues «lo único que hay es el mundo, y la humanidad es parte de él».[39] Esto es tan cierto en un sentido como falso en otro; que me perdonen los filósofos analíticos. Es cierto, porque la distinción entre humanidad y naturaleza separa conceptualmente lo que está materialmente unido; pero es falso, porque sí que tiene sentido hablar en esos términos: para identificar procesos que se originan en la acción humana y porque existe un específico *modo de ser humano* que se caracteriza por la adaptación agresiva al entorno.[40]

¿Acaso no es el humano un animal desbordante, que abandona su nicho ecológico para convertirse en una especie global y adquiere paulatinamente una complejidad cultural de la que se derivan inéditas cualidades reflexivas? Esto puede producir cierta intoxicación racional: hay pensadores que atribuyen a la humanidad el papel de portavoz del cosmos o ejecutor universal del *logos*. Pero también conduce a una creciente moralización de las relaciones humanas con el resto del mundo natural y, desde luego, a la conciencia de que la supervivencia de la especie depende de la habitabilidad del planeta. A eso hay que añadir, como estamos viendo con la pandemia, la capacidad para controlar la disrupción que provocan los virus transmisores de enfermedades infecciosas.

A tal fin, la caracterización de la humanidad como especie biológica —una que transforma sustancialmente sus ambientes y se ve afectado por ellos— alude a aquello que es común a todos sin exigir acuerdos morales más amplios: no cabe «consenso por superposición» con menos superposiciones. Se refiere a un aspecto particular de la existencia y limita el contenido de las reglas colectivas que de ahí puedan deducirse a la ordenación de ese mismo aspecto. Esto incluye las pandemias, pero también la sostenibilidad de las relaciones socionaturales a todos los niveles, incluido el planetario; aunque los acuerdos sobre prevención de enfermedades sean más sencillos que los que se ocupan de la mitigación del cambio climático. La relativa simplicidad de este argumento puede contrastarse con los requisitos agravados del cosmopolitismo, tal como los describe Nussbaum:

> Para construir sociedades que aspiren de manera realista a la justicia global y al respeto universal, necesitamos comprender las debilidades y los límites humanos, así como las fuerzas de la vida humana que hacen tan difícil alcanzar la justicia. Necesitamos conocer el miedo, el asco, la ira, la envidia. Necesitamos comprender el tribalismo y la subordinación grupal, la misoginia y el racismo y las innumerables formas del estigma y el prejuicio.[41]

¡Casi nada! No cabe duda de que el cosmopolitismo es un ideal exigente, que no podemos confiar en ver realizado a corto plazo; aunque ha avanzado ya notablemente, sigue necesitando tiempo. Pero eso es precisamente lo que no tenemos cuando hablamos de las presiones ambientales que padece el ser humano. De ahí que tenga sentido una fundamentación más sencilla de las prácticas inmunitarias colectivas: ni podemos esperar para asegurar su eficacia, ni es necesario comprender los infinitos matices de la animosidad humana cuando se persigue limitar la propagación global de virus infecciosos. Tampoco es necesario renunciar al ideal cosmopolita o a alguna de sus variantes; es solo que el control eficaz de las epidemias no exige la fundación de una *polis* global ni tiene como precondición el final del racismo, por muy deseables que estos fines puedan ser. Humanidad de varias velocidades: los acuerdos de especie pueden ir más rápido que los acuerdos entre tribus morales.

Definir a la humanidad como «especie», en definitiva, es una simplificación deliberada que no pierde de vista la pluralidad humana; solo llama la atención sobre aquello que subyace a las manifestaciones particulares de lo humano. El mismo Jünger habla de una unidad «que siempre estuvo y está presente a gran profundidad, por debajo de la multiplicidad de los seres y de sus configuraciones».[42] Nada impide que contemplemos la humanidad *simultáneamente* como especie biológica y como colectividad social. Esta representación dual es necesaria para explicar la historia causal del Antropoceno y para comprender la naturaleza de riesgos inmunitarios tales como la COVID-19. Por más que algunos grupos sociales puedan tener mayor responsabilidad que otros en la producción de esas amenazas, la humanidad se aparece como una totalidad indiferenciada si la miramos desde el punto de vista del planeta o del virus. Recordemos el *dictum* de Ulrich Beck: «la pobreza es jerárquica, pero el *smog* es democrático».[43]

«Especie» y «sociedad» son así categorías complementarias, que pueden iluminarse recíprocamente. También, claro, oscurecerse: pensar en la humanidad como especie biológica, denuncia Stacy Alaimo, desvía la mirada de los sistemas económicos y las injusticias sociales.[44] Pero sucede lo mismo al revés: el árbol del capitalismo moderno puede hacernos perder de vista el bosque de una humanidad que habita el planeta desde hace miles de años. Identificar a la especie como una unidad causal o como el objeto de la acción de los virus infecciosos es compatible con el análisis de las diferencias intrasociales. No son identidades excluyentes: podemos sentirnos miembros de la especie y, a la vez, parte de otros colectivos. ¡Incluso podemos sentirnos individuos! Pero conceptualizar la humanidad como especie biológica, con independencia de sus diferencias ulteriores, tiene sentido: para describir un aspecto de la realidad y para extraer conclusiones normativas a partir de la misma. Y ha tenido que ser un virus el que viniera a recordárnoslo.

LA ARTICULACIÓN POLÍTICA
DE LA HUMANIDAD GLOBAL

Si reconocemos a la humanidad como sujeto político, ¿necesitamos algún tipo de soberano global para representarla? La retórica de la totalidad encaja mal con las garantías de una democracia pluralista. De ahí que esta última se haya realizado hasta ahora preferentemente en el interior de naciones soberanas, que a su vez cooperan entre sí y con los regímenes autoritarios en la arena internacional. Hay que preguntarse si esta dinámica es suficiente para afrontar los nuevos riesgos planetarios, incluyendo las pandemias del futuro, o si resulta necesario dar pasos en una nueva dirección.

No cabe duda de que la sensación de urgencia que suele asociarse a las nuevas amenazas mundiales puede provocar un choque entre la soberanía nacional y las necesidades inmunitarias.[45] Y ello hasta el punto de que a algunos pensadores les resulta tentador «fantasear con un monarca benevolente, dotado con poder absoluto para imponer reglas sostenibles de conducta para toda la raza humana».[46] Un buen tirano: el lenguaje de la soberanía está cargado de potencialidad política, pero sus implicaciones democráticas pueden ser preocupantes. Por lo demás, ni siquiera está claro que la humanidad sea un sujeto *representable* fuera de los dominios de la teología política: ¿qué representante podría atesorar semejante potencia simbólica?

Con todo, la razón por la cual se suele descartar la idea de una soberanía global es la imposibilidad de realizarla; los intereses de las distintas circunscripciones humanas son demasiado divergentes. Incluso los pensadores críticos prefieren apostar por la forja de coaliciones entre grupos interesados en propiciar un cambio de rumbo: la estudiosa de las relaciones internacionales Kathleen McAfee pide una política que establezca vínculos entre las fracciones de la humanidad afectadas por las consecuencias del capitalismo y el colonialismo, mientras William Connolly apuesta por una convergencia *de facto* entre tales grupos a través de una «política de enjambre» que conduzca a una «huelga general» de dimensiones globales.[47] ¡Ahí es nada! Esto puede suceder o no; es más probable lo segundo. Pero lo que estos pensadores están señalando es que no existe una humanidad unida, preparada para operar políticamente.

¿Es posible revertir este diagnóstico? ¿Hay que descartar la idea de la humanidad como actor político? ¿Hemos de conformarnos con la vieja cooperación internacional como remedio para las crisis de salud pública y como plataforma para la acción medioambiental global? Depende. La soberanía debe ser tratada con cuidado, pero la idea de que la humanidad es toda ella una comunidad de destino —en la medida en que todos sus miembros son seres biológicos con un hábitat definido planetariamente— no debe ser abandonada con tanta premura. Algunos aspectos del pensamiento de Immanuel Kant, quien empleó a menudo la categoría de «especie» al reflexionar sobre los rasgos definitorios del ser humano, pueden ser de ayuda en este punto.

Por una parte, Kant ofreció una descripción del animal humano que no difiere demasiado de la que hoy es dominante en la literatura evolucionista: somos seres dotados de una excepcional habilidad tecnológica y tenemos la capacidad de civilizarnos a través de la cultura.[48] Como animales racionales, los humanos quieren preservar sus propias personas y la integridad de la especie; para ello necesitan leyes vinculantes que les obliguen a ser buenos. Y contemplados a partir de sus regularidades, los seres humanos están destinados *por naturaleza* a formar una coalición progresista e inestable cuya forma última, andando el tiempo, es la «sociedad cosmopolita». Tal es el «destino de la especie humana» y debe ser perseguido de manera diligente.[49] No es; *debe* ser o *llegar a* ser. Cuando Kant advierte sobre las dificultades de esta empresa, parece nuestro contemporáneo:

> [...] el llevarla a cabo está dificultado por el hecho de que la consecución del fin no puede esperarse del libre albedrío de los *individuos*, sino tan sólo de una progresiva organización de los ciudadanos de la Tierra dentro de la especie y para la especie como un sistema unificado cosmopolíticamente.[50]

No parece necesario aclarar que cuando Kant habla de «naturaleza» y del «plan oculto de la naturaleza» se está refiriendo a conceptos heurísticos, esto es, a una hipótesis que organiza su filosofía de la historia. Pero las esperanzas humanas no están llamadas a realizarse a escala individual, sino colectiva; por eso puede considerarse «la historia de la especie humana en su conjunto» como la realización del plan oculto de la naturaleza, cuya culminación es el Estado cosmopolita universal.[51] Se trata de *contemplar en bloque* el juego de la libertad humana en la historia, momento en el que se descubren sus regularidades. La noción de «especie» reaparece aquí de forma implícita: la historia será el resultado del desarrollo paulatino de las disposiciones de la criatura humana.[52] Pasa lo mismo con los demás animales; si cada uno de ellos, incluido el humano, careciese de disposiciones innatas llamadas a desarrollarse, la naturaleza carecería de sentido. Podemos discutir que lo tenga; que posee un *telos* que empuja a sus miembros en direcciones coherentes con sus «modos de ser» parece fuera de duda: el león caza, las aves emigran, el humano modifica su entorno. La diferencia estriba en que este último es la única criatura racional, observa Kant; sus disposiciones adoptan por ello una forma excepcional en el reino natural.

Ahora bien: dado que la república mundial permanece distante en el futuro y quizá sea en última instancia una quimera, el filósofo alemán sugiere que esta idea positiva puede reemplazarse por una *confederación defensiva* que sirva como «sucedáneo negativo de la idea positiva de un Estado mundial».[53] Este pacto de mínimos tiene sentido: si la ausencia de una federación mundial de repúblicas impide el acuerdo perfecto, nada previene contra la búsqueda de uno imperfecto entre regímenes de cualquier tipo. Si no todos son Canadá, en definitiva, habrá que tratar con China. Evitar el impacto de futuras pandemias y asegurar la habitabilidad del planeta son intereses comunes a todos los actores; esta convergencia alrededor de objetivos elementales puede servir de base para una gobernanza mejorada o para la creación de un soberano artificial que disfrute de una potencia legislativa restringida. En otras palabras: ya que es posible decir que todos los seres humanos son *en algún sentido* parte de la misma comunidad de destino, podemos hablar de la humanidad como sujeto político. Y en su nombre puede actuar un cuerpo representativo con un mandato limitado. No se trata de «cambiar la vida», como pedía Rimbaud, sino de hacerla viable a fin de que cada uno elija cómo quiere vivir. Así que esto no nos sirve como punto de partida para un programa fuerte de transformación social, sino como instrumento para asegurar una agenda de mínimos cuya finalidad sea prevenir y mitigar los riesgos globales. Y es de esperar que ese pacto, si llega a fructificar, vuelva a otorgar un papel central a la ciencia, cuya cultura de la neutralidad y vinculación con el progreso material han acompañado en el pasado los intentos por construir un genuino internacionalismo.[54]

Ni que decir tiene que hay diseños más ambiciosos: a partir de la identificación del Antropoceno como un «estado de naturaleza» que exige la instauración de un nuevo orden civilizatorio, Bruno Latour ha explorado la posibilidad de un Leviatán global.⁵⁵ Al igual que sucede con la pandemia, la dimensión planetaria de los problemas ecológicos supone —según Latour— que todos somos ciudadanos de un mismo cuerpo político. Para el pensador francés, el problema es que ese cuerpo político está dividido entre quienes desean hacer frente a los riesgos planetarios y quienes rehúsan asumir su gravedad; no hay *anthropos* porque no existe un actor universal capaz de operar en nombre de una humanidad unánime.⁵⁶ Lo que sí hay, en cambio, es una especie biológica cuyos miembros están sometidos a riesgos epidémicos y ecológicos que pueden modularse a través del ejercicio colectivo de la razón. Y la diversidad interna de dicha especie puede ponerse en suspenso —creándose la ficción de un cuerpo político global— para cumplir una finalidad específica, a la manera de una encomienda. Somos lo bastante sofisticados para recordar que esa unidad no existe en otros ámbitos de análisis: no albergamos los mismos valores, ni tenemos las mismas creencias, ni vivimos del mismo modo. La pluralidad no desaparece por el hecho de que ficcionalicemos un sujeto global interesado en mantener las condiciones de su propia subsistencia y empeñado en crear estructuras cooperativas de inmunidad. Después de todo, los individuos no tienen por qué entregarse a formas excluyentes de identidad; algunas son ciertamente incompatibles, pero muchas de ellas pueden coexistir de manera pacífica: somos capaces de sentirnos miembros de la especie humana, nacionales de un país y parte de un grupo social.

En una palabra: la pertenencia a la especie proporciona el fundamento más apropiado para un acuerdo político cuyo objeto sea reforzar la inmunidad humana ante las amenazas que se derivan de la habitación colectiva del planeta. De qué manera haya de concretarse este pacto, por medio de qué estructuras políticas y administrativas, no puede decidirse de antemano. Hay quienes piensan que podríamos estar a las puertas de una mutación constitucional capaz de producir una carta magna medioambiental global.[57] Pero sería poco realista esperar algo parecido a un gobierno mundial, vieja quimera que probablemente nunca deje de serlo.[58] Tampoco está claro, como se deduce de la discusión sobre la sostenibilidad global, si un sistema centralizado es preferible a uno poliárquico.[59] Pudiéramos también encontrarnos con un reforzamiento de las alianzas regionales: Krastev defiende que la pandemia es una oportunidad para «rediseñar un nuevo nacionalismo territorial centrado en la Unión Europea».[60] Pero incluso si la Unión Europea mejora su gestión concertada de las pandemias, seguirá teniendo que relacionarse con el resto del mundo. Aquí, la opción más realista es reforzar y mejorar el sistema de gobernanza universal aprovechando el impulso anímico proporcionado por la COVID-19. Y no existe una alternativa populista: el mecanismo de transmisión de los virus no se interrumpe con el cierre de fronteras y nadie puede llevar a cabo semejante medida de manera indefinida sin sufrir un daño económico brutal.

Cuando se coquetea con la disolución de lo nacional en lo global, en cualquier caso, hay que ser precavidos. Aunque los estados-nación son una contingencia histórica, su tamaño se ha mostrado hasta el momento idóneo para articular una política democrática que aúne pluralidad de voces y una escala decisoria manejable. En ese sentido, el reiterado fracaso de la Unión Europea a la hora de construir un debate público continental resulta significativo de las limitaciones democráticas de la transnacionalidad; distinto es que puedan crearse organismos y procedimientos decisorios a esa escala, dotados de una legitimidad democrática indirecta, capaces de incrementar la eficacia de la cooperación entre gobiernos. Pierre Manent ha ofrecido buenas razones en defensa de las naciones como unidad democrática elemental, escéptico como es respecto de formas imperiales de organización política en las que el *kratos* («el poder decisorio») se desliga del *demos* («la comunidad de los afectados por esas resoluciones»).[61] Sobre todo, el pensador francés nos recuerda —a partir de la amarga experiencia del 11-S con la que se abría este siglo— que «la humanidad presente está marcada por separaciones mucho más profundas de lo que pensábamos».[62] Y aunque un objetivo común a todos podría generar las bases de un nuevo entendimiento colectivo, sería aventurado darlo por supuesto.

De ahí la utilidad del planteamiento que se ha defendido en este capítulo: limitar los acuerdos entre naciones, en el sistema de gobernanza ahora existente, con el objetivo de reforzar la inmunidad colectiva. Es deseable que China otorgue derechos civiles y políticos a sus ciudadanos, pero ese proceso de democratización no es imprescindible para la cooperación internacional en materia de salud pública. Otra cosa es que, como ha señalado el cofundador de *Open Democracy* Anthony Barnett,

> la democratización de las instituciones internacionales sería de ayuda. Primero, haciendo que sus procedimientos sean transparentes; segundo, si están especializados, haciendo que respondan directamente ante la red global de profesionales a los que representan, para así evitar que se conviertan en espacios para la competición nacional.[63]

A este respecto, no puede decirse que la Organización Mundial de la Salud haya salido triunfante de esta crisis; aunque las causas del fracaso de la comunidad internacional en la gestión de la COVID-19 sean diversas, el organismo de

Naciones Unidas ha dado la razón a quienes venían alertando acerca de sus deficiencias e insistían en la necesidad de remodelarlo por completo o, en su defecto, suprimirlo.[64] El dilema sigue en el aire, puesto que acabar con la OMS solo podría servir para crear un organismo análogo de nueva planta, en tanto una institución global especializada en salud pública y riesgos epidémicos es más necesaria que nunca. Su descalabro, por lo demás, no es ajeno a su sobrecarga funcional ni al hecho de que los gobiernos nacionales minan su eficacia desde el interior de la institución (como parece haber hecho China en esta ocasión) y desde su exterior (ignorando sus alertas). ¿Es una organización de carácter normativo, que fija estándares y ofrece ayuda técnica a los gobiernos, o posee también funciones humanitarias?[65] Sus recursos financieros y personales son, por lo demás, limitados. Y, por encima de todo, la Organización Mundial de la Salud *no* está diseñada para actuar de manera autónoma: depende de las naciones que la sufragan y que eligen a su director.[66] Si las rivalidades geopolíticas o la desconfianza entre los gobiernos impiden que de esta pandemia salga un refinamiento del sistema global de gobernanza en materia de riesgos epidémicos, en fin, habremos comprobado una vez más la distancia abrumadora que media entre los ideales normativos y la realidad práctica.

Es muy probable que no exista una solución ideal para la coordinación entre los distintos estratos de organización del poder político. Tampoco hay exactamente un dilema entre regresión nacionalista y apertura cosmopolita: ninguna de las dos, ni la extraversión ni la retirada, pueden ser totales. O sea que ni vamos a acabar con las naciones, ni vamos a desmantelar el entramado de entidades internacionales que hacen posible la cooperación y coordinación entre aquellas. En cualquier caso, el postulado de que la humanidad es primeramente una especie a la que pertenecen todos sus miembros puede mediar entre esos dos niveles de decisión, recordándonos la necesidad de disponer de formas políticas cosmopolitas que permitan gestionar una interdependencia global que la pandemia ha puesto de manifiesto: el aleteo de un murciélago en Wuhan ha encerrado en sus casas a los habitantes de medio mundo.

EPÍLOGO
POR UNA ILUSTRACIÓN PESIMISTA

¿Qué nos *dice* la pandemia de la COVID-19? ¿De qué manera habría de afectar a nuestra percepción de la realidad y a la manera en que nos relacionamos con ella? ¿Qué lecciones debemos extraer de este acontecimiento singular? Naturalmente, no existe una única forma de aproximarse a él; como no hay un análisis «correcto» que conduzca a una lista cerrada de conclusiones válidas sobre un fenómeno poliédrico del que jamás llegaremos a saberlo todo. Pero eso no significa que *cualquier conclusión* sea igualmente válida; las hay mejores y peores. Su consistencia dependerá de la atención que presten a los hechos observables y de la solidez de su argumentación: sostener que el virus es una ficción discursiva es tan poco interesante como sugerir que nos obliga a desmantelar el capitalismo. Los matices son importantes: identificar cualquier medida de excepción con un proceder autoritario nos impide evaluar cuidadosamente el desempeño de los distintos gobiernos democráticos durante la pandemia. Bien es verdad que no todos los comentaristas persiguen el mismo fin: unos quieren comprender, otros influir sobre los decisores públicos e incluso los hay que no pierden oportunidad alguna para dar salida a sus obsesiones ideológicas.

Por lo demás, el aprendizaje colectivo sobre la pandemia podrá tener lugar o no: aunque cabe esperar que la información acumulada durante estos largos meses sea de utilidad en futuras crisis epidémicas, las opiniones públicas no se han caracterizado precisamente por su fría racionalidad. Es verdad que el diseño de las redes sociales y la lógica sensacionalista de los medios fomentan la visceralidad comunicativa; si bien la emocionalidad tampoco es siempre un rasgo negativo.[1] Puede serlo: que haya tantos ciudadanos dispuestos a creerse teorías conspirativas sobre la pandemia —alguna tan pintoresca como la que sitúa su origen en las redes 5G y que ha provocado el ataque de ciudadanos británicos contra las torres donde van sus antenas— pone a la vista los formidables obstáculos epistémicos a los que se enfrentan las sociedades humanas. También esto podemos comprenderlo, pues sabemos que las teorías conspirativas proporcionan una explicación para los fenómenos improbables y sirven como medio para atenuar la sensación de desconcierto que provoca una amenaza inesperada: culpar a un grupo de pérfidos juramentados simplifica las cosas.[2] Pero comprenderlo no es lo mismo que impedir sus efectos: aunque la aparición de un virus global habría de debilitar al movimiento antivacunas, este podría salir *reforzado* de una pandemia que proporciona elementos para la elaboración de nuevas fantasías conspirativas.[3]

Sería asimismo aconsejable que pusiéramos en entredicho aquellos análisis cuyo punto de partida sea que la pandemia *ha demostrado* que es posible modificar radicalmente la organización social existente. Bajo este punto de vista, todo sería una cuestión de «voluntad política». Incluso alguien tan brillante como Bruno Latour ha incurrido en esta lógica:

> En medio del dolor más extremo, estamos viendo que el orden mundial, que se nos decía que era imposible de cambiar, tiene una plasticidad asombrosa, y que, como colectivo, los

seres humanos no están indefensos. Todo depende, por supuesto, de la capacidad que tengan de resistirse a regresar al orden anterior.[4]

Sin duda, estamos lejos de la indefensión: esta crisis ha demostrado que la extinción de la especie, inevitable a larguísimo plazo, no está a la vuelta de la esquina. Pero la pandemia no ha producido un orden social alternativo y viable; solo ha forzado la suspensión de buena parte de la actividad económica y social preexistente. Así que la tarea de bosquejar un sistema distinto sigue pendiente; cuando Latour habla de la «asombrosa plasticidad» del orden mundial está, obviamente, exagerando. Pero quizá sería más exacto decir que se trata de una confusión: no es que las sociedades nunca cambien, sino que es difícil transformarlas de manera *deliberada*. De ellas puede decirse con propiedad que son «resilientes», adjetivo procedente de la ecología que designa la capacidad de un sistema para volver a su equilibrio después de que este haya sido alterado por un agente externo. Por lo general, la resiliencia es valorada positivamente: como resistencia a los *shocks* externos. Pero si de lo que se trata es de cambiarlo todo, la sacudida será bienvenida y la resiliencia se convertirá en un incordio.

En este sentido, no hay que perder de vista la diferencia entre el cambio social *decidido* colectivamente a través de mecanismos democráticos y el cambio social *sobrevenido* por efecto de innovaciones originadas en las esferas de la economía, la tecnología o la cultura. Para comprobarlo, ahí está el impacto de las tecnologías digitales en las relaciones sociales, la reproducción cultural y la organización económica: una transformación que nadie ha decidido ni nadie ha podido dirigir. En realidad, el cambio social es menos un *momento* que un *proceso*. Y podríamos preguntarnos hasta qué punto los giros narrativos de las ficciones que llevamos siglos consumiendo no nos han acostumbrado a confundir el momento *desencadenante* de un proceso larvado de cambio —ya sea una ruptura matrimonial o una revolución— con el cambio mismo. Esperamos así la decisión, el instante fenomenal en que todo se transforma; aunque no suele haberlo.

Ni siquiera una crisis como la provocada por el SARS-CoV-2 responde a esa descripción: en cuanto el virus empezó a debilitarse en el hemisferio norte con la llegada del verano, las comunidades humanas buscaron regresar a su forma anterior. Pareció perderse con ello la oportunidad para el cambio revolucionario; si es que en algún momento la hubo. La historia podría no terminar aquí: de acuerdo con el politólogo Jaime Pastor, el fin de la pandemia podría traer consigo «una nueva ola de revueltas populares que tomen el relevo de las que estaban en marcha antes del estallido de esta crisis global».[5] Tampoco puede darse por hecho que un viraje brusco de la humanidad infectada condujese hacia el «ecosocialismo gaiano» defendido entre nosotros por Jorge Riechmann, ya que una regresión nacionalista que pusiera en su centro algún tipo de Estado securitario es otra posibilidad.[6] Y eso por no hablar del retorno de la hipótesis ecoautoritaria que floreciera en los años setenta del siglo pasado: la urgencia sanitaria podría conducir a una suspensión de las garantías democráticas luciendo la más benévola de las sonrisas.

No es mi intención hacer pronósticos sobre el destino de las sociedades humanas. Me limitaré a extraer dos enseñanzas de la pandemia y a proponer, a la manera de una destilación de las mismas, una sugerencia normativa. Esta última no se asocia a ningún programa particular de cambio social; más que un *deber ser*, postula un *modo de pensar* la realidad social: una aproximación singular que nos orienta en una dirección y no en otras. De ahí emergerán mandatos morales, recomendaciones políticas y diseños institucionales.

*i) La pandemia ha confirmado que el gran tema de
nuestro tiempo es la reorganización sostenible
de las relaciones socionaturales*

Por más que una vez tuviera sentido catalogar la defensa del medioambiente como un valor «posmaterialista», como sugirió el sociólogo Ronald Inglehart por contraste con una justicia social que daba forma a reivindicaciones «materialistas», no parece que podamos seguir razonando de ese modo.[7] No hablamos de la conservación del paisaje ni del tratamiento compasivo de los animales: los riesgos epidemiológicos, así como aquellos que se derivan del impacto de la actividad social en los sistemas naturales planetarios, constituyen una prioridad material para el animal humano. Ocuparse de ellos no es un lujo civilizatorio que nos permitimos cuando ya han sido satisfechas necesidades más básicas. En cierto sentido, por supuesto, esa lógica sigue operando: hemos hablado poco del calentamiento global durante los años de la crisis financiera. Pero la hibridación creciente de sociedad y naturaleza, producto de la intensa colonización humana del entorno, ha generado nuevos peligros. Ya no se trata de prohibir el DDT o evitar la degradación industrial de hábitats naturales; el objetivo es asegurar la habitabilidad futura del planeta. A medio plazo, el riesgo es que vivir en la Tierra se nos haga *incómodo* por causa de la desestabilización de los sistemas planetarios. Es evidente que esto podría a su vez generar turbulencias políticas de gran escala, con la consiguiente amenaza para la vida democrática. Por supuesto: estos temores podrían demostrarse exagerados. Pero la sola existencia de un riesgo plausible aconseja una acción decidida: mejor prevenir que curar.

De todo esto ya veníamos hablando; en buena lógica, la pandemia habría de reforzar la impresión de que hay que tomarse la biología en serio. Ya hemos visto que las enfermedades infecciosas son un viejo enemigo de la humanidad y que las epidemias emergen cuando la revolución neolítica produce aglomeraciones poblacionales estables. Por ello, caracterizar la pandemia de la COVID-19 como una catástrofe del Antropoceno tiene poca justificación, pese a los esfuerzos por hacer que el coronavirus encaje en ese marco analítico. Tampoco se trata de un riesgo manufacturado socialmente, como los descritos por Beck en su teoría de la sociedad del riesgo: los virus no son producto de la modernización. Otra cosa es que la modernización en su actual forma propicie la aparición de nuevas enfermedades infecciosas en lugar de reducir las posibilidades de que lo hagan; erradicarlas, por lo que sabemos de bacterias y de virus, es imposible. Recordemos que los virus existen desde hace tanto tiempo que nosotros mismos ya somos, en parte, virus: nuestro genoma contiene una notable cantidad de ADN de procedencia vírica.[8]

No cabe duda: la colonización de hábitats salvajes y el mayor consumo de carne en las sociedades emergentes *incrementa* la probabilidad de que los patógenos de origen animal salten exitosamente la barrera de las especies; por su parte, las densas redes de comunicación globales *facilitan* su rápida propagación. Así que la Gran Aceleración del Antropoceno no es ajena a la forma particular que adopta esta pandemia: así se denomina el aumento exponencial de población, producción y consumo que tiene lugar desde la segunda posguerra mundial, que conoce un último reprís tras la incorporación de los países de la órbita socialista a la organización económica capitalista. Pero ya hubo una gripe española hace un siglo, tres epidemias de cólera en la Europa del XIX y una peste que asoló Atenas en tiempos de Pericles. Todas ellas manifestaron los rasgos de su época, como hace hoy la pandemia de la COVID-19. Tal como ha señalado el historiador Kyle Harper, cada época sufre las enfermedades infecciosas que se «merece» en un sentido ecológico, ya que las enfermedades humanas son un resultado de nuestra particular evolución como especie.[9] La amenaza no es inédita; solo adopta formas nuevas en contextos diferentes.

¿Significa esto que el Antropoceno no es un marco teórico adecuado para la comprensión de esta pandemia? No exactamente. Las enfermedades infecciosas son una de las amenazas biológicas que sufre el animal humano y, si bien la COVID-19 no es un producto *del* Antropoceno, el virus que la provoca ha hecho acto de aparición *en* el Antropoceno: bajo una forma histórica particular de la relación entre el ser humano y el resto del mundo natural. Podemos decirlo todavía de otra manera: si los virus de origen zoonótico son siempre resultado de la *fricción* humano-animal y su propagación depende del modo en que los humanos estén socialmente organizados, la COVID-19 es el efecto de un tipo particular de fricción que combina elementos premodernos y modernos. Por eso hemos hablado de un drama de la incorporación a la modernidad: de la coexistencia en el espacio de sociedades que, aun estando relacionadas entre sí, se encuentran en distintas fases del proceso de modernización.

Pero dado que esta coexistencia es *ella misma* una característica del Antropoceno, cuyos indicadores más recientes no se entienden sin el crecimiento económico de China y el resto de Asia, sería absurdo pensar en la pandemia como un fenómeno situado *fuera* del Antropoceno. De acuerdo: no es un suceso *definitorio* de esta época; las enfermedades infecciosas han sido una circunstancia constante en el Holoceno. Otra cosa es que la capacidad disruptora de esta pandemia en la sociedad de flujos del siglo XXI deje claro que las bacterias y los virus merecen la debida atención. La COVID-19 se ha limitado a recordarnos una vulnerabilidad elemental a la que, pese a la frecuencia con que han seguido manifestándose distintas epidemias infecciosas, habíamos dejado de conceder la importancia adecuada. Hay que remontarse a la aparición del SIDA para encontrar una epidemia con tanta resonancia política y cultural: si en aquel caso fue decisivo el pánico moral experimentado por los sectores más conservadores, en esta ocasión la paralización temporal del mundo globalizado ha bastado para impresionarnos.

El coronavirus podría así dar impulso a un nuevo relato colectivo que, como ha defendido la historiadora medioambiental Carolyn Merchant, debe basarse en el reconocimiento de que la naturaleza es autónoma y a veces impredecible.[10] No siempre es autónoma: la mayor parte de los problemas planetarios del Antropoceno están ligados a la actividad humana y por tanto surgen del contacto entre sociedad y naturaleza. Otros, como los movimientos tectónicos o la actividad solar, quedan lejos de nuestro alcance. Los virus se hallan *in medias res*: emergen espontáneamente, pero su difusión depende del modo en que se organicen las sociedades humanas. En cualquier caso, la relativa fragilidad de la especie produce un imperativo de acción: el ser humano está obligado a administrar las relaciones socionaturales y a minimizar sus riesgos, entre los que se cuentan las afecciones de origen vírico. Hablar del *dominio del mundo natural* es megalomaníaco; es preferible referirse al *control de nuestras interacciones* con él. Y esta colosal tarea no se agota en el levantamiento de estructuras inmunitarias ni en la estabilización de los sistemas naturales; es preciso que nos hagamos cargo de un poder transformador ejercitado hasta ahora de manera irreflexiva. Este y no otro sería, al decir del filósofo Steven Vogel, el origen de nuestro malestar:

Sugiero que la alienación no proviene de nuestra transformación del mundo, sino más bien de nuestro fracaso a la hora de reconocernos en el mundo que hemos transformado; la incapacidad, por tanto, de reconocer la responsabilidad por lo que hemos hecho y por lo que hemos construido.[11]

Para modificar la relación con el entorno de una manera a la vez sostenible y satisfactoria, hemos de cobrar conciencia de que somos capaces de transformarlo; ya sea de manera inconsciente o deliberada. Hasta el momento *apenas hemos decidido* nada sobre la forma que deban adoptar las relaciones socionaturales, si por «decisiones» entendemos el resultado de un proceso colectivo de deliberación. Solo cuando estas lleguen a ser adoptadas, podremos juzgar el mundo resultante como fruto de la acción humana y no como el producto desordenado del desarrollo social moderno. Recordemos que la humanidad puede exhibir una lentitud desesperante: estremece pensar ahora en esas habitaciones llenas de humo donde nos ahogábamos antes de que comenzara a regularse el consumo de tabaco en los espacios públicos. También para esto es necesaria la convergencia alrededor de unos mismos estándares globales; como el ejemplo del tabaco pone de manifiesto, las sociedades humanas están todavía lejos de compartir similares criterios inmunológicos.

ii) La pandemia muestra los límites de la capacidad humana para anticipar y controlar los acontecimientos

La pandemia de la COVID-19 no constituye una crisis de inteligibilidad: sabemos lo que ha pasado y sabíamos que podía pasar. Pero sí ha sido una crisis de previsibilidad y de mensurabilidad, ya que no podíamos saber *cuándo* tendría lugar una epidemia de estas proporciones ni *cómo* se desenvolvería. A diferencia de lo que sucede con una erupción volcánica o un terremoto, las sociedades pueden reducir la probabilidad de que los episodios zoonóticos sean frecuentes o peligrosos; lo que no tienen en su mano es eliminarlos, especialmente en un mundo de fronteras porosas y cadenas de producción globales. Así que la pandemia es la confirmación de que no controlamos los acontecimientos; algo que nunca hemos dejado de saber, pero solemos olvidar.

Al fin y al cabo, el conocimiento sobre la zoonosis está rodeado de imprecisiones y no existe ni la más remota posibilidad de predecir el momento o tipo de la próxima pandemia: hay demasiados factores en juego, que varían de forma aleatoria o casi aleatoria.[12] Se trata de predecir la conducta de un virus que empieza por hospedarse en un reservorio animal, luego da el salto a otra especie y, finalmente, recala en algún ser humano. Sencillamente, no podemos saber qué episodios infecciosos serán —desde el punto de vista del virus— exitosos, ni tampoco anticipar su recorrido: se trata de un accidente a la vez inevitable e imprevisible, tanto en su origen como en su desarrollo. Para el economista británico Paul Collier, la consecuencia es clara:

> en un mundo que de manera inevitable se ha vuelto demasiado complejo para ser capturado por modelos predictivos, un mundo de «ignorancias conocidas» [*known unkowns*] e «ignorancias ignoradas» [*unknown unknowns*], la respuesta más sensata a la pregunta «¿qué debemos hacer?» es «no lo sé».[13]

Se manifestaría aquí una tendencia característicamente moderna, que es la de suprimir la indeterminación y sustituirla por un riesgo mensurable; o que creemos mensurable. Es así como habríamos terminado por perder de vista que existe eso que Mervyn King y John Kay llaman «incertidumbre radical».[14] En una palabra, seríamos las víctimas de un «mito de la mensurabilidad» creado por nuestro racionalismo.[15] Es una idea seductora, a la que sin embargo solo recurrimos cuando un peligro termina por materializarse y no cuando muchos otros son rutinariamente conjurados. Con todo, el problema parece estar menos en el pronóstico que en la asignación al mismo de cualidades y funciones que exceden su fuerza predictiva. ¿Cómo no van a querer las sociedades humanas conocer su futuro? El ser humano, señala Koselleck, quiere saber cuál es su futuro a pesar de «la incapacidad empírica de experimentarlo».[16] Lo que distingue a la modernidad es la confianza con la que las sociedades humanas se han enfrentado al porvenir; como si solo se tratara de dar con la técnica adecuada. Pero así como el arúspice dejaba paso al analista, las sociedades se hacían cada vez más complejas y, por tanto, impredecibles: aunque puedan calcularse regularidades, no pueden conocerse de antemano las desviaciones. Y ello, en parte, porque las propias predicciones alteran las expectativas de los actores sociales y, con ello, el futuro que describen.[17]

En su discurso de aceptación del Nobel de Economía, Friedrich Hayek llamó la atención sobre los problemas que cualquier fantasía de omnisapiencia trae consigo. Particularmente, esa «pretensión del conocimiento» puede hacer olvidar a los practicantes de las ciencias sociales que han de lidiar con fenómenos complejos cuyas facetas «cuantificables» son limitadas, llevándolos a pensar que solo son relevantes aquellos factores que podemos medir.[18] Las sociedades están formadas por estructuras cuya complejidad no depende solo de la composición de sus elementos, sino también de sus dinámicas relaciones mutuas. Para colmo, las decisiones de los actores sociales no pueden predecirse en sentido propio, influidas como están por una densa maraña de representaciones, percepciones, emociones y aun malentendidos comunicativos. Cuando explicaba por qué el concepto de «reacción» que nace en las ciencias físicas no funciona en el plano social, Starobinski describía del siguiente modo esa dificultad:

> En mecánica, en la acción y la reacción, y en toda aplicación del paralelogramo de las fuerzas, la suma de las fuerzas resulta igual. Ya no es así cuando se trata de un cuerpo social. Las fuerzas aislables cuya interacción se cree discernir son abstracciones. […] La acción y la reacción son solo una figura aproximada de las causas probables, según los casos, del equilibrio, o de la inestabilidad, o de los bloqueos de una sociedad.[19]

De aquí puede deducirse que, pese a los intentos por definir las ciencias sociales como ciencias *tout court*, su objeto de conocimiento se resiste inevitablemente a la cuantificación y la matematización. Los conceptos que organizan la producción de las ciencias naturales son incompatibles con aquellos que nos permiten comprender la vida social.[20] Para Hayek, no obstante, la conclusión es política: allí donde reina la complejidad, no podemos adquirir «el conocimiento completo que haría posible el control de los acontecimientos». Habremos de usar el saber disponible, por imperfecto que sea, sin intoxicarnos por un éxito que puede ser pasajero: la existencia de límites insuperables al conocimiento debe enseñarnos a ser humildes, ya que el mundo no se deja dominar.[21] Es obvio que Hayek está hablando aquí en defensa de los órdenes espontáneos y en contra de la planificación centralizada que caracterizaba al comunismo soviético. Terminada la Guerra Fría, su admonición debe prevenirnos contra las invocaciones de esa «voluntad política» cuyo ejercicio desinhibido permitiría —al decir de sus entusiastas— resolver de un golpe los problemas pendientes: de la desigualdad al racismo, pasando por el cambio climático y la acción letal de los virus. ¡Querer es poder!

Claro que sería un error pensar que nada puede hacerse en ausencia de un conocimiento perfecto. Hayek mismo sugiere que actuemos echando mano de aquello que hemos logrado saber, sin confundirlo con la totalidad del conocimiento relevante ni incurrir en la ingenua creencia de que es posible someter la realidad a nuestro dominio. Las enfermedades infecciosas, como la COVID-19, son un buen ejemplo: aunque hemos erradicado algunas y controlado otras, siempre aparecerán nuevas. Pero no sabemos cómo serán ni podemos saberlo: todavía no existen. Nuestro conocimiento está forzosamente limitado; hay que aprender sobre la marcha.

Es aquí donde cobran valor la experiencia epidemiológica y las políticas de prevención. En la respuesta a la pandemia de países como Singapur y Suiza, se señala el camino a seguir: hay que estar lo mejor preparados posible para hacer frente a lo inesperado. Las pandemias no son tanto accidentes imprevistos como imprevisibles; sabemos que tendrán lugar, pero desconocemos los detalles. Esto permite acumular información y crear protocolos de actuación listos para ser activados cuando un virus empieza a propagarse regional o globalmente. De qué manera actuará ese patógeno *en contacto con sociedades concretas* no podemos saberlo; por muchos planes que se hayan trazado con anterioridad, las decisiones políticas y las conductas colectivas no pueden anticiparse. Y aunque en el caso de la COVID-19 algunos gobiernos hayan tenido mucho más éxito que otros, el tenor general de la respuesta internacional ha adolecido de improvisación. Ha quedado así expuesta la ausencia de una planificación basada en la monitorización temprana y la contención de los focos locales de infección: nada menos sofisticado que encerrarse en casa a esperar que se invente una vacuna.[22]

Ni que decir tiene que, incluso con la mejor de las disposiciones colectivas, el error será inevitable. El buen hacer de las revistas británicas *The Lancet* y *The New England Journal of Medicine* no fue suficiente para evitar que ambas publicasen estudios sobre el empleo clínico de la hidroxicloroquina sin el debido respaldo metodológico, a pesar de que los datos allí recogidos podían tener consecuencias letales en hospitales de todo el mundo.[23] Por añadidura, las técnicas prospectivas que buscan predecir el desarrollo de una epidemia pueden ser más o menos fiables dependiendo de los factores que tomen en consideración: Pasquale Cirillo y Nassim Taleb han lamentado que la mayoría de los modelos computacionales y matemáticos usados a tal fin ignoran el riesgo de cola [*tail risk*] de las enfermedades contagiosas, a pesar de tratarse de un fenómeno caracterizado por los extremos más que por las medias.[24] Esto no deja de ser chocante, ya que el debate público sobre la pandemia ha abundado desde el principio en alusiones a la segunda ola de la gripe española, que resultó mucho más letal que la primera; hasta el punto de que el periodismo de la Europa continental pasó buena parte del verano de 2020 preguntándose si los contagios detectados en su transcurso —en buena medida producto del considerable aumento del número de test realizados— eran ya constitutivos de ese segundo embate.

iii) La pandemia sugiere la necesidad de dar forma a una Ilustración pesimista

De las observaciones anteriores se sigue una prescripción de orden normativo: la conveniencia de dar forma a una Ilustración pesimista. No es que la pandemia de la COVID-19 produzca *por sí sola* este resultado; más bien culmina de manera espectacular el catastrófico recorrido de nuestro joven siglo, que parecía en sus comienzos destinado a redimirnos de los amargos desastres del anterior. Entendámonos: así como el optimismo de la primera modernidad es irreproducible, porque ya hemos leído demasiados libros de historia, no por ello hemos de incurrir en un fatalismo que ignore los avances materiales y morales experimentados por la humanidad desde entonces. Hablar de una «Ilustración pesimista» es así esperanzador: conservamos cierta confianza en la modernidad, aunque nos dejemos las ilusiones más adolescentes por el camino. Y es que tiene razón Sloterdijk: «La pregunta fatal es si se lograrán estabilizar los estándares de la Edad de Plata aparecida como un mero episodio o si estará en puertas una recaída en una nueva Edad de Hierro».[25] No hay manera de saberlo; la pandemia del coronavirus podría complicar la respuesta. Pero sí está en nuestra mano hacer un esfuerzo por clarificar el haz de relaciones que vinculan Ilustración, historia y razón.

Recuérdese que el texto seminal acerca del significado de la Ilustración es el artículo que Kant publica en el periódico *Berlinische Monatsschrift* en 1784. Allí señala de manera provocadora que la Ilustración no es otra cosa que el abandono por parte del hombre de una minoría de edad cuyo responsable es él mismo.[26] Frente a la cómoda posición en la cual pensamos lo que otros nos dicen, el ilustrado debe *razonar por sí mismo*. Kant es consciente de que un mandato de este tipo puede causar problemas de orden colectivo, así que se cuida mucho de identificar autonomía con desobediencia: por eso distingue entre el uso privado de la razón, con arreglo al cual hemos de actuar discretamente en el ejercicio de las funciones que sirven al interés común, y su uso público, que demanda de nosotros la libre expresión de los dictados de nuestra conciencia. Pero no es esto lo que me interesa señalar, sino, en primer lugar, la idea de que la Ilustración es una época que se nombra a sí misma. Escribe Kant:

> Si ahora nos preguntáramos: ¿acaso vivimos actualmente en una época *ilustrada?*, la respuesta sería: ¡No!, pero sí vivimos en una época de *Ilustración*. Tal como están ahora las cosas todavía falta mucho para que los hombres, tomados en su conjunto, puedan llegar a ser capaces o estén ya en situación de utilizar su propio entendimiento sin la guía de algún otro [...].[27]

Ya se ha visto que el gradualismo está presente en la visión kantiana de la historia, que distingue claramente entre colectividad e individuo: el progreso humano se verifica en el plano de la primera y no en la existencia particular del segundo. Pero nótese que el vínculo entre Ilustración y progreso no es evidente, sino que constituye una *expectativa*: se espera que el uso generalizado de la razón, vale decir, el acceso de los individuos a la mayoría de edad, producirá sociedades más justas y libres. En particular, el filósofo alemán cree que una sociedad ilustrada será capaz de dotarse de una constitución política voluntariamente elegida por sus miembros; constitución que, a su vez, será capaz de evitar la guerra. Hoy habría que añadir un tercer objetivo: el aseguramiento de las condiciones de vida de la especie. Después de todo, tanto la habitabilidad del planeta como la inmunidad del animal humano ante los accidentes biológicos son condiciones de posibilidad para el desarrollo de la libertad.

¿Es Kant un optimista? En cierto sentido, podríamos decir que sí, ya que *espera* resultados positivos del uso público de la razón y, de hecho, *confía* en que su empleo termine generalizándose. Recordemos que la filosofía de la historia kantiana posee un fundamento naturalista: cada especie posee unas disposiciones naturales llamadas a desenvolverse históricamente. Avanzar hacia la Ilustración es el «destino primordial» de la especie humana y la posibilidad de ese progreso queda demostrada, según Kant, en la «simpatía rayana en el entusiasmo» con que es recibida la Revolución francesa por el público —o una parte del público— de su tiempo.[28] ¡Obsérvese qué modesto es el signo que señala la existencia del progreso! Digamos entonces que el pensador alemán no es optimista ni pesimista, ya que no cree que el proceso de ilustración rinda frutos inmediatos. Podría decirse que el auténtico optimismo moderno se despliega en el siglo XIX, que es cuando cobran forma las ideologías del progreso más triunfalistas —Hegel, Marx, Comte— y tienen lugar transformaciones materiales que cambian rápidamente la faz de las sociedades occidentales.

En sus reflexiones sobre el concepto de «Ilustración», Michel Foucault ha descrito los rasgos fundamentales de ese desplazamiento decimonónico: una ciencia positivista, un sistema estatal que se ofrece como racionalidad profunda de la historia y una ciencia del Estado que vincula el positivismo con la acción pública.[29] Pero Foucault, como ya hicieran Weber y los sucesivos representantes de la Escuela de Frankfurt, subraya el lado oscuro del proceso de racionalización. Este constituye un primer motivo para el pesimismo de los ilustrados: «¿cómo puede ser que el gran movimiento de la racionalización nos haya conducido a tanto ruido, a tanto furor, a tanto silencio y tanto mecanismo sombrío?».[30] Es una de las obsesiones del pensamiento tardomoderno: el vínculo entre razón y desastre. Pero no cualquier desastre, sino el causado por la propia razón: del Congo al Gulag, del Titanic a Auschwitz.

Es sabido que Habermas denuncia la «*praxis* de la negación» de quienes formulan la crítica total de la Ilustración: quien se vuelve contra la razón no deja salida a la vista.[31]

Siguiendo el criterio de estos teólogos negativos, la fe en el progreso no es más que una superchería. Podríamos situar a Foucault en ese mismo equipo, ya que el pensador francés no parece creer que la razón pueda depurarse a sí misma introduciendo matices dialécticos, o sea «tratando de determinar lo que ha podido haber de bueno y de malo en la Ilustración».[32] Más aún, Foucault denuncia abiertamente el «chantaje de la Ilustración», de acuerdo con el cual hemos de estar *a favor* o *en contra* de ella: manteniéndonos en su tradición racionalista o escapando a ella en dirección desconocida. Lo que está en juego, como ha señalado Javier de la Higuera, es el fundamento normativo de la modernidad.[33] Es lo mismo que se pregunta Nietzsche: ¿qué sostiene a la razón?

La respuesta que Foucault da a este presunto chantaje nos interesa aquí solo parcialmente. Para el filósofo francés, la modernidad tiene que renunciar a cualquier suelo normativo, evitando así cualquier pretensión trascendental. ¿Lo real es racional? ¡A otro perro con ese Hegel! A su juicio, no existen *la* razón ni *la* racionalidad, sino diversas racionalidades —en plural— que se despliegan en distintas esferas sociales sin un principio general que las unifique. Asimismo, sería un error contemplar la historia como una concatenación de elementos teleológicamente dispuestos en relación con un final prefijado: lo que hay son acontecimientos contingentes, singulares, cada uno de los cuales debe ser estudiado menos como *producto* que como *efecto* de elementos preexistentes. Por este camino, la Ilustración se convierte en otra cosa: no es un periodo histórico, sino una *actitud particular*. Esto es:

> por «actitud» quiero decir un modo de relación con respecto a la actualidad; una elección voluntaria que hacen algunos; en

fin, una manera de pensar y de sentir, una manera también de actuar y de conducirse que, simultáneamente, marca una pertenencia y se presenta como una tarea.[34]

El espíritu de la modernidad se confunde así en buena parte con la actitud crítica que emerge en el Occidente moderno y se resume en una singular disposición hacia el presente, que sería ya visible en el texto original de Kant: en esa época que se da origen a sí misma. Y tiene razón Foucault cuando señala la conexión entre el opúsculo sobre la Ilustración y el resto de la obra kantiana, ya que las famosas preguntas que se hacía el pensador alemán en sus *Críticas* cobran sentido cuando nos atrevemos a pensar autónomamente: ¿qué puede conocerse, qué debe hacerse, qué cabe esperar?[35] Foucault puso en el centro de su obra la primera de esas interrogaciones, referida a las condiciones de posibilidad de un conocimiento humano marcado por el hecho lingüístico. Y, ciertamente, fenómenos como los virus o el clima muestran a las claras la *dificultad de conocer*, ya que complejidad e incertidumbre suponen un límite irrebasable a la capacidad del ser humano para producir certidumbre. Tampoco es fácil responder a la cuestión sobre lo que *debe* hacerse: porque son muchas las respuestas que se dan a ella y porque se ha demostrado difícil alcanzar acuerdos intersubjetivos basados en la deliberación racional. Aquí ya se añaden algunas razones para el pesimismo; cuando menos, para el escepticismo. Pero es en relación con la pregunta sobre lo que cabe esperar donde se termina de perfilar la idea de una Ilustración pesimista.

Tal como se ha visto, lo que Kant espera de la historia es un desarrollo de la libertad humana que producirá rendimientos positivos de manera paulatina.[36] El filósofo alemán discurre así *antes* de que se produzcan los accidentes de la modernidad, aunque tuvo tiempo de entrever los terrores de la Revolución francesa y él mismo nunca fue partidario de la resistencia armada contra el despotismo. La situación de Foucault es otra: su presente ya arrastra una historia bien distinta, tiene algo de postrimería que deja a la modernidad a las puertas de la posmodernidad. Pero hoy, lejos de Kant y también ya de Foucault, nuestro presente reclama su propio diagnóstico filosófico. Y lo que debe formar parte del mismo es la constatación —a la luz de la pandemia de la COVID-19— de que no hay Ilustración sin catástrofes, ni progreso sin accidentes. En la medida en que el proceso va revelando sus propios rasgos y no deja de reflexionar sobre sí mismo, lo que el filósofo descubre es que las esperanzas depositadas en el triunfo aplastante de una razón heroica eran exageradas; no porque la razón sea impotente, sino porque se enfrenta a obstáculos inerradicables. Entre ellos, sus propias limitaciones individuales y colectivas; también en el sujeto, y entre los sujetos, la razón solo se abre camino afanosamente. De ahí que el antónimo de una *Ilustración pesimista* no sea exactamente una *Ilustración optimista*, sino una *Ilustración ingenua* que renuncia a hacerse cargo de sus propios desengaños.

Pero, ¿no era esto la posmodernidad? No del todo: los posmodernos rechazan los grandes relatos y renuncian a las grandes ideas, apostando por el fragmento y la metarreferencialidad.[37] Descreen de la razón, del progreso, de la verdad; el posmodernismo es una forma lúdica de la desesperación. Una Ilustración pesimista, en cambio, sigue siendo Ilustración: la modernidad no deja de ser el marco anímico en que se despliega una razón que aprende a ser cautelosa. Y es que la solución a los problemas de la modernidad no está *fuera* de la modernidad, sino en su *refinamiento*. Ya se ha dicho que Foucault rechaza este ejercicio dialéctico, pero si bien tiene razón al describir la Ilustración como una *actitud* más que como un periodo histórico, la razón sigue estando en el centro de nuestros esfuerzos: ha aprendido a vigilarse, a recelar de sí misma, a identificar sus disfunciones. Naturalmente que al ilustrado le es difícil ya enfrentarse al mundo, como decía Cassirer sobre D'Alembert y su siglo, «con la fresca alegría del descubridor y también con su virginal osadía».[38] ¡El mundo se va gastando y la humanidad se hace más vieja! Pero la irracionalidad no puede ser el fundamento del orden social moderno: ¿cómo podría?

Así que claro que es posible depurar la racionalidad moderna de sus adherencias negativas, prestando una mayor atención a sus deficiencias. Hemos podido verlo durante la pandemia: la sospecha está tan arraigada en la mentalidad crítica que hay quien negó la peligrosidad del virus, igual que se ha temido que la excepcionalidad democrática desembocase rápidamente en autoritarismo. Quizá haya llegado el momento de que la actitud descrita por Foucault se modere a sí misma y corrija algunos de sus excesos. En ese sentido, podríamos preguntarnos si esta pandemia no muestra que el recurso al pensamiento no occidental, tal como proponen los partidarios del multinaturalismo perspectivista, presenta algunas limitaciones: la idea de que podemos entablar relaciones más íntimas con el mundo natural sin crear con ello riesgos epidémicos susceptibles de propagarse globalmente no será aceptada tan fácilmente.[39]

Ilustración pesimista, pues. Sus postulados pueden enunciarse sencillamente:

i) Incluso si nos atrevemos a pensar por nosotros mismos, nada garantiza que el fruto de nuestros razonamientos sea benéfico o que lleguemos a los mejores acuerdos intersubjetivos. Pero eso no es motivo para renunciar al uso cauteloso de la razón.

ii) La emancipación total de la humanidad no es un objetivo a nuestro alcance: se trata de una bella ilusión, característica de la primera etapa de la modernidad, que hemos de disipar. En su nombre se han desarrollado experimentos sociales indeseables.

iii) De ahí no se deduce que hayamos de abandonar el ideal emancipatorio, sino que habremos de conformarnos con una emancipación constreñida y reflexiva, cuya precondición es un bienestar material ecológicamente sostenible. No hay una manera única, prefijada, de alcanzar ese objetivo.

iv) No existe una historia humana libre de accidentes y catástrofes, ya sean exógenos (como los virus) o endógenos (como una crisis económica). Los desastres jamás han quedado del todo atrás y siguen esperándonos en el futuro: no podemos evitar su materialización, pero sí cultivar la disposición a hacerles frente.

v) El ser humano acaso sea la medida de muchas cosas, pero no de todas: es necesaria una mayor conciencia de la materialidad del mundo no humano y de su relativa autonomía que, en ocasiones, se expresa de forma catastrófica y, en todo caso, exige del ser humano una permanente tensión inmunitaria.

Es preciso hacer notar, sin embargo, que el pesimismo de la Ilustración no es en absoluto un declinismo: ¿acaso quien despliega una retórica del fracaso no alberga unas expectativas desmedidas sobre las posibilidades humanas? Sería aconsejable formarse un juicio sobre la trayectoria de la especie que se ajustase mejor a sus limitaciones intrínsecas y a la dureza del contexto en que se desenvuelve. Hay desastres y fracasos; contemos con ellos. Escribe Jünger:

> [...] las catástrofes han introducido pocas modificaciones en el *habitus* humano y casi nunca han puesto en peligro su existencia. [...] El hombre en cuanto especie avanza invulnerable a través del hundimiento de generaciones, pueblos y culturas.[40]

De ahí que la pandemia de la COVID-19 no deba conducir al derrotismo. Lo cierto es que la humanidad se ha movido de muchas maneras a lo largo de su historia y las retiradas no son menos características que los avances.[41] Y si la ilustración no solo es una actitud crítica, sino también un aprendizaje, la pandemia nos ha enseñado que la viejísima amenaza de la enfermedad infecciosa no ha desaparecido y que las diferentes temporalidades de la modernidad pueden causar accidentes globales: resultan de aquí exigentes tareas que reclaman el esfuerzo concertado de los pupilos humanos para las próximas décadas. No queda más remedio que ponerse a trabajar.

NOTAS

1. PROLEGÓMENOS A UNA TEORÍA DE LA PANDEMIA

1 «What a museum of disgusting food reveals about human nature», *The Economist*, 9 de enero de 2020.
2 Charles Calisher, James Childs, Tony Schountz, «Bats: Important Reservoir Hosts of Emerging Viruses», *Clinical Microbiology Reviews*, 19(3), 2006, pp. 531-545.
3 Ulrich Beck, *World at Risk*, Polity, Cambridge y Malden, 2009.
4 Nassim Taleb, *The Black Swan. The Impact of the Highly Improbable*, Penguin, Londres, 2010.
5 Bernard Avishai, «The pandemic isn't a black swan but a portent of a more fragile global system», *The New Yorker*, 21 de abril de 2020.
6 Vincent Cheng, Susanna Lau, Patrick Woo, Kwok Yuen, «Severe acute respiratory syndrome coronavirus as agent of emerging and reemerging infection», *Clinical Microbiology Reviews*, octubre de 2007, pp. 660-694.
7 Vineet Menachery *et al.*, «A SARS-like cluster of circulating bat coronavirus shows potential for human emergence», *Nature Medicine*, n.º 21, 2015, pp. 1508-1513.
8 Imran Rasul, «The Economics of Health Epidemics», *Papers & Proceedings American Economic Association*, vol. 110, mayo de 2002, pp. 265-268.

9 Alex Tabarrok, «The forgotten 1957 pandemic and recession», *Marginal Revolution*, 24 de marzo de 2020.
10 François-Guillaume Lorrain, «Ces pandémies de grippe que la France a oubliées», *Le Point*, 4 de abril de 2020.
11 David Quammen, *Contagio. La evolución de las pandemias*, Debate, Barcelona, 2020, p. 24.
12 Véase Mark Honigsbaum, *The Pandemic Century. One Hundred Years of Panic, Histeria, and Hubris*, W. W. Norton & Company, Nueva York, 2019.
13 Norbert Elias, *La soledad de los moribundos*, Fondo de Cultura Económica, México DF, 1987, p. 15.
14 «COVID-19 Pandemic Planning Scenarios», *Centers for Disease Control and Prevention*, 20 de mayo de 2020.
15 Tucídides, *Historia de la guerra del Peloponeso*, Alianza, Madrid, 1989, p. 166.
16 Véase Hermann Bengtson, *Historia de Grecia*, Gredos, Barcelona, 2008, pp. 215-217.
17 Antonio Diéguez, «La lección distópica del coronavirus. Somos mortales, no hay alternativa», *El confidencial*, 7 de abril de 2020.
18 Regina Rini, «The last mortals», *Times Literary Supplement*, 17 de mayo de 2019.
19 Remo Bodei, *Paisajes sublimes. El hombre ante la naturaleza salvaje*, Siruela, Madrid, 2011, p. 130.
20 Peter Sloterdijk, *Estrés y libertad*, Ediciones Godot, Buenos Aires, 2017, p. 13.
21 Kristian Blickle, «Pandemics Change Cities. Municipal Spending and Voter Extremism in Germany, 1918-1933», Federal Reserve Bank of New York Staff Reports, n.º 921, mayo de 2020.
22 Francis Fukuyama, *The Origins of Political Order*, Farrar, Strauss & Giroux, Nueva York, 2011, p. 12.
23 Véase Martin Stuber, «Divine Punishment or Object of Research? The Resonance of Earthquakes, Floods, Epidemics

and Famine in the Correspondence Network of Albrecht von Haller», *Environment & History*, vol. 9, n.º 2, 2003, pp. 171-193.

24 Anneliese Depoux, Sam Martin, Emilie Karafillakis *et al.*, «The pandemic of social media panic travels faster than the COVID-19 outbreak», *Journal of Travel Medicine*, vol. 27, n.º 3, abril de 2020.

25 Hans Blumenberg, *Salidas de caverna*, La Balsa de la Medusa, Madrid, 2004, p. 27.

26 Entrevista con Yves Michaud, *El País*, 30 de junio de 2002.

27 Paul Virilio, *El accidente original*, Amorrortu, Buenos Aires-Madrid, 2009, p. 88.

28 Véase Déborah Danowski y Eduardo Viveiros de Castro, *The Ends of the World*, Polity, Cambridge y Malden, 2017, pp. 2-3.

29 Daniel Defoe, *Diario del año de la peste*, Seix Barral, Barcelona, 1996, pp. 35-36.

30 Giorgio Agamben, «Lo stato d'eccezione provocato da un'emergenza immotivata», *Il Manifesto*, 26 de febrero de 2020.

31 Giorgio Agamben, «Una domanda», *Quodlibet*, 13 de abril de 2020.

32 Jean-Luc Nancy, «Eccezione virale», *Antinomie*, 27 de febrero de 2020; Roberto Esposito, «I partiti i el virus. La biopolitica al potere», *La Repubblica*, 28 de febrero de 2020.

33 Slavoj Žižek, *Pandemia. La COVID-19 estremece al mundo*, Anagrama, Barcelona, 2020, p. 108.

34 Byung-Chul Han, «Wir dürfen die Vernunft nicht dem Virus überlassen», *Die Welt*, 23 de marzo de 2020; entrevista con Markus Gabriel en *El País*, 2 de mayo de 2020.

35 John Gray, «Why this crisis is a turning point in history», *The New Statesman*, 1 de abril de 2020; Paul B. Preciado, «Aprendiendo del virus», *El País*, 28 de marzo de 2020.

36 Michael J. Sandel, «Are We All in this Together?», *The New York Times*, 13 de abril de 2020.
37 Arundhati Roy, «The pandemic is a portal», *Financial Times*, 3 de abril de 2020.
38 Ernst Jünger, *La tijera*, Tusquets, Barcelona, 1997, p. 43.
39 Jean Starobinski, *Acción y reacción. Vida y aventuras de una pareja*, Fondo de Cultura Económica, México DF, 2001, p. 409.
40 Priscilla Wald, *Contagious. Cultures, Carriers, and the Outbreak Narrative*, Duke University Press, Durham, 2008.
41 Rafael Sánchez Ferlosio, *Ensayos y artículos. Volumen II*, Destino, Barcelona, 1992, p. 457.
42 Clément Rosset, *El principio de crueldad*, Pre-Textos, Valencia, 1994, pp. 21-22, esp. p. 17.
43 Clément Rosset, *Lo real. Tratado de la idiotez*, Pre-Textos, Valencia, 2004, p. 68; *Lo real y su doble. Ensayo sobre la ilusión*, Tusquets, Barcelona, 1993, pp. 9, 51.
44 Sobre esto, véanse Félix Ovejero, *Sobrevivir al naufragio. El sentido de la política*, Página Indómita, Barcelona, 2020, p. 38; Hugh Gauch Jr., *Scientific Method in Practice*, Cambridge University Press, Cambridge, 2002, pp. 3-5.
45 Hannah Arendt, *The Life of the Mind*, Harcourt, Nueva York, 1978, p. 15.
46 Hannah Arendt, *Between Past and Future*, Penguin, Nueva York, 2006, p. 236.
47 James Hankins, «Social Distancing During the Black Death», *Quillette*, 28 de marzo de 2020.
48 C. Schmitt, *Teología política*, Trotta, Madrid, 2009, p. 13.
49 Entrevista con Emmanuel Macron, *Financial Times*, 18-19 de abril de 2020.
50 Niklas Luhmann, *Risk. A Sociological Theory*, Aldine de Gruyter, Nueva York, 1993, p. viii.

51 Daniel Innerarity, *Pandemocracia. Una filosofía de la crisis del coronavirus*, Galaxia Gutenberg, Barcelona, 2020.
52 Don Delillo, *En las ruinas del futuro*, Circe, Barcelona, 2002.
53 Ramón González Férriz, *La trampa del optimismo. Cómo los años 90 explican el mundo actual*, Debate, Barcelona, 2020.
54 Véase John Gray, *Black Mass. Apocalyptic Religion and the Death of Utopia*, Penguin, Londres, 2008.
55 Giovanni Boccaccio, *Decamerón*, Cátedra, Madrid, 2007, pp. 112-113.
56 Montesquieu, *Del espíritu de las leyes*, Tecnos, Madrid, 2018, p. 266.
57 Gerald Weissman, «Ebola, Dynamin, and the Cordon Sanitaire of Dr. Adrien Proust», *Journal of the Society for Experimental Biology*, vol. 29, n.º 1, 2015, pp. 1-4.
58 Laura Spinney, *El jinete pálido*, Crítica, Barcelona, 2018, p. 64.
59 Choe Sang-Hun, «As South Corea Ease Limits, Virus Cluster Prompts Seoul to Close Bars», *The New York Times*, 9 de mayo de 2020.
60 John M. Barry, *The great influenza. The epic story of the deadliest plague in history*, Viking Press, Nueva York, 2004.
61 Mark O. Humphreys, «Paths of Infection. The First World War and the Origins of the 1918 Influenza Pandemic», *War in History*, vol. 21, n.º 1, 2014, pp. 55-81.
62 Jeffery K. Taubenberger, «The Origins and Virulence of the 1918 "Spanish" Influenza Virus», *Proceedings of the American Philosophical Society*, vol. 150, n.º 1, 2006, pp. 86-112, esp. p. 88.
63 Jürgen Osterhammel, *La transformación del mundo. Una historia global del siglo XIX*, Crítica, Barcelona, 2015, p. 279.
64 Bruno Latour, *We Have Never Been Modern*, Harvard University Press, Cambridge, 1993.

2. INGESTAS FATALES

1. Jie Cui, Fang Li y Zheng-Li Shi, «Origin and evolution of pathogenic coronaviruses», *Nature Reviews Microbiology*, n.º 17, 2019, pp. 181-192.
2. William McNeill, *Plagues and Peoples*, 3.ª ed., Anchor Books, Nueva York, 1998.
3. Kate Jones, Nikkita Patel, Mark Levy *et al.*, «Global trends in emerging infectious diseases», *Nature*, n.º 451, 2008, pp. 990-993.
4. Véase <https://www.cdc.gov/onehealth/basics/zoonotic-diseases.html>.
5. Nancy Tomes, «The Making of a Germ Panic, Then and Now», *American Journal of Public Health*, vol. 90, n.º 2, 2000, pp. 191-198.
6. David Quammen, *Contagio...*, p. 24.
7. Katherine Smith, Michael Goldberg, Samantha Rosenthal *et al.*, «Global rise in human infectious disease outbreaks», *Journal of the Royal Society Interface*, doi: 11: 20140950, 2014.
8. Louis-Ferdinand Céline, *Semmelweis*, Marbot, Barcelona, 2014.
9. Véase Anthony Waterson y Lise Wilkinson, *An Introduction to the History of Virology*, Cambridge University Press, Cambridge, 1978.
10. Michael Oldstone, «History of virology», en T. M. Schmidt, *Encyclopedia of Microbiology*, 4.ª ed., Academic Press, Cambridge MA, 2019, pp. 608-612, esp. p. 612.
11. William H. McNeill, *Plagues and peoples...*
12. Sonu Subudhi, Noreen Rapin y Vikram Misra, «Immune System Modulation and Viral Persistence in Bats. Understanding Viral Spillover», *Viruses*, vol. 11, n.º 2, 2019, p. 192.
13. Curtis A. Suttle, «Viruses. Unlocking the greatest biodiversity on Earth», *Genome*, vol. 56, n.º 10, 2013, pp. 542-544;

Isabel Reche, Gaetano D'Orta, Natalie Mladenov *et al.*, «Deposition rates of viruses and bacteria above the atmospheric boundary layer», *The ISME journal*, vol. 12, n.º 4, 2018, pp. 1154-1162.

14 Ed Cohen, «The Paradoxical Politics of Viral Containment; or, How Scale Undoes Us One and All», *Social Text*, vol. 29, n.º 1, 2011, pp. 15-35, esp. p. 18.

15 Timothy Dinan, Catherine Stanton y John Cryan, «Psychobiotics. A Novel Class of Psychotropics», *Biological Psychiatry*, n.º 74, 2013, pp. 720-726.

16 Forest Rohwer y Rebecca Vega Thurber, «Viruses Manipulate the Marine Environment», *Nature*, n.º 459, 2009, p. 208.

17 Luis Villarreal, «Are Viruses Alive?», *Scientific American*, vol. 291, n.º 6, 2004, pp. 100-105, esp. p. 105.

18 Carlo Caduff, *The Pandemic Perhaps. Dramatic Events in a Public Culture of Danger*, University of California Press, Oakland, 2015, p. 57.

19 André Lwoff, «The concept of virus. The Third Marjory Stephenson Memorial Lecture», *Journal of General Microbiology*, n.º 17, 1957, pp. 239-253, esp. p. 252.

20 Michel Foucault, *Las palabras y las cosas. Una arqueología de las ciencias humanas*, Siglo XXI, México DF, 2010.

21 André Lwoff, «The concept of virus...», p. 250.

22 Georges Canguilhem, *Lo normal y lo patológico*, Siglo XXI, México DF, 2005.

23 Véase Ed Cohen, «The Paradoxical Politics of Viral Containment...», p. 21.

24 Jacques Derrida, *Limited, Inc.*, Northwestern University Press, Chicago, 1988, p. 90.

25 Michel Serres, *The Parasite*, University of Minnesota Press, Minneapolis y Londres, 2007, p. 10.

26 Didier Debaise, *Nature as Event. The Lure of the Possible*, Duke University Press, Durham y Londres, 2017, p. 75.

27 Abordé ya este asunto, aludiendo principalmente al ejemplo del Ébola, en *Antropoceno. La política en la era humana*, Taurus, Barcelona, 2018, pp. 110-116.
28 Simon Anthony, Jonathan Epstein, Kris Murray *et al.*, «A Strategy to Estimate Unknown Viral Diversity in Mammals», *mBio*, vol. 4, n.º 5, 2013.
29 Teena Gabrielson, «Bodies, Environments, Agency», en T. Gabrielson, C. Hall, J. Meyer *et al.* (eds.), *The Oxford Handbook of Environmental Political Theory*, Oxford University Press, Oxford, 2016, pp. 399-412, esp. p. 405.
30 Bruno Latour, *Reassembling the Social. An Introduction to Actor-Network Theory*, Oxford University Press, Oxford, 2005.
31 Timothy LeCain, *The Matter of History. How Things Create the Past*, Cambridge University Press, Cambridge y Nueva York, 2017, p. 17.
32 Timothy LeCain, *The Matter of History...*, p. 4.
33 Daniel Lord Smail, *On Deep History and the Brain*, University of California Press, Berkeley, 2008, p. 179.
34 Timothy LeCain, *The Matter of History...*, p. 5.
35 Edmund Russell, *Evolutionary History. Uniting History and Biology to Understand Life on Earth*, Cambridge University Press, Cambridge, 2011.
36 Alfred W. Crosby, *The Columbian Exchange. Biological and Cultural Consequences of 1492 (30th Anniversary Edition)*, Prager, Westport y Londres, 2003, p. 3.
37 Alfred W. Crosby, *The Columbian Exchange...*, pp. 37 y ss.
38 Alfred W. Crosby, *The Columbian Exchange...*, p. 149.
39 William H. McNeill, *Plagues and peoples...*
40 Jared Diamond, *Guns, Germs & Steel. A Short History of Everybody for the Last 13.000 Years*, Vintage Books, Londres, 1998, pp. 196-197.
41 Georg Wilhelm Friedrich Hegel, *Lecciones sobre la filosofía de la historia universal*, Alianza, Madrid, 1999, pp. 95 y ss.

42 Andrew C. Isenberg, «Introduction. A New Environmental History», en A. Isenberg (ed.), *The Oxford Handbook of Environmental History*, Oxford y Nueva York, 2017, pp. 1-21, esp. p. 9.

43 John McNeill, *Mosquito Empires. Ecology and War in the Greater Caribbean, 1620-1914*, Cambridge University Press, Nueva York, 2010.

44 Paul Sutter, «What Is Yellow Fever? Disease and Causation in Environmental History», *Arcadia*, n.º 31, Environment & Society Portal, 2017.

45 Kate Jones, Nikkita Patel, Mark Levy *et al.*, «Global trends in emerging infectious diseases»...

46 Kate Jones, Nikkita Patel, Mark Levy *et al.*, «Global trends in emerging infectious diseases»..., p. 991; la cursiva es mía.

47 David Quammen, *Contagio...*, p. 46.

48 Tom van Dooren, «Pangolins and Pandemics. The Real Source of this Crisis is Human, not Animal», *New Matilda*, 22 de marzo de 2020.

49 Kate Jones, Nikkita Patel, Mark Levy *et al.*, «Global trends in emerging infectious diseases»..., p. 991.

50 Véase Andrew Stier, Marc Berman, Luis Bettencourt, «COVID-19 Attack Rate Increases with City Size», *Mansueto Institute for Urban Innovation Research Paper*, n.º 19, 30 de marzo de 2020.

51 John Vidal, «Destroyed Habitat Creates the Perfect Conditions for Coronavirus to Emerge», *Scientific American*, 18 de marzo de 2020.

52 Justin Worland, «The Wuhan Coronavirus, Climate Change, and Future Epidemics», *Time*, 6 de febrero de 2020.

53 Sobre el concepto de «Antropoceno», véase Erle C. Ellis, *Anthropocene. A Very Short Introduction*, Oxford University Press, Oxford, 2018.

54 Arthur Wyns, «How our responses to climate change and the coronavirus are linked», *World Economic Forum*, 2 de abril de 2020.

55 Patrick Woo, Susanna Lau, Kwok-yung Yuen, «Infectious diseases emerging from Chinese wet-markets: zoonotic origins of severe respiratory viral infections», *Current Opinion in Infectious Diseases*, vol. 19, n.º 5, 2006, pp. 401-407.

56 Hongjie Yu, Joseph Wu, Benjamin Cowling *et al.*, «Effect of closure of live poultry markets on poultry-to-person transmission of avian influenza A H7N9 virus: an ecological study», *The Lancet*, vol. 383, n.º 9.916, 2014, pp. 541-548.

57 Eric Fèvre y Cecilia Tacoli, «Coronavirus threat looms large for low-income cities», *Urban Matters Blog Series*, International Institute for Environment and Development, 26 de febrero de 2020.

58 IUCN Species Survival Commision Pangolin Specialist Group, «The status, trade and conservation of pangolins», documento informativo del 17.º congreso, 2016. Disponible en: <https://cites.org/sites/default/files/eng/cop/17/InfDocs/E-CoP17-Inf-59.pdf>.

59 Sohel Ahmed, Julio Dávila y Adriana Allen, «Does urbanization make emergence of zoonosis more likely? Evidence, myths and gaps», *Environment & Urbanization*, vol. 31, n.º 2, 2019, pp. 443-460, esp. p. 451.

60 Maxwell Boakye, Darren Pietersen, Antoinette Kotze *et al.*, «Ethnomedicinal use of African pangolins by traditional medical practitioners in Sierra Leone», *Journal of Ethnobiology and Ethnomedicine*, vol. 10, n.º 76, 2014.

61 Shuru Zhing, Mike Crang y Guojun Zeng, «Constructing freshness. The vitality of wet markets in urban China», *Agriculture and Human Values*, n.º 37, 2020, pp. 175-185.

62 Véase Massimo Leone, *On Insignificance. The Loss of Meaning in the Post-Material Age*, Routledge, Londres y Nueva York, 2020, pp. 116-132.

63 Katherine A. Mason, «Gasping for Air in the Time of COVID-19», *Sapiens*, 18 de marzo de 2020.
64 Jane Bennett, *Vibrant Matter. A Political Ecology of Things*, Duke University Press, Durham y Londres, 2010.
65 Déborah Danowski y Eduardo Viveiros de Castro, *The Ends of the World*, Polity, Cambridge y Malden, 2017, p. 113.
66 Paul Kitcher, *Science, Truth, and Democracy*, Oxford University Press, Oxford, 2001; Ilkka Niiniluoto, *Critical Scientific Realism*, Oxford University Press, Oxford, 2002.
67 Manuel Arias-Maldonado, *Environment & Society. Socionatural Relations in the Anthropocene*, Springer, Heidelberg, 2015, pp. 39-43.
68 Andreas Weber, *Enlivenment. Toward a Poetics for the Anthropocene*, The MIT Press, Cambridge y Londres, 2019, pp. 13-15.
69 Donna Haraway, *Staying with the Trouble. Making Kin in the Chthulucene*, Duke University Press, Durham y Londres, 2016, pp. 65, 114.
70 Philippe Descola, *The Ecology of Others*, Prickly Paradigm Press, Chicago, 2013, p. 82.
71 Ursula Heise, *Nach der Natur. Das Artensterben und die moderne Kultur*, Unseld, Berlín, 2010, p. 160.
72 Immanuel Kant, *Antropología*, Alianza, Madrid, 1991, p. 25.
73 Judith Butler, *Gender Trouble*, Routledge, Nueva York, 2006, pp. 11, 128.
74 Jian-Min Jin, Peng Bai, Wei He *et al.*, «Gender Difference in Patients with COVID-19. Focus on Severity and Mortality», *Frontiers of Public Health*, n.º 152, 29 de abril de 2020.
75 Wolfgang Welsch, *Hombre y mundo. Filosofía en perspectiva evolucionista*, Pre-Textos, Valencia, 2014, pp. 18 y ss.
76 Wolfgang Welsch, *Hombre y mundo...*, p. 37.
77 Quentin Meillassoux, *Después de la finitud. Ensayo sobre la necesidad de la contingencia*, Caja Negra, Buenos Aires, 2015, p. 24.

78 Quentin Meillassoux, *Después de la finitud...*, p. 91.
79 Teena Gabrielson, «Bodies, Environments, Agency»..., p. 407.
80 Giorgio Agamben, *Lo abierto. El hombre y el animal*, Pre-Textos, Valencia, 2005, p. 43.

3. RIESGO DE CONTAGIO

1   Jared Diamond, *Guns, Germs & Steel...*, p. 205
2   Alfred Crosby, *The Columbian Exchange...*, p. 219.
3   Edward O. Wilson, *The Diversity of Life*, Penguin, Londres, 1993, p. 241.
4   Véase Ying Liu, Albert Gayle, Annelies Wilder-Smith y Joacim Rocklöv, «The reproductive number of COVID-19 is higher compared to SARS coronavirus», *Journal of Travel Medicine*, vol. 27, n.º 2, marzo de 2020.
5   David Goodhart, *The Road to Somewhere. The New Tribes Shaping British Politics*, Penguin, Londres, 2017.
6   Paul Virilio, *El accidente original...*, p. 46.
7   Paul Virilio, *El accidente original...*, p. 60.
8   Peter Sloterdijk, *En el mundo interior del capital. Para una teoría filosófica de la globalización*, Siruela, Madrid, 2007, p. 26.
9   Peter Sloterdijk, *Esferas II*, Siruela, Madrid, 2004, pp. 43-44.
10 Carl Schmitt, *Tierra y mar*, Trotta, Barcelona, 2007, p. 49.
11 Peter Sloterdijk, *En el mundo interior del capital...*, p. 79.
12 Baltasar Gracián, *El Criticón*, Cátedra, Madrid, 1996, p. 66.
13 Peter Sloterdijk, *En el mundo interior del capital...*, p. 111.
14 Véase Craig Hamilton, Svenja Adolphs, Brigitte Nerlich, «The meanings of "risk". A view from corpus linguistics», *Discourse & Society*, vol. 18, n.º 2, 2007, pp. 163-181.
15 Blaise Pascal, *Pensamientos*, Tecnos, Madrid, 2018, pp. 297-299.

16 Ian Hacking, *The Taming of Chance*, Cambridge University Press, Cambridge, 1990, p. 10.
17 Véase Iain Wilkinson, *Anxiety in a Risk Society*, Sage, Londres, 2001, pp. 93-94.
18 Paul Virilio, *El accidente original...*, p. 150.
19 Ulrich Beck, *Risikogesellschaft. Auf dem weg in eine andere Moderne*, Suhrkamp, Fráncfort, 1986.
20 Deborah Lupton, *Risk*, Routledge, Londres y Nueva York, 1999, p. 8.
21 Ulrike Vieten, Veikko Eranti y Paul Blokker, «Thinking and writing in the time of pandemic COVID-19», *European Journal of Cultural and Political Sociology*, vol. 7, n.º 2, 2020, pp. 117-122, esp. p. 117.
22 Véanse Ulrich Beck, *Risikogesellschaft...*; Ulrich Beck, Anthony Giddens y Scott Lash, *Reflexive Modernization. Politics, Tradition, and Aesthetics in the Modern Social Order*, Polity Press, Cambridge, 1994; Anthony Giddens, *The Consequences of Modernity*, Polity Press, Cambridge, 1990.
23 Ulrich Beck, *World at Risk...*, p. 4.
24 Véase Ulrich Beck, *Gegengifte. Die organisierte Unverantwortlichkeit*, Suhrkamp, Fráncfort, 1988, cap. 3.
25 Ulrich Beck, «World Risk Society and Manufactured Uncertainties», *Iris*, vol. I, n.º 2, 2009, pp. 291-299, esp. p. 293.
26 Ulrich Beck, *World at Risk...*, p. 11.
27 Anthony Giddens, *Modernity and Self-Identity*, Cambridge, Polity Press, 1991, p. 3.
28 Véase Simon Susen, «Emancipation», en M. T. Gibbons (ed.), *The Encyclopedia of Political Thought*, Wiley-Blackwell, Malden, 2014, pp. 1024-1038.
29 Déborah Danowski y Eduardo Viveiros de Castro, *The Ends of the World...*, p. 117.
30 Isabelle Stengers, *En tiempos de catástrofes*, Futuro Anterior, Barcelona, 2017, p. 57.

31 Ingolfur Blühdorn, «The dialectic of democracy. Modernization, emancipation and the *great regression*», *Democratization*, vol. 27, n.º 3, 2019, pp. 1-19; Ingolfur Blühdorn, «The legitimation crisis of democracy. Emancipatory politics, the environmental state and the glass ceiling to socio-ecological transformation», *Environmental Politics*, vol. 29, n.º 1, 2020, pp. 38-57.

32 Ulrich Beck, «World Risk Society and Manufactured Uncertainties»..., p. 291.

33 Paul Virilio, *El accidente original...*, p. 23.

34 Gert Spaargaren, Arthur Mol y Frederick Buttel, «Introduction. Globalization, Modernity and the Environment», en G. Spaargaren *et al.* (eds.), *Environment and Global Modernity*, Sage, Londres, 2000, pp. 1-16, esp. p. 3.

35 James P. Kossin, Kenneth R. Knapp, Timothy L. Olander *et al.*, «Global increase in major tropical cyclone exceedance probability over the past four decades», *Proceedings of the National Academy of Sciences*, mayo de 2020. Disponible en: <https://www.pnas.org/content/117/22/11975>.

36 Arturo Casadevall, Dimitrios Kontoyiannis, Vincent Robert, «On the Emergence of *Candida auris*: Climate Change, Swamps, and Birds», *mBio*, vol. 10, n.º 4, doi: e01397-19, 2019.

37 Katherine Hirschfeld, «Microbial Insurgency. Theorizing Global Health in the Anthropocene», *The Anthropocene Review*, vol. 7, n.º 1, 2020, pp. 3-18; James Mills, Kenneth Gage, Ali Khan, «Potential influence of climate Change on Vector-Borne and Zoonotic Diseases. A Review and Proposed Research Plan», *Environmental Health Perspectives*, vol. 118, n.º 11, 2010, pp. 1507-1514.

38 Gabe Mythen, *Ulrich Beck. A Critical Introduction to the Risk Society*, Pluto Press, Londres y Sterling, 2004, p. 40.

39 Giorgio Agamben, «Lo stato d'eccezione provocato da un'emergenza immotivata»...

40 Mary Douglas, *Risk and Blame. Essays in Cultural Theory*, Londres, Routledge, 1992.
41 Deborah Lupton (ed.), *Risk and sociocultural theory. New directions and perspectives*, Cambridge University Press, Cambridge, 1999, p. 3.
42 Ulrich Beck, *World at Risk...*, p. 13. Recordemos que Weber había sostenido que, desde el punto de vista sociológico, legítimo es aquello que una comunidad tiene por legítimo (véase Max Weber, *Economía y sociedad*, Fondo de Cultura Económica, México DF, 2014, pp. 336-338).
43 Paul Slovic, *The Perception of Risk*, Earthscan, Londres, 2000.
44 Hermann Lübbe, «Security. Risk Perception in the Civilization Process», en Bayerische Rück (ed.), *Risk is a Construct. Perceptions of Risk Perception*, Knesebeck, Múnich, 1993, pp. 23-40, esp. p. 30.
45 Mark Honigsbaum, *The Pandemic Century...*, p. 11.
46 Véase Roger Kasperson, Ortwin Renn, Paul Slovic y Halina Brown, «The Social Amplification of Risk. A Conceptual Framework», en R. Löfstedt y L. Frewer (eds.), *Risk and Modern Society*, Earthscan, Londres, 1998, pp. 149-162.
47 Véase James Miller, *The Passion of Michel Foucault*, Doubleday, Nueva York, 1994.
48 Iain Wilkinson, *Anxiety in a Risk Society...*, p. 89.
49 Ted Brader y George E. Marcus, «Emotion and Political Psychology», en L. Huddy, D. Sears y Jack Levy, *The Oxford Handbook of Political Psychology*, Oxford University Press, Oxford, 2013, pp. 165-205.
50 Ted Brader, E. Gorenendyk y N. Valentino, «Fight or Flight? When political Threats Arouse Public Anger and Fear», *Proceedings from Annual Meeting of the Midwest Political Science Association*, Chicago.
51 Nick Fox, «Postmodern reflections on "risk", "hazards" and life choices» y Mitchell Dean, «Risk, calculable and incalculable»,

en Deborah Lupton (ed.), *Risk and Sociocultural Theory. New Directions and Perspectives*, Cambridge University Press, Cambridge, 1999, pp. 12-33 y pp. 20-22, respectivamente.

52 Mitchell Dean, «Risk, calculable and incalculable»..., pp. 131-159, esp. p. 131.

53 Véanse Yasmeen Serhan y Timothy McLaughlin, «The Other Problematic Outbreak», *The Atlantic*, 13 de marzo de 2020; Tyler T. Reny y Matt A. Barretto, «Xenophobia in the time of pandemic. Othering, anti-Asian attitudes, and COVID-19», *Politics, Groups, and Identities*, 28 de mayo de 2020.

54 Por ejemplo, Delan Devakumar, Geordan Shannon, Sunil Bhopal *et al.*, «Racism and discrimination in COVID-19 responses», *The Lancet*, vol. 395, n.º 10.231, 11 de abril de 2020.

55 Véase Judith Williamson, «Every virus tells a story. The meanings of HIV and AIDS», en Erica Carter y Simon Watney (eds.), *Taking Liberties. AIDS and Cultural Politics*, Serpent's Tail, Londres, 1989, pp. 69-80.

56 Julia Kristeva, *Powers of Horror. An Essay on Abjection*, Columbia University Press, Nueva York, 1982.

57 Amanda Darrach, «The new coronavirus and racist tropes», *Columbia Journalism Review*, 25 de febrero de 2020.

58 Rosemary Taylor, «The politics of securing borders and the identities of disease», *Sociology of Health and Illness*, vol. 35, n.º 2, 2013, pp. 241-254.

59 Susan Sontag, *Illness as Metaphor & Aids and its Metaphors*, Penguin, Londres, 1990, cap. 3.

60 Richard Tewksbury y Deanna McGaughey, «Stigmatization of persons with HIV disease. Perceptions, management, and consequences of AIDS», *Sociological Spectrum*, vol. 17, n.º 1, 1997, pp. 49-70.

61 Entrevista con Emmanuel Macron, *Financial Times*, 18-19 de abril de 2020.

62 Gideon Lasco, «Why Face Masks Are Going Viral», *Sapiens*, 7 de febrero de 2020.
63 Dan Gardner, *Risk. The Science and Politics of Fear*, Londres, Virgin Books, 2009, p. 11.
64 Jürgen Osterhammel, *La transformación del mundo. Una historia global del siglo XIX*, Crítica, Barcelona, 2015, pp. 251 y ss.
65 Jürgen Osterhammel, *La transformación del mundo...*, pp. 259-260.
66 James Palmer, «Don't Blame Bat Soup for the Coronavirus», *Foreign Policy*, 27 de enero de 2020.
67 Andreas Teuber, «Justifying Risk», *Daedalus. The Journal of the American Academy of Arts and Sciences*, vol. 119, n.º 4, 1990, pp. 235-254.
68 Niklas Luhmann, *Risk. A Sociological Theory*, Aldine de Gruyter, Nueva York, 1993, p. 16; cursiva en el original.
69 Niklas Luhmann, *Risk. A Sociological Theory...*, pp. 107-109.
70 Véase Craig Stephen, «Rethinking pandemic preparedness in the Anthropocene», *Healthcare Management Forum*, vol. 33, n.º 4, 2020, pp. 153-157.
71 Véase Mario Vegetti, *Chi comanda nella città*, Carocci, Roma, 2017.
72 Ulrich Beck, *World at Risk...*, p. 35.
73 Ralf Reintjes, «Variation Matters. Epidemiological Surveillance in Europe», *Journal of Health Politics, Policy & Law*, vol. 37, n.º 6, 2012, pp. 955-965.
74 Niklas Luhmann, *Risk. A Sociological Theory...*, p. 28.
75 Iain Wilkinson, *Anxiety in a Risk Society...*, p. 98.
76 Sobre esto, véase Peter L. Bernstein, *Against the Gods. The Remarkable Story of Risk*, John Wiley, Nueva York, 1998, pp. 269 y ss.
77 Frank Furedi, *Culture of Fear. Risk-taking and the Morality of Low Expectations*, Cassell, Londres y Washington, 1997, p. 58.

4. MUERTE EN LA POLIS

1. Véase Seamus O'Mahoney, «Mourning our dead in the COVID-19 pandemic», *The BMJ*, n.º 369, 2020.
2. Charles Eisenstein, «The Coronation», marzo de 2020. Disponible en: <https://charleseisenstein.org/essays/the-coronation>.
3. Bernd Ulrich, «Die Desinfizierte Gesellschaft», *Die Zeit*, 20 de mayo de 2020.
4. Kyle Lambet, «Viral sovereignty», *Political Theology*, vol. 21, n.º 3, 2020, pp. 169-171.
5. David Runciman, «Coronavirus has not suspended politics —it has revealed the nature of power», *The Guardian*, 27 de marzo de 2020.
6. Thomas Hobbes, *On the Citizen*, Cambridge University Press, Cambridge, 1997, p. 27.
7. Thomas Hobbes, *On the Citizen...*, p. 143.
8. Giorgio Agamben, *Homo sacer. El poder soberano y la nuda vida*, Pre-Textos, Valencia, 1998.
9. Thomas Hobbes, *On the Citizen...*, p. 143.
10. Cicerón, *La República. Las leyes*, Akal, Madrid, 1989, p. 268.
11. Ángel Sánchez de la Torre, «El objeto de la legalidad en la expresión *salus populi suprema lex esto*», *Cuadernos de Filología Clásica. Estudios latinos*, n.º 12, 1997, pp. 39-78, esp. p. 51.
12. Thomas Hobbes, *Leviathan*, p. 114.
13. Jean-Jacques Rousseau, *Del Contrato social*, Alianza, Madrid, 2012, p. 179.
14. Thomas Hobbes, *Leviathan...*, p. 127.
15. Achille Mbembe, «Necropolitics», *Public Culture*, vol. 15, n.º 1, 2003, pp. 11-40, esp. p. 12.
16. Nigel Warburton, «Only at dusk. Some philosophical responses to the coronavirus», *Times Literary Supplement*, 15 de mayo de 2020.

17 He desarrollado esta idea con detalle en *Nostalgia del soberano*, Los Libros de la Catarata, Madrid, 2020.
18 Carl Schmitt, *Teología política...*, p. 13.
19 Carl Schmitt, *La dictadura*, Alianza, Madrid, 2013, p. 151.
20 Carl Schmitt, *La dictadura...*, p. 153; la cursiva es mía.
21 Carl Schmitt, *La dictadura...*
22 Carl Schmitt, *La dictadura...*, p. 202; la cursiva es mía.
23 Carl Schmitt, *La dictadura...*, p. 203.
24 Véase Pablo Fernández de Casadevante, «El derecho de emergencia constitucional en España. Hacia una nueva taxonomía», *Revista de Derecho Político*, n.º 107, enero-abril de 2020, pp. 111-145.
25 Véase David Dyzenhaus, «States of Emergency», en Robert E. Goodin, Philip Pettit y Thomas Pogge (eds.), *A Companion to Contemporary Political Philosophy*, 2.ª ed., Malden, Wiley-Blackwell, 2012, pp. 804-812.
26 John Locke, *Two Treatises of Government*, Cambridge University Press, Cambridge, 1988, p. 374.
27 Slavoj Žižek, *Pandemia...*, p. 80.
28 Daniel Innerarity, *Pandemocracia...*, p. 75.
29 José Esteve Pardo, «La apelación a la ciencia en el gobierno y gestión de la crisis de la COVID-19», *Revista de Derecho Público. Teoría y Método*, n.º 2, 2020, pp. 35-50.
30 Jens O. Zinn, «"A monstruous threat". How a state of exception turns into a "new normal"», *Journal of Risk Research*, 27 de abril de 2020.
31 Gerard Delanty, «Six political philosophies in search of a virus: critical perspectives on the coronavirus pandemic», *LSE Europe in Question*, n.º 156, mayo de 2020.
32 Carl Benedikt Frey, Chinchih Chen y Giorgio Presidente, «Democracy, culture, and contagion. Political regimes and countries' responsiveness to COVID-19», *Covid Economics*, Centre for Economic Policy Research, vol. 18, n.º 5, 15 de mayo de 2020, pp. 222-238.

33 Corey Fincher, Randy Thornill, Damian Murray y Mark Schaller, «Pathogen prevalence predicts human cross-cultural variability in individualism/collectivism», *Proceedings of the Royal Society B*, vol. 275, n.º 1640, 2008, pp. 1279-1285.

34 Véase Esteban Ortiz-Espinosa y Max Roser, «Trust», *Our World in Data*, 2016. Disponible en: <https://ourworldindata.org/trust>.

35 Sobre la crisis de confianza, véase Martin Hartmann, *Vertrauen. Die unsichtbare Macht*, S. Fischer, Fráncfort, 2020.

36 Véase Marcus Painter y Tian Qiu, «Political Beliefs affect Compliance with COVID-19 Social Distancing Orders», *SSRN*, 30 de abril de 2020. Disponible en: <https://ssrn.com/abstract=3569098>.

37 Sobre esto, véase Nancy Tomes, «"Destroyer and Teacher". Managing the Masses During the 1918-1919 Influenza Pandemic», *Public Health Reports*, vol. 125, n.º 3, 2010, pp. 48-62.

38 Enric Puig Punyet, *Los cuerpos rotos. La digitalización de la vida tras la covid-19*, Clave Intelectual, Madrid, 2020, p. 26.

39 Ulrike Vieten, Veikko Eranti, Paul Blokker, «Thinking and Writing in the Time of Pandemic COVID-19», *European Journal of Cultural and Political Sociology*, vol. 7, n.º 2, mayo de 2020.

40 John Locke, *Two Treatises of Government...*, pp. 269 y ss., esp. p. 294.

41 Francis Fukuyama, *The Origins of Political Order...*, p. 29.

42 Helena Rosenblatt, *The Lost History of Liberalism. From Ancient Rome to the Twenty-First Century*, Princeton University Press, Princeton, 2018.

43 Sobre la ideal del «Estado guardián», véase Patrick Dunleavy, «The State», en Robert E. Goodin, Philip Pettit y Thomas Pogge (eds.), *A Companion to Contemporary Political Philoso-*

phy, 2.ª ed., Malden, Wiley-Blackwell, 2012, pp. 793-803, esp. p. 798.

44 Hans Ulrich Gumbrecht, «Der neue Notstands-Staat», *Neue Zürcher Zeitung*, 25 de marzo de 2020.

45 Véase Alain Gagnon, Matthew Miller, Stacey Hallman *et al.*, «Age-Specific Mortality During the 1918 Influenza Pandemic. Unravelling the Mystery of High Young Adult Mortality», *PloS One*, vol. 8, n.º 8, doi: e69586, 2013.

46 Marc Augé, *Everyone Dies Young. Time Without Age*, Columbia University Press, Nueva York, 2016, p. 85.

47 Norbert Elias, *La soledad de los moribundos...*, p. 23.

48 Jeff Malpas, «Death», en M. T. Gibbons (ed.), *The Encyclopedia of Political Thought*, Wiley-Blackwell, Malden, 2014, pp. 820-828, esp. p. 822.

49 Tracy Bach, «Intergenerational Justice», en M. T. Gibbons (ed.), *The Encyclopedia of Political Thought*, Wiley-Blackwell, Malden, 2014, pp. 1845-1846.

50 Véase Avner De-Shalit, *Why Posterity Matters. Environmental Policies and Future Generations*, Routledge, Londres, 1995.

51 Iñigo González Ricoy, «Legitimate Intergenerational Constitution», *Intergenerational Justice Review*, vol. 2, n.º 2, 2016, pp. 40-48.

52 Norbert Elias, *La soledad de los moribundos...*, pp. 44-45.

53 Samuel Scheffler, *Death and the Afterlife*, Oxford University Press, Oxford y Nueva York, 2016.

54 Samuel Scheffler, *Death and the Afterlife...*, p. 60.

55 David Benatar, *Better Never to Have Been. The Harm of Coming Into Existence*, Oxford University Press, Oxford, 2006.

56 David Benatar, *Better Never to Have Been...*, p. 60.

57 Adam Smith, *The Theory of Moral Sentiments*, Penguin, Londres, 2009, p. 94.

58 Tucídides, *Historia de la guerra del Peloponeso...*, p. 165.

59 Jordi Ibáñez Fanés, *Morir o no morir. Un dilema moderno*, Anagrama, Barcelona, 2020, p. 65.
60 Edmund Burke, *Reflections on the Revolution in France*, Penguin, Londres, 2004, pp. 194-195.
61 Norman Dandy, «Behaviour, Lockdown and the Natural World», *Environmental Values*, n.º 29(3), junio de 2020, pp. 253-259.
62 Adam Smith, *The Theory of Moral Sentiments...*, pp. 21-30.
63 Entrevista a Judith Butler, *Clarín. Revista Ñ*, 25 de mayo de 2020; la cursiva es mía.
64 Entrevista a Achille Mbembe, *Gauchazh*, 31 de marzo de 2020.
65 Paul B. Preciado, *Aprendiendo del virus...*
66 Michel Foucault, *Nacimiento de la biopolítica. Curso del Collège de France (1978-1979)*, Akal, Madrid, 2009.
67 Michel Foucault, *Seguridad, territorio, población. Curso del Collège de France (1977-1978)*, Akal, Madrid, 2008.
68 Diana Coole, «Biopower», en M. T. Gibbons (ed.), *The Encyclopedia of Political Thought*, Wiley-Blackwell, Malden, 2014, pp. 329-340.
69 Véase Maria Sophia Quine, *Population politics*, Nueva York, Routledge, 1996; sobre el efecto perverso de este precedente en las medidas adoptadas para frenar la expansión de la gripe española entre las minorías nativas, véase Laura Spinney, *El jinete pálido...*, pp. 109-111.
70 Paul B. Preciado, *Aprendiendo del virus...*
71 Hannah Arendt, *La libertad de ser libres*, Taurus, Barcelona, 2018.
72 Véase Richard H. Thaler, Cass N. Sunstein, *Nudge. Improving Decisions About Health, Wealth, and Happiness*, Yale University Press, Yale, 2008.
73 Friedrich Nietzsche, *Humano, demasiado humano*, Akal, Madrid, 1996, pp. 95-96.

74 Véanse Simeon Wade, *Foucault in California*, Heyday, Nueva York, 2019; Janet Afary y Kevin Anderson, *Foucault and the Iranian Revolution. Gender and the Seductions of Islamism*, University of Chicago Press, Chicago, 2005.
75 Véase Steven Hutchinson y Pat O'Malley, «Discipline and Governmentality», en M. Deflem, *The Handbook of Social Control*, Wiley-Blackwell, Hoboken y Chichester, 2019, pp. 63-75.
76 Michel Foucault, *Tecnologías del yo*, Gedisa, Barcelona, 1990, p. 49.
77 Peter Sloterdijk, *Has de cambiar tu vida*, Pre-Textos, Valencia, 2012, p. 200.
78 Giorgio Agamben, *Homo sacer...*
79 Kristian Andersen, Andrew Rambaut, Ian Lipkin *et al.*, «The proximal origin of SARS-CoV-2», *Nature Medicine*, n.º 26, 2020, pp. 450-452.
80 Michel Foucault, *El nacimiento de la biopolítica...*, p. 19.

5. ABISMOS SUBLIMES

1 Véase, por ejemplo, Charles C. Mann, «Pandemics Leaves Us Forever Altered», *The Atlantic*, junio de 2020.
2 Véanse Slavoj Žižek, *Pandemia...* y Fredric Jameson, *An American Utopia. Dual Power and the Universal Army*, Verso, Londres y Nueva York, 2016, p. 298.
3 David Quammen, *Contagio...*, pp. 548, 555.
4 Rafael Rojas, «Filosofía de la plaga», *Letras Libres*, n.º 224, mayo de 2020.
5 Véase Jaime de la Calle, «Para una Teoría Social del Acontecimiento», *Athenea Digital*, n.º 18, 2010, pp. 65-81.
6 Laura Spinney, *El jinete pálido...*, p. 16.
7 Humberto Beck, «El acontecimiento entre el presente y la historia», *Desacatos*, n.º 55, 2017, pp. 44-59.

8 Manuel Cruz, *La flecha (sin blanco) de la historia*, Anagrama, Barcelona, 2017.
9 Hans Ulrich Gumbrecht, *Lento presente. Sintomatología del nuevo tiempo histórico*, Escolar y Mayo Editores, Madrid, 2010.
10 Alain Badiou, *El ser y el acontecimiento*, Literaria, Madrid, 2000; Slavoj Žižek, *Event*, Penguin, Londres, 2014.
11 Slavoj Žižek, *Event...*, p. 2.
12 Slavoj Žižek, *Event...*, pp. 181 y 184.
13 Slavoj Žižek, *Pandemia...*
14 Michael J. Shapiro, *The Political Sublime*, Duke University Press, Durham y Londres, 2018.
15 Immanuel Kant, *Observaciones sobre el sentimiento de lo bello y lo sublime*, Fondo de Cultura Económica, México DF, 2004.
16 Edmund Burke, *De lo sublime y lo bello*, Alianza, Madrid, 2005, p. 79.
17 Immanuel Kant, *Observaciones sobre el sentimiento de lo bello y lo sublime...*, p. 2.
18 Immanuel Kant, *Observaciones sobre el sentimiento de lo bello y lo sublime...*, p. 5.
19 Michael J. Shapiro, *The Political Sublime...*, p. 169.
20 Hayden White, «The Historical Event», *Differences*, vol. 19, n.º 2, 2008, pp. 9-34.
21 Derek Walcott, «The Muse of History», en *What the Twilight Says. Essays*, Farrar, Straus & Giroux, Nueva York, 1998, pp. 3-35.
22 Andrew Poe, «Modernity», en M. T. Gibbons (ed.), *The Encyclopedia of Political Thought*, Wiley-Blackwell, Malden, 2014, pp. 2399-2411.
23 Thomas Mann, *La montaña mágica*, Edhasa, Barcelona, 2005, p. 202.
24 Max Weber, *El político y el científico*, Alianza, Madrid, 1994, p. 200.
25 Andrew Poe, «Modernity»..., p. 2402.

26 Marshall Berman, *All That Is Solid Melts Into Air. The Experience of Modernity*, Penguin, Nueva York, 1988, pp. 13-14.
27 En Kimberly Hutchings, «Time and Political Theory», Wiley Online Library, 15 de septiembre de 2014, sobre Walter Benjamin 1999 y Giorgio Agamben, *Lo abierto...*
28 William Connolly, Neuropolitics: *Thinking, Culture, Speed*, University of Minnesota Press, Minneapolis y Londres, 2002.
29 Jens Beckert, *Imagined Futures. Fictional Expectations and Capitalist Dynamics*, Harvard University Press, Harvard, 2016.
30 Jens Beckert, *Imagined Futures...*, p. 9
31 Jens Beckert, *Imagined Futures...*, p. 79.
32 Véanse Calvert Jones y Celia Paris, «How dystopian narratives can incite real-world radicalism», *Aeon*, 15 de abril de 2020; Franziska Hartung, Peter Withers, Peter Hagoort y Roel Willems, «When Fiction Is Just as Real as Fact. No Differences in Reading Behavior between Stories Believed to be Based on True or Fictional Events», *Frontiers in Psychology*, 20 de septiembre de 2017.
33 Véase <http://cowles.yale.edu/sites/default/files/files/pub/d20/d2069.pdf>.
34 Marcia Inhorn y Peter Brown, «The Anthropology of Infectious Disease», *Annual Review of Anthropology*, n.º 19, 1990, pp. 89-117, esp. pp. 93-95.
35 Laura Spinney, *El jinete pálido...*, p. 26.
36 William McNeill, *Plagues and Peoples...*, pp. 46-47.
37 Jared Diamond, *Guns, Germs & Steel...*, p. 18.
38 Yuval Harari, *Sapiens...*, p. 52.
39 Simon Lewis y Mark Maslin, *The Human Planet. How We Created the Anthropocene*, Penguin, Londres, 2017, pp. 117, 120.
40 James C. Scott, *Against the grain. A Deep History of the Early States*, Yale University Press, Yale, 2017.
41 James Suzman, *Affluence without Abundance*, Bloomsbury, Londres, 2019.

42 Richard B. Lee, *The !Kung San. Men, Women, and Work in a Foraging Society*, Cambridge University Press, Cambridge, 1979.
43 John Lanchester, «How Civilization Started», *The New Yorker*, 18 de septiembre de 2017.
44 David Graeber y David Wengrow, «How to change the course of human history», *Eurozine*, 2 de marzo de 2018.
45 Véase Carolyn Merchant, *The Death of Nature. Women, Ecology, and the Scientific Revolution*, Harper & Row, Nueva York, 1980.
46 Marshall Sahlins, «Notes on the Original Affluent Society», en R. Lee e I. DeVore (eds.), *Man the Hunter*, Aldine de Gruyter, Nueva York, 1968, pp. 85-89; Kirkpatrick Sale, *After Eden. The Evolution of Human Domination*, Duke University Press, Durham, 2006; John Zerzan, *Futuro primitivo*, Numa Ediciones, Valencia, 2001.
47 David Wallace-Wells, *El planeta inhóspito. La vida después del calentamiento*, Debate, Barcelona, 2019, p. 130.
48 The Economist, «Hunter-Gatherers. Noble or Savage?», *The Economist*, 19 de diciembre de 2007.
49 Richard Wrangham, *The Goodness Paradox. The Strange Relationship Between Virtue and Violence in Human Evolution*, Pantheon, Nueva York, 2019; Steven A. LeBlanc, *Constant Battles. Why We Fight*, St. Martin's Press, Nueva York, 2003.
50 Christopher Johnson, John Alroy, Nicholas Beeton *et al.*, «What caused extinction of the Pleistocene megafauna of Sahul?», *Proceedings of the Royal Society B*, n.º 283, doi: 20152399, 2016.
51 Scott Hocknull, Richard Lewis y Lee Arnold, «Extinction of eastern Sahul megafauna coincides with sustained environmental deterioration», *Nature Communications*, vol. 11, n.º 1, 2020, p. 2250.
52 William Buckner, «Romanticizing the Hunter-Gatherer», *Quillette*, 16 de diciembre de 2017.

53 Nancy Howell, *Demography of the Dobe !Kung*, Academic Press, Nueva York, 1979.
54 Rachel Laudan, «With the Grain. Against the New Paleo-Politics», *The Breakthrough Journal*, n.º 9, 24 de junio de 2018; una réplica a este trabajo es la de Sam Bliss, «There Is No Anti-Grain Consensus. A response to Rachel Laudan's "With the Grain"», *The Breakthrough Institute*, 5 de febrero de 2019.
55 Véase Francis Fukuyama, *The Origins of Political Order...*, p. 89.
56 Michael Gurven, «To give and give not. The behavioral ecology of human food transfers», *Behavioral and Brain Sciences*, n.º 27, 2004, pp. 543-583.
57 Jorge Riechmann, *Resistencia de materiales. Ensayos sobre el mundo y la poesía y el mundo*, Montesinos, Barcelona, 2006.
58 David Kaplan, «The Darker Side of the "Original Affluent Society"», *Journal of Anthropological Research*, vol. 56, n.º 3, 2000, pp. 301-324.
59 Laureano Castro Nogueira, Luis Castro Nogueira, Miguel Ángel Castro Nogueira, *¿Quién teme a la naturaleza humana?*, 2.ª ed., Alianza, Madrid, 2016, p. 276.
60 Bernd Ulrich, «Die desinfizierte Gesellschaft»..
61 Marco Belpoliti, «Una stanchezza senza fine?», *Doppiozero*, 14 de mayo de 2020.
62 Slavoj Žižek, *Pandemia...*, p. 64.
63 Reinhart Koselleck, *Aceleración, prognosis y secularización*, Pre-Textos, Valencia, 2003, p. 68.
64 Alex Williams y Nick Srnicek, *#Accelerate Manifesto for an Accelerationist Politics*, Gato Negro, Bogotá, 2017.
65 Entrevista con Hartmut Rosa, Friedrich Schiller Universität Jena, 3 de abril de 2020. Disponible en: <https://www.uni-jena.de/200403_Rosa_Interview>.
66 Peter Sloterdijk, *Eurotaoísmo*, Seix Barral, Barcelona, 2001.

67 Ernst Jünger, *El libro del reloj de arena*, Tusquets, Barcelona, 1998.
68 Véase Hartmut Rosa, *Beschleunigung. Die Veränderung der Zeitstrukturen in der Moderne*, Suhrkamp, Berlín, 2017.
69 Slavoj Žižek, *Pandemia...*, p. 109.
70 Slavoj Žižek, *Pandemia...*, pp. 48, 50.
71 Peter Sloterdijk, *Has de cambiar tu vida...*, p. 574.
72 Disponible aquí: <https://www.degrowth.info/en/2020/05/planning-for-post-corona/>.
73 John Cassidy, «Can We Have Prosperity Without Growth», *The New Yorker*, 10 de febrero de 2020.
74 Véanse Martin Weiss y Claudio Cattaneo, «Degrowth. Taking Stock and Reviewing an Emerging Academic Paradigm», *Ecological Economics*, n.º 137, julio de 2017, pp. 220-230; Federico Demaria, François Schneider, Filka Sekulova, Joan Martínez-Alier, «What is degrowth? From an activist slogan to a social movement», *Environmental Values*, n.º 22, 2013, pp. 191-215.
75 Véase John Stuart Mill, *Principles of Political Economy*, Oxford University Press, Oxford, 512, libro IV, cap. 6; Herman E. Daly, *Steady-State Economics*, 2.ª ed., Island Press, Washington y Covelo, 1991.
76 Respectivamente, Paul Ehrlich, *The Population Bomb*, Sierra Club, Nueva York, 1969; Edward Goldsmith, *Blueprint for Survival*, New American Library, Nueva York, 1974; Dennis Meadows, Donella Meadows, William Behrens III y Jorgen Randers, *The Limits to Growth. A Report for the Club of Rome's Project on the Predicament of Mankind*, Universe Books, Nueva York, 1972.
77 Richard Douthwaite, *The Growth Illusion. How Economic Growth Has Enriched the Few, Impoverished the Many, and Endangered the Planet*, Council Oak Books, Tulsa, 1993.
78 Tim Jackson, *Prosperity Without Growth. Economics for a Finite Planet*, Earthscan, Londres, 2009.
79 John Barry, *The Politics of Actually Existing Unsustainability*, Oxford University Press, Oxford, 2012, p. 28.

80 Richard Heinberg, *The End of Growth. Adapting to Our New Economic Reality*, Clairview, Forest View, 2011, p. 21.
81 Thomas Princen, *The Logic of Sufficiency*, The MIT Press, Cambridge, 2005.
82 Véase David Pilling, *The Growth Delusion. Why Economists Are Getting It Wrong And What We Can Do About It*, Bloomsbury, Londres, 2018.
83 Paul Mason, *Postcapitalism. A Guide to Our Future*, Allen Lane, Londres, 2015.
84 Richard Douthwaite, *The Growth Illusion...*, p. 216.
85 Peter A. Victor, *Managing Without Growth. Slower by Design, Not Disaster*, Edward Elgar, Cheltenham, 2008.
86 Véanse Richard Heinberg, *The End of Growth...* y Ted Trainer, *Renewable Energy Cannot Sustain a Consumer Society*, Springer, Dordrecht, 2007.
87 Gilles Lipovetsky y Jean Serroy, *La estetización del mundo*, Anagrama, Barcelona, 2014.
88 Mike Berners-Lee y Duncan Clark, *The Burning Question. We Can't Burn Half the World's Oil, Coal and Gas. So How Do We Quit?*, Profile Books, Londres, 2013.
89 Véase Gerald Schmidt, *Positive Ecology. Sustainability and the «Good Life»*, Ashgate, Aldershot, 2005.
90 Marco Belpoliti, «Una stanchezza senza fine?»...
91 Véanse Luigi Pellizzoni, «Reconfiguring non-domination. Green politics from pre-emption to inoperosity», *Critical Review of International Social and Political Philosophy*, 2019; Luigi Pellizzoni, «The environmental state between pre-emption and inoperosity», *Environmental Politics*, vol. 29, n.º 1, 2020, pp. 76-95.
92 Walter Benjamin, *Tesis sobre la historia y otros fragmentos*, Contrahistorias, México, 2005, p. 40.
93 Giorgio Agamben, «What is a destituent power?», *Environment and Planning D*, vol. 32, n.º 1, pp. 65-74, esp. p. 69.

94 Giorgio Agamben, *Medios sin fin. Notas sobre la política*, Pre-Textos, Valencia, 2001.
95 Giorgio Agamben, «Bartleby o de la contingencia», en Herman Melville, *Preferiría no hacerlo*, Pre-Textos, Valencia, 2000, pp. 93-136, esp. p. 105.
96 Giorgio Agamben, «What is a destituent power?»..., p. 69.
97 Giorgio Agamben, «What is a destituent power?»..., p. 70.
98 Onofrio Romano, «Towards a Society of Degrowth», Routledge, Londres, 2019.
99 Giacomo D'Alisa, Giorgios Kallis, Federico Demaria, «From Austerity to Dépense», en G. D'Alisa *et al.* (eds.), *Degrowth*, Londres, Routledge, 2014, pp. 215-220, esp. p. 217.
100 Georges Bataille, *La parte maldita*, Las Cuarenta, Buenos Aires, 2007.
101 Erik Olin Wright, *Envisioning Real Utopias*, Verso, Londres, 2010; Chris Carlsson y Francesca Manning, «Nowtopia. Strategic Exodus?», *Antipode*, vol. 42, n.º 4, 2010, pp. 924-953; Luke Yates, «Rethinking prefiguration. Alternatives, micropolitics and goals in social movements», *Social Movement Studies*, vol. 14, n.º 1, 2015, pp. 1-21.
102 Hartmut Rosa, *Resonanz. Eine Soziologie der Weltbeziehung*, Suhrkamp, Berlín, 2018.
103 Wolfgang Welsch, *Hombre y mundo...*, p. 109; véase también Wolfgang Welsch, *Wahrnemung und Welt. Warum unsere Wahrnemungen weltrichtig sein können*, Matthes & Seitz, Berlín, 2018.

6. ¿HUMANIDAD, AÑO CERO?

1 Julien Hervier, *Conversaciones con Ernst Jünger*, Fondo de Cultura Económica, México y Buenos Aires, 1990, p. 108.
2 Ernst Jünger, *La paz*, Tusquets, Barcelona, 1996, p. 188.

3. Jo-Anne Pemberton, *Global Metaphors. Modernity and the Quest for One World*, Pluto Press, Londres, 2001.
4. Bill Gates, «The First Modern Pandemic», Gates Notes, 23 de abril de 2020.
5. Albert Camus, *La peste...*, p. 57.
6. Jared Diamond, «Lessons from a pandemic», *Financial Times*, 28 de mayo de 2020.
7. Ulrich Beck, *World at Risk...*, p. 61.
8. Tom Pegram, «Coronavirus is a failure of global governance —now the world needs a radical transformation», *The Conversation*, 5 de mayo de 2020.
9. Véanse Fernando A. Iglesias, «World federalism, global democracy, and coronavirus», *Democracy without borders*, 10 de abril de 2020; Slavoj Žižek, *Pandemia...*, p. 50.
10. Peter Sloterdijk, *Has de cambiar tu vida...*, p. 572.
11. Rachel Donadio, «The Death of Cosmopolitanism», *The Atlantic*, 23 de junio de 2020.
12. Will Steffen, Asa Persson, Lisa Deutsch *et al.*, «The Anthropocene. From Global Change to Planetary Stewardship», *Ambio*, vol. 40, n.º 7, 2011, pp. 739-761, esp. p. 749.
13. Will Steffen, Paul Crutzen, John McNeill, «The Anthropocene. Are Humans Now Overwhelming the Great Forces of Nature?», *Ambio*, vol. 36, n.º 8, 2007, pp. 614-621.
14. Steven Yearley, *Sociology, Environmentalism, Globalization*, Sage, Londres, 1996, pp. 58-60.
15. Clive Hamilton, *Defiant Earth. The Fate of Humans in the Anthropocene*, Polity, Cambridge, 2017, p. 77.
16. Carl Schmitt, *El nomos de la tierra*, Comares, Granada, 2002; Carl Schmitt, *Tierra y mar. Una reflexión sobre la historia universal*, Trotta, Madrid, 2007.
17. Carl Schmitt, *El nomos de la tierra...*, p. 45.
18. Ivan Krastev, *¿Ya es mañana? Cómo la pandemia cambiará el mundo*, Debate, Barcelona, 2020, pp. 42-43.

19 Ivan Krastev, *¿Ya es mañana?...*, p. 88.
20 Scott Hamilton, «I am uncertain, but We are not. A new subjectivity of the Anthropocene», *Review of International Studies*, vol. 45, n.º 4, 2019, pp. 607-626.
21 Véase Martha C. Nussbaum, *The Cosmopolitan Tradition. A Noble but Flawed Ideal*, The Belknap Press, Cambridge y Londres, 2019.
22 Véase David Ellinghaus, Frauke Degenhardt, Luis Bujanda *et al.*, «Genomewide Association Study of Severe COVID-19 with Respiratory Failure», *The New England Journal of Medicine*, 17 de junio de 2020.
23 Jens O. Zinn, «"A monstruous threat"...», p. 4; Zhicheng Wang y Kun Tang, «Combating COVID-19. Health equity matters», *Nature Medicine*, vol. 26, n.º 458, 26 de marzo de 2020.
24 Jessica Barnes, «Rifts or Bridges? Ruptures and Continuities in Human-Environment Interactions», en R. Emmett & T. Lekan (eds.), *Whose Anthropocene? Revisiting Dipesh Chakrabarty's «Four Theses»*, RCC Perspectives, Múnich, 2016, pp. 41-46.
25 Faheem Ahmed, Na'eem Ahmed, Christopher Pissarides, Joseph Stiglitz, «Why inequality could spread COVID-19», *The Lancet*, 2 de abril de 2020.
26 Andreas Malm y Alf Hornborg, «The geology of mankind? A critique of the Anthropocene narrative», *The Anthropocene Review*, n.º 1, 2014, pp. 62-69.
27 Scott Hamilton, «I am uncertain, but We are not»..., p. 18.
28 Martha Nussbaum, *The Cosmopolitan Tradition...*, p. 216.
29 Ola Uhrqvist y Eva Lövbrand, «Rendering global change problematic. The constitutive effects of Earth System research in the IGBP and the IHDP», *Environmental Politics*, vol. 23, n.º 2, 2014, pp. 339-356, esp. p. 342.
30 Elaine Scarry, *Thinking in an Emergency*, W. W. Norton & Company, Nueva York, 2012.

31 Hans Erich Bödeker, «Menschheit, Humanität, Humanismus», en O. Brunner, W. Conze, R. Koselleck (eds.), *Geschitliche Grundbegriffe. Historisches Lexikon zur politisch-sozialen Sprache in Deutschland*, vol. 3, Klett-Cotta, Stuttgart, 1982, pp. 1063-1128, esp. p. 1063.
32 Hans Erich Bödeker, «Menschheit, Humanität, Humanismus»..., p. 1081.
33 Eduardo Viveiros de Castro, *Cannibal Metaphysics*, Univocal, Minneapolis, 2014, p. 44.
34 Eric Voegelin, *Order and History IV. The Ecumenic Age*, University of Missouri Press, Columbia y Londres, 2000, p. 376.
35 Eric Voegelin, *Order and History IV...*, p. 377.
36 Ernst Jünger, *Sobre el dolor*, Tusquets, Barcelona, 1995, p. 19.
37 Peter Sloterdijk, *En el mundo interior del capital...*, p. 171.
38 Ursula K. Heise, *Nach der Natur...*, p. 150.
39 David Quammen, *Contagio...*, p. 571.
40 Sobre esto, véase Manuel Arias Maldonado, *Environment & Society. Socionatural Relations in the Anthropocene*, Springer, Heidelberg, 2015, pp. 55 y ss.
41 Martha Nussbaum, *The Cosmopolitan Tradition...*, p. 212.
42 Ernst Jünger, *La paz...*, p. 185.
43 Ulrich Beck, *Risikogesellschaft...*, p. 48.
44 Stacey Alaimo, «Your Shell on Acid. Material Immersion, Anthropocene Dissolves», en R. Grusin (ed.), *Anthropocene Feminism*, University of Minnesotta Press, Minneapolis y Londres, 2017, pp. 189-120, esp. p. 101.
45 Amanda Lynchy y Siri Veland, *Urgency in the Anthropocene*, The MIT Press, Cambridge, 2018, p. 136.
46 Joan Cocks, *On Sovereignty and Other Political Delusions*, Bloomsbury, Londres y Nueva York, 2014, p. 139.
47 Kathleen McAfee, «The Politics of Nature in the Anthropocene», en R. Emmett y T. Lekan (eds.), *Whose Anthropocene? Revisiting Dipesh Chakrabarty's «Four Theses»*, RCC Perspecti-

ves, Múnich, 2016, pp. 67-72; William Connolly, *Facing the Planetary. Entangled Humanism and the Politics of Swarming*, Duke University Press, Durham y Londres, 2017.
48 Immanuel Kant, *Antropología*, Alianza, Madrid, 2015.
49 Immanuel Kant, *Antropología...*, p. 330.
50 Immanuel Kant, *Antropología...*, p. 333.
51 Immanuel Kant, *Ideas para una historia universal en clave cosmopolita y otros escritos sobre Filosofía de la Historia*, Tecnos, Madrid, 2010, p. 20.
52 Immanuel Kant, *Ideas para una historia universal...*, pp. 5-6.
53 Immanuel Kant, *La paz perpetua*, Alianza, Madrid, 2016, p. 97.
54 Jo-Anne Pemberton, *Global Metaphors...*, p. 93.
55 Bruno Latour, *Facing Gaia. Eight Lectures on the New Climatic Regime*, Polity Press, Cambridge, 2017.
56 Bruno Latour, *Facing Gaia...*, p. 246.
57 Véase Louis Kotzé, «A Global Environmental Constitution for the Anthropocene?», *Transnational Environmental Law*, vol. 8, n.º 1, 2018, pp. 11-33.
58 Cornelius Murphy, *Theories of World Governance. A Study in the History of Ideas*, The Catholic University of America Press, Washington DC, 1999, p. XXI.
59 Frank Biermann y John Dryzek, «Critical Dialogue», *Perspectives on Politics*, vol. 14, n.º 1, 2016, pp. 174-178.
60 Ivan Krastev, *¿Ya es mañana?...*, pp. 91-93.
61 Pierre Manent, *La razón de las naciones. Reflexiones sobre la democracia en Europa*, Escolar y Mayo, Madrid, 2009, p. 22.
62 Pierre Manent, *La razón de las naciones...*, p. 47.
63 Anthony Barnett, «Out of the Belly of Hell. COVID-19 and the humanisation of globalisation», *Open Democracy*, 21 de mayo de 2020.
64 Suwit Wibulpolprasert y Mushtaque Chowdhury, «World Health Organization. Overhaul or Dismantle?», *American Journal of Public Health*, vol. 106, n.º 11, 2016, pp. 1910-1911.

65 Yves Beigbeder, *The World Health Organization. Achievements and Failures*, Routledge, Abingdon y Nueva York, 2018, p. 171.
66 Véase Zeynep Tüfekçi, «Why World Health Organization Failed». Disponible en: <https://www.theatlantic.com/health/archive/2020/04/why-world-health-organization-failed/610063/>.

EPÍLOGO. POR UNA ILUSTRACIÓN PESIMISTA

1 Sobre la arquitectura de las redes sociales y el papel de las emociones, véase Karin Wahl-Jorgersen, *Emotions, Media and Politics*, Polity, Cambridge, 2019.
2 Patrick Leman y Marco Cinnirella, «A major event has a major cause. Evidence for the role of heuristics in reasoning about conspiracy theories», *Social Psychological Review*, n.º 9, 2007, pp. 18-28.
3 Véase Peter J. Hotez, «COVID-19 meets the antivaccine movement», *Microbes and Infection*, vol. 22, n.º 4, 2020, pp. 162-164.
4 Bruno Latour, «La plasticidad del orden mundial», *El País*, 4 de mayo de 2020.
5 Jaime Pastor, «El (im)posible retorno del Estado al primer plano tras una catástrofe global», *Geopolítica(s)*, n.º 11, 2020, pp. 165-172, esp. p. 171.
6 Jorge Riechmann, «La crisis del coronavirus desde el ecosocialismo gaiano», *Viento Sur*, n.º 169, 2020, pp. 11-18.
7 Ronald Inglehart, *The Silent Revolution. Changing Values and Political Styles Among Westerns Publics*, Princeton University Press, Princeton, 1977.
8 Véase Carl Zimmer, *A Planet of Viruses*, University of Chicago Press, Chicago, 2011.
9 Kyle Harper, «The Coronavirus is Accelerating History Past the Breaking Point», *Foreign Policy*, 6 de abril de 2020.

10 Carolyn Merchant, *The Anthropocene and the Humanities. From Climate Change to a New Age of Sustainability*, Yale University Press, Yale, 2020, p. 145.
11 Steven Vogel, *Thinking Like A Mall. Environmental Philosophy After the End of Nature*, The MIT Press, Cambridge, 2016, p. 91.
12 David Quammen, *Contagio...*, p. 564.
13 Paul Collier, «The problem of modelling. Public policy and the coronavirus», *Times Literary Supplement*, 24 de abril de 2020.
14 Véase John Kay y Merving King, *Radical Uncertainty. Decision-Making for an Unknowable Future*, W. W. Norton & Company, Nueva York, 2020.
15 Sanjay Reddy, «Claims to expert knowledge and the subversion of democracy. The triumph of risk over uncertainty», *Economy and Society*, vol. 25, n.º 2, 2006, pp. 222-254.
16 Reinhart Koselleck, *Aceleración, prognosis y secularización*, Pre-Textos, Valencia, 2003, p. 76.
17 Véase Jens Beckert, *Imagined Futures...*, pp. 217 y ss.
18 Friedrich Hayek, «The pretence of knowledge», *The American Economic Review*, vol. 79, n.º 6, 1989, pp. 3-7.
19 Jean Starobinski, *Acción y reacción...*, pp. 350-351.
20 Peter Winch, *The Idea of a Social Science and its Relation to Philosophy*, Routledge, Londres y Nueva York, 2008, p. 88.
21 Friedrich Hayek, «The pretence of knowledge»..., p. 7.
22 Véase «Pandemic-proofing the planet», *The Economist*, 27 de junio de 2020.
23 «Surgisphere. Governments and WHO changed COVID-19 policy based on suspect data from tiny US company», *The Guardian*, 3 de junio de 2020.
24 Pasquale Cirillo y Nassim Taleb, «Tail risk of contagious diseases», *Nature Physics*, n.º 16, 2020, pp. 606-613.
25 Peter Sloterdijk, *Has de cambiar tu vida...*, p. 540.
26 Immanuel Kant, *¿Qué es la Ilustración?*, Alianza, Madrid, 2004, p. 87.

27 Immanuel Kant, *¿Qué es la Ilustración?*..., p. 95.
28 Immanuel Kant, *¿Qué es la Ilustración?*..., p. 93; Immanuel Kant, *El conflicto de las facultades*, Alianza, Madrid, 2003, p. 160.
29 Michel Foucault, *Sobre la Ilustración*, Tecnos, Madrid, 2003, p. 15.
30 Michel Foucault, *Sobre la Ilustración*..., p. 18.
31 Jürgen Habermas, *El discurso filosófico de la modernidad*, Taurus, Madrid, 1989, pp. 149 y ss.
32 Michel Foucault, *Sobre la Ilustración*..., p. 87.
33 Javier de la Higuera, «Estudio preliminar», en Michel Foucault, *Sobre la Ilustración*..., p. XII.
34 Michel Foucault, *Sobre la Ilustración*..., p. 81.
35 Michel Foucault, *Sobre la Ilustración*..., p. 79.
36 Véase Immanuel Kant, *Ideas para una historia universal en clave cosmopolita*...
37 Véase Karl Beyme, *Teoría política del siglo XX. De la modernidad a la posmodernidad*, Alianza, Madrid, 1994.
38 Ernst Cassirer, *Filosofía de la Ilustración*, Fondo de Cultura Económica, México DF, 1993, p. 19.
39 Para una defensa del multinaturalismo desde el punto de vista antropológico, véase Eduardo Viveiros de Castro, *Cannibal Metaphysics*...
40 Ernst Jünger, *La paz*..., p. 190.
41 Hans Blumenberg, *Salidas de caverna*..., p. 661.

Descubre tu próxima lectura

Si quieres formar parte de nuestra comunidad,
regístrate en **libros.megustaleer.club**
y recibirás recomendaciones personalizadas

Penguin
Random House
Grupo Editorial

megustaleer